人生哲學

黎建球 編著

目錄

第一部分　人生哲學基本問題

第二部分　常見的人生問題

第三部分　多元的人生觀

第一部分

人生哲學基本問題

1 人生

人生的價值，並不是用時間，而是用深度去衡量的。

列夫·托爾斯泰[1]

思考人生問題

問題一、何謂人生？

問題二、人生是否僅止於在世的一段日子，死後就不再有生，也不再有意義？

問題三、某哲學家說：「人突然地被投擲在時代的洪流中，既不知時間的源頭，也不知時間的終結。」那麼，人生豈不是成了荒謬的結果了嗎？

問題四、人爲什麼要爲他人而活？若能爲自己而活，豈不是最好的人生？最好的自我表現嗎？

問題五、柏拉圖說：「人的靈魂降到肉體來受罪。」如此一來，人生豈不是成了一個痛苦的人生嗎？

問題六、人生爲什麼要受苦、要奮鬥呢？如果人生沒有苦、沒有奮鬥，豈不是太完美？

問題七、人生爲什麼一定要有目的呢？如果沒有目的多好，人是否就不會成爲目的的奴隸了？

問題八、人生要自己創造，但人一生受他人的影響實在太大了，根本很少能有自己的主見，這是否意謂著沒有人生？

問題九、許多人在歌頌、讚美人生，另有許多人在咒罵人生，人生究竟是好還是壞？值不值得爲人生奮鬥努力呢？我對人生究竟要持何種態度？作何種的選擇呢？

案例

德蕾莎修女[2]出生於阿爾巴尼亞，十二歲時立下志願要到世界各地從事傳教。十八歲時，正式成為天主教修會修女。三十六歲時，她在火車上突然感覺到天主的召喚，感覺到天主要她離開安穩的教書生活，為可憐的人服務。後來她在貧民區為失學的兒童辦了一所露天學校，雖然基金不充裕，但她的善行感動了許多人一起奉獻。四十二歲時，修女開始為瀕死窮人服務，領回那些在水溝邊、垃圾堆、馬路旁奄奄一息者，給予適當的照顧，讓這些人得到溫暖和安慰，可以平靜安祥地閉目安息，後來也加入救助麻瘋病患的工作。六十七歲時，開始救治有藥癮的人、娼妓和受虐婦女。七十五歲時協助照顧愛滋病患直到八十七歲蒙主召逝，教宗若望・保祿二世在二〇〇三年十月破例把德蕾莎修女列入了真福名單[3]。德雷莎修女一生都是在為這些一貧如洗、被遺棄的人服務。

德蕾莎修女曾說：「很多人都想要追求卓越，但很少人知道卓越就是愛。」她又說：「在別人的需求中看到自己的責任。」

資料來源：https://www.google.com/url?sa=t&rct=j&q=&esrc=s&source=web&cd=4&cad=rja&ved=0CEwQFjAD&url=http%3A%2F%2Flife.edu.tw%2Fa%2Fdata%2Fa%2FA000000227%2FA000000227.doc&ei=9ZbeUPTzCYnbkgXN2YDwAQ&usg=AFQjCNFpeoGW9I4nCH_J7UYbWjNC3jrmJQ&sig2=AMvqmzcGW-vvMFzGmY0klw

□討論人生問題

何謂人生？人生不只是包括了人的生活和人的生命，也包括了人性。「性」字在我國書經中，也可以當做生的意思，最早「性」字的出現，是指明草木之生，後來，也可以指動物及人之生，甚至還可以指出人的方向及人的目的。因此，人生可以包括人的生命、人的生活及人的方向三重意義，現依序敘述如下：

一、人的生命

生命就自然因素來說，乃是維持生物生存的基本要素。人或生物，若無生命，則不能生存於世間，也不可能有活動；沒有活動，生命的意義就喪失了。因此，生命乃是維持人生存的基本要素，但生命不能只局限於個人或種族的生存而已，必須正視生命的內在意義，人才不會感到生命的空虛，也才不會感到人生的荒謬。

生命從其內在意義來看，是由精神和物質二者結合而成，如果一個人只有物質而沒有精神，就如同禽獸一樣，不可能有完全合乎人的生活；同樣地，一個人如果只有精神而沒有物質，那也不是人，而是神，因爲人必須是精神與物質二者的綜合，人才會有屬於人的問題，不然，神的問題、禽獸的問題，又能對我們人有何幫助呢？如同齊克果（Kierkegaard，一八一三至一八五五年）在他的《憂懼的概念》中所說，就是因爲人是由精神與物質二者所綜合的，人才會有憂懼，人也才會考慮到自己的處境、自己的未來以及自己的理想，也因爲有這些，人的憂懼、奮鬥之心，才能油然而生。

既然，人的生命是由精神與物質二者所構成，所以人在物質生命中，必須仰賴於萬物的資源，以維持生命的發展。同樣地，在人的精神生命中，如果沒有精神食糧來維持精神生命的生存，精神會死亡，人也會枯萎。常有許多物質條件很豐富的人，卻活得不快樂，之所以覺得活不下去，就是因爲精神生命沒有得到給養。而精神生命的給養是什麼呢？從其大者而言，就是一個人的理想，從其小者而言，就是知識與操守。一個沒有理想的人，其精神生命就等於死亡，一個沒有知識與操守的人，其精神生命也將日漸枯萎。因此，要使生命獲得更完美的發展，就必須在物質與精神二方面都獲得良好的基礎。

二、人的生活

生活的目的不只是要使自己活得更好，也要增進人類全體的生活。所謂增進人類全體的生活，就是要增加、改善及更進步。我們所了解的生活是一種活動狀態，這種活動也是生命的一種表現。

生活既然不是靜止的，就要求不斷的進步。而且不只是要求外在生活的滿意，因爲除了外在部分，生活還有內在的部分，也可以說是分爲精神的與物質的生活。從內在與外在來說，內在的生活就是一個人在面對自己時，處理自己的一種態度，這種態度是經過思考之後所得的結果；外在的生活就是根據這些內在的反省思考之後，所產生的具體行爲。內在的生活可以說全是精神生活，外在生活則可以有精神生活與物質生活二者。

內在生活既然全是精神生活，則其思考與反省的對象是否就全是抽象性的呢？未必盡然。內在生活的對象，可以是抽象的，也可以是具體的。例如：當我們思念一個人時，不但可以有具體的對象，也可能是一些抽象的概念。這不只是因爲內在生活具有抽象化的能力，也因爲在我們思考與反省的機會中，我們有能力使具體的對象變得普遍化。這種普遍化的過程或結果，我們就可稱之爲抽象。當想念一個人時，我們常可以將那些具體的容貌、聲音、動作等形象，呈現於我們腦海中，因爲這些具體的形象，使得我們有能力思考及反省，但我們也可能因爲年代久遠，思念中的具體形象逐漸消失，或無法記憶，或失卻印象而沒有具體形象，只能記住其中的特質，然後逐漸將這些特質變成個人追求此種型態的標準，就成了抽象的思考。因此，在內在生活中，不論是具體的或抽象的思考與反省皆是一種精神上的生活型態。

至於外在的生活，所以有物質與精神二種表現，乃是因爲行爲表現方式的結果。行爲的表現可以有語言、動作等。當我們內在的精神生活經由反省及思考之後，要將這些反省與思考的內容表現出來時，就成了外在的型態。當向別人詢問某些事時，是藉著語言及動作來加以表現，語言及動作可以表現一種物質的需求，呈現一種精神的渴望。這些需求及渴望如果施之於生活中，就成了物質與精神的生活。物質與精神的生活，有時可以互相融合，不分彼此，但有時也可以分門別類，互不相涉；有時要區分兩者是相當困難。現代行爲科學雖然發達，但也不能完全解決人類思念的問題。因此，如孟子所說的：「存心養氣」（《孟子‧盡心上》），常可以在生活中，幫助我們達到一個表裡如一的人的生活。

人生活的目的，就在於使我們在現實生活中達到一個滿意的生活程度，不但是使自己，也在使他人滿意。滿意生活的內容則在精神與物質、內在與外在、現實與抽象中，都有令人滿意的結果，因此，生活的目的，不但是在增進個人的生活近於滿意的程度，也在增進人類全體的生活，使之共同近於人類全體皆滿意的生活，這才是人的生活的目的，以及所希望的結果。事實上，人的生活，只要人努力於改進自己的生活，則群體的生活自然也就易於獲致完美的結果。

三、人的方向

方向，是指向一個目標，也是指向一種目的。人的方向，就是在指明一個目標、一個目的。

在自然界中，生物的方向就是成長，使自己更完滿。而人的方向是什麼？人的目的是什麼？人生下來會毫無目的嗎？我們都知道《天地一沙鷗》一書中的主角岳納珊，牠認清一隻海鷗的方向不只是營營於啄食海中的小魚，而是如何使特性發揮到極致，因此，牠去學習飛行，設法使牠的飛翔技巧達到最完美的境地，但，達到飛翔最完美境地是不是就是海鷗岳納珊的方向呢？當然不是，牠的方向、目的是在學習了完美的飛翔技巧之後，以此技巧帶給鷗群一個高超的意境，同時，在這一個高超的意境之下，產生雄闊的壯志。換言之，就是希望以牠所學習到的飛翔技巧，能提升鷗群的品質，所以，海鷗岳納珊的方向，不是去學習飛翔技巧，而是在提升鷗群的理想境界，至於飛翔技巧只是幫助牠達到提升鷗群理想境界的一些方法、一些工具而已。

同樣地，人的方向應當不只是止於現實的生活。莊子說：「人生也有涯，而知也無涯。」就是明白告訴我們，人生在世，都是在學習，但學習不能只是一個人的方向，如果只有學習，而沒有方向，則生命的意義就少了一半。就如同在學校求學一樣，學校的教育只是人生的一個過程，其目的、方向，乃是希望我們在離開學校之後，能在社會中成爲一個頂天立地的社會中堅，不是從此就不學習。凡在生活中不學習的人，就如同那些鷗群，營營於追啄海中的小魚一樣，終究不能盡好一個人的責任。同樣地，在學習中卻學不到生活方向的人，就如同瞎了眼的野馬一樣，不知個人身處何地，要往那裡走。因此，有方向的人，就像看清了路線的人，可以安穩、踏實地往前進。方向就是告訴人，不能以這數十年的有涯生命作爲人生意義的全部準繩，而應以無涯的、無限的、不朽的、永恆的生命，作爲人生意義的歸趨，不然，人的方向就會有所缺失。

人的方向，既如前述，要有一個不朽的生命作爲人生的歸趨，但在環顧人生的環境之後，我們似乎看不到何處有不朽的生命。雖然前人說過有三不朽，可是這不朽，有時似乎也不能作爲不朽生命的充分解釋，因爲這三不朽，似乎是在替聖人塑像，至於我們凡人如何達到不朽的生命？在我們觀察宇宙現象之後，我們得知，不朽的生命可以在精神生命中發覺，這種精神生命事實上就是一種宗教精神的生命。宗教精神，不只是尋求個人死後的「淨土」、「天堂」，也在爲人類的方向找到一個更高超的、更合符人生意義的結果。宗教常被人誤解爲迷信權威，崇拜偶像的愚人寶物，但事實上，眞正的宗教不只是關心個人生死禍福，更是以天下爲己任，希望全體人類都能獲得永恆而豐富的生命精神。所以佛說：「我不入地獄，誰入地獄。」爲使人類獲得更豐富而永恆的生命，犧牲個人的生命，也在所不惜；所以耶穌基督爲人類釘死在十字架上，這種救世濟世的精神與態度就是生命永恆的表現。

人的生命既是如此的短暫，人的方向自然不能依賴於現世的短暫生命，只有從精神生命中獲取精神生活，方向才能有意義。這種意義不是消極的，而是積極的；不是被動的，而是主動的。也只有在積極而主動的生活於精神生命中，人生才有方向、才有意義。

□面對人生問題

人生，不是只看其無可奈何的一面，人生眞正的意義，乃是在我們明瞭人生的無奈之後，積極而主動地去尋求那些可爲的、可以努力的目標。所以，凡是只看重人生不可爲的、無奈的一面的態度者，都皆不可取。人生之所以可貴，就在明知其不可爲而仍然爲之，如此方能開創人生的遠景，發揚人性的光輝。

寓言

不可重覆的

我們平時認為的許多草稿，其實就已經是人生的答案卷——無法更改。有一位學生學習書法，用廢舊報紙練字多年，可是自己一直沒有大的進步，老師告訴他：「如果你用最好的紙來寫，可能會寫得更好。」

從此以後，這位學生就按照老師說的去做了。果然，寫字大有長進。問其原因，老師說，因為你用舊報紙寫字的時候，總是在打草稿，即使寫得不好也無所謂，以後還有機會，所以就不能完全專心；而用最好的紙，你就會感覺紙張及機會的珍貴，有一種很正式的感覺，從而也就比平常練習時更加專心致志，用心去寫，所以字也就能夠寫好。

資料來源：http://www.mpm.com.tw/wise/truth/1369.html

注釋

註1　列夫・尼古拉耶維奇・托爾斯泰（Лев Николаевич Толстой），生於一八二八年九月九日，卒於一九一〇年十一月二十日，為俄國小說家、評論家、劇作家和哲學家，同時也是非暴力的基督教無政府主義者和教育改革家。其創作背景正值俄羅斯戰亂時期，政治局勢不穩定且言論受到箝制，直接批評政府可能導致禍害上身，因此許多知識分子開始藉由小說及文學創作發聲，將思想投注於作品當中，藉以影射並同時批判社會現況。其代表作品有《戰爭與和平》（*Война и мир*，一八六五至一八六九）、《安娜・卡列尼娜》（*Анна Каренина*，一八七五至一八七七）和《復活》（*Воскресение*，一八九九），這幾部作品被視作經典的長篇小說，而托爾斯泰被認為是世界最偉大的作家之一。

資料來源：https://www.google.com/url?sa=t&rct=j&q=&esrc=s&source=web&cd=20&cad=rja&ved=0CGsQFjAJOAo&url=http%3A%2F%2Fwww.pac.nctu.edu.tw%2Ffiles%2Fevent%2Freading-lecture.doc&ei

=LJveUOy8Go7PkgXm6IGgAQ&usg=AFQjCNHORaEallHLzqmsuUbShPCVQFu0gA&sig2=NPqOswMak7YG6d2hVhRVZQ

http://zh.wikipedia.org/wiki/%E5%88%97%E5%A4%AB%C2%B7%E6%89%98%E7%88%BE%E6%96%AF%E6%B3%B0

註2 真福加爾各答的德蕾莎（Teresa of Calcutta）原名為艾格尼絲・剛察・博亞丘（Agnes Gonxha Bojaxhiu），生於一九一〇年八月二十六日，卒於一九九七年九月五日，為著名天主教慈善工作家，主要替印度加爾各答的窮人服務，於一九七九年被授予諾貝爾和平獎，二〇〇三年羅馬天主教教廷將她列入天主教宣福名單，德蕾莎修女也有「加爾各答的天使」的美譽。

資料來源：http://zh.wikipedia.org/wiki/%E5%BE%B7%E8%95%BE%E8%8E%8E%E4%BF%AE%E5%A5%B3

註3 宣福禮（beatification），又稱為宣福、列福、列福式，是天主教教會追封已過世者的一種儀式，用意在於尊崇其德行、信仰足以升上天堂。它是封聖的第三個階位。經過宣福的人，就可以享有真福者、或真福品（Blessed）的稱號，其位階僅次於聖人。天主教徒相信，以真福者的名號禱告，真福者將會為你向天主代禱，會有更好的成效。

資料來源：http://zh.wikipedia.org/wiki/%E7%9C%9F%E7%A6%8F

2 人性

知識使我們變得悲觀。
我們的聰明使我們變得無情。
我們想得太多，感受得太少。
我們需求人性比我們需求機械要多。
比聰明更重要的是善良與溫柔。
失去了這些人性，
生活將會變得猛暴無情，丟失我們的一切。

卓別林[1]《大獨裁者》

思考人生問題

問題一、何謂人性？
問題二、人性是善的？
問題三、人性中有沒有後天影響的成分呢？
問題四、人性可以決定人的一生？
問題五、人性有那些特質？
問題六、人性的特質決定了人的優缺點？
問題七、人性是否就是命運？
問題八、人性和倫理的關係如何？
問題九、人性的目的何在？
問題十、如何能使自己的一生和人性得到最好的配合？

案例

金門掉 iPad 順利尋回　失主難忘臺灣人熱情

中國知名作家韓寒日前來臺，不慎在計程車上遺失手機，結果遇上好心運將將手機送回飯店！無獨有偶，日本觀光客小林八日前往金門觀光旅遊，未料在投宿的旅社遺失 iPad，透過警員和民宿老闆的協力合作，短短兩天迅速找回。小林說，臺灣人的熱情實在讓他印象深刻，決定帶著感恩的心和美好回憶，延續下一站的臺灣之旅。

資料來源：http://www.ettoday.net/news/20120513/46109.htm?from=fb_et_news

□討論人生問題

人性對於人生哲學，是一個相當重要的課題。許多人以爲，人性的善惡決定了人生，因爲不論如何努力，人性已經左右了你的未來去向，因此就產生了許多消極的思想。但，事實上，人性眞的確實扮演這麼重要的角色並決定人的未來嗎？

姑且先放下歷史上各種對人性不同的主張，直接探討其成因及內涵吧！

人性，從字面上來說，就是人生而具有的特質或稟賦。而特質和稟賦可分成二類，一是從人與其他非人類的特質差異來說，一是從個人與他人所有的特質差異來說。

第一類的差異，人的特質是人有理性、能反省、會判斷，能衡量自己的處境，能改變自己的處境。因此，從人性的觀點來看，人優於其他動物，人可以創造命運、建立未來，本著這一份特質，達到人的目的。但是人有這些優於其他動物的特質，人仍是動物，必要受制於動物的有限性。因此，人性乃同時具有動物性及理性，也就是物質與精神。人的精神渴望超越人的有限性，建立理想；但物質性卻使得理想不能不建立在實際的事務上，不能不受人身的限制，成爲有限。由於理想與實際不能協調，因此，矛盾性和憂懼感油然而生。這些消極性的看法，雖在意志消沉時，給人一些莫可奈何的阻力，但只要肯堅持理想與朝著原則前進，仍可以渡過難關。因此，從第一類差異來說，人性是一種躍升，是一種攀爬，將這種向上利他的衝動，發揮行爲，顯示其尊嚴。

人性有向上利他的衝動，藉著這衝力達到親親而仁民、仁民而愛物的目的。由這層面來看，人性是本善，其善是先天的稟賦，之所以有惡，不是因爲故意行惡，而是因爲沒有發揮這衝力，只屈就於動物性層面，盡其本能而已。因此，善惡從這一個觀點來看，盡動物性本能是惡，能發揮人的性的有其衝力就是善，這種善惡的論據，不只是從倫理的層次來探討，而是更進一步由認識的層次來探討。

從第二類差異來說，每一個人的特質不一，所造就的個人不同，儘管每一個人有不同，基礎點卻是相同的，即是人的動物性及理性而已。每一個人在實現動物性及理性的不同程度，顯現出每個人不同的特質。因此，從第二類的差異來說，只有程度上的差異，而無根本的不同；這些程度上的差異是來自於種族、教育、環境的不同，基本上，向上利他的衝動是共有的。由於衝動，對於人格的高尚要求，也是必然的。之所以每個人的特質不一，乃是使用的方法不同，由其基本來說，在此第二類差異中，人性仍是善的，仍是一位具有「惻隱之心、羞惡之心、辭讓之心、恭敬之心」的人，他和別人的差異並不在這個基點上的不同，而是在其使用的方法及程度上的不同。

話雖如此，但爲什麼會有惡的表現呢？動物性的本能都是惡的嗎？要回答這個問題，必須從二方面來說，一是人並非其他動物，雖然人有動物的部分，但人的理性已使人脫離了動物的層次，走向更能發揮人性、減低獸性的層次。若事事以動物性來指稱人，對人是不公平，就如同一個人由困厄的環境中奮鬥出一條光明的路途，雖仍不能忘懷過去的艱辛，但更應正視的是他目前該努力掌握現在所擁有的。若凡事以他的過去來阻扼對未來的努力，是對他現在的一種不尊重。因此，一個人記取他隨時會向下沉淪的可能，隨時奮發努力向上，盡量減低動物的本能，發揮人性，達到神性，才是人所當正視的。在這層意義上，動物性的本能已被認定爲並不適合人的發展和需要。人是經由獸性，經過人性，達到神性的目的，以這三個層次來比較，神性當然是最好的，獸性當然是不好的，說獸性是不好的，乃是從比較的意義上來說的。

從第二個意義來說，動物的本能只是使我們去適應生活的環境與條件而已，對於如何去創造生活，建立生命層次的意義，則力有未逮。假如人只是一個動物，則人對這種生活方式，不會考慮作任何的改變，該冬眠的冬眠、該南移的南移，但人畢竟和動物不同，不能滿足於這些適應生活的能力，人不只是要去適應，還要去創造人的生活並改善生活。因此，從要求的程度上來說，人性是要求完美，動物性只是要求適應，在被動適應與主動創造間來比較，適應自然是不如創造。所以，動物性的本能，就動物來說，是好的，但就人的需要來說，動物性的本能不能滿足人的要求，人對自己的要求，已超越了動物性本能，而趨向於完美。

既然人趨向完美，也就是「消滅獸性，發生神性」，該如何去發生神性？吾人以爲，鬥爭是獸性的表現，互助是人性的動力根源，仁愛則是達到神性的方法，因此，要發生神性，就要使用仁愛的方法來建立我們的人格及世界。但又該如何用仁愛的方法？

吾人認爲，親親、仁民、愛物爲表達人性中仁愛的適切方法，也是最能適切說明人格建立的方法。

親親，就是對待自己的父母兄弟等親人的方法。中國倫理中所謂的孝悌、友恭、慈惠等都是仁愛方法的表現，一個人對自己的親人能適當地表達愛，就能使自己生活的環境達到和諧、快樂，也會使自己有幸福的感覺。所以，從人性的基本方向說，親親是表達仁愛方法的第一個層面也是首要的層面。

親親雖然是表達人性的第一個層面，但由於人人有向上利他的衝動，因此，不能只及於親親而已，如只及於親親，則人性的基本渴望必然不會獲得滿足，必須由親親出發，而達於外，《中庸》:「誠於中而形於外。」《禮記．禮運》:「人不獨親其親，不獨子其子，使老有所終，壯有所用，幼有所長，矜寡孤獨廢疾者皆有所養。」是指明在親親之後，必須還有仁民，人類社會的目的才算達成。

從人性的更高層面來看，人類社會的目的雖然達成，但人類的理想、人性的意義並未因此而得到最完美的發展，必須由親親而仁民，由仁民而愛物，才算是人性的最完美發展，人類的理想方才達成，而所謂的愛物，不僅是用物，也是惜物、應物，才能達成〈禮運篇〉所謂的「貨惡其棄於地也，不怕藏於己，力惡其不出於身也，不必為己」的理想境界。

□面對人生問題

從人生哲學的觀點來討論人生哲學，與探討人性論不一樣，不只是述說其分類，評論其好壞，而是要探討人性的本源及對人的影響，以及在面對這種影響時，我們所應採取的態度。我們正視人性中的積極面，去發揚它，我們也面對人性中的消極面，去改正它，這一切都爲了一個理想——相信人是可以從鬥爭中的獸性進化到互助的人性，更可由互助的人性發展爲仁愛的神性，而進入理想大同世界。

寓言

楚王的寬容

有一次，楚莊王因打了大勝仗，十分高興，便在宮中擺設盛大晚宴，招待群臣。楚王興致高昂，便請自己最寵愛的妃子許姬，輪流替群臣斟酒助興。

忽然一陣大風吹進宮中，蠟燭被風吹滅，宮中立刻漆黑一片。黑暗中，有人扯住許姬的衣袖想要親近她。許姬便順手拔下那人的帽纓並趕快掙脫離開，然後許姬來在莊王身邊，告訴莊王說：「有人想趁黑調戲我，我已拔下了他的帽纓，請大王快吩咐點燈，看誰沒有帽纓就把他抓起來。」

然而莊王卻說：「各位，今天寡人請大家喝酒，大家一定要盡興，請大家把帽纓拔掉。」於是群臣拔掉自己的帽纓，莊王再命人重新點亮蠟燭，宮中一片歡笑，眾人盡歡而散。

三年後，晉國侵犯楚國，楚莊王親自帶兵迎戰。交戰中，莊王發現自己軍中有一員將官，總是奮不顧身，奮勇殺敵。眾將士也在他的影響和帶動下鬥志高昂。楚軍因此大勝回朝。

戰後，楚莊王把那位將官找來，問他：「寡人平日好像並未對你有什麼特殊好處，為什麼你如此冒死奮戰呢？」

將官跪在莊王階前，低頭頭回答說：「三年前，臣在酒後失禮，本該處死，可是大王不僅沒有追究、問罪，反而還設法保全我的面子，臣深深感動。對大王的恩德牢記在心。從那時起，我就時刻準備用自己的生命來報答大王的恩德。這次上戰場，正是我立功報恩的機會，就算是戰死也在所不辭。大王，臣就是三年前被王妃拔掉帽纓的罪人啊！」

一番話使楚莊王和在場將士大受感動。楚莊王走下臺階將將官扶起，將官早已泣不成聲。

如果我們平時都能正確分析問題，從大處著眼，用寬容的心對待周遭的人事物，處處替他人著想，就不會因為眼前小事而破壞祥和的人際關係。有時，壞事甚至能變成好事呢。

資料來源：www.minghui-school.org/school/article/2009/9/5/79362.html

注釋

註1 小查爾斯·史賓賽·查理·卓別林爵士（Sir Charles Spencer "Charlie" Chaplin Jr.）生於一八八九年四月十六日，卒於一九七七年十二月二十五日，是英國喜劇演員、反戰人士及導演，與巴斯特·基頓、哈羅德·勞埃德並稱為「世界三大喜劇演員」。卓別林身處於十八世紀的工業時代，其作品多數描寫大時代下小人物的悲哀。其代表作品有《流浪漢》（*The Tramp*，一九一五）、《夏爾洛從軍記》（*Shoulder Arms*，一九一八）、《狗的生活》（*A Dog's Life*，一九一八）、《城市之光》（*City Lights*，一九三一）、《摩登時代》（*Modern Times*，一九三六）、《大獨裁者》（*The Great Dictator*，一九四〇）。

資料來源：http://zh.wikipedia.org/wiki/%E6%9F%A5%E7%90%86%C2%B7%E5%8D%93%E5%88%AB%E6%9E%97

3
人格

人格是大地之子最崇高的幸福。

歌德[1]《東西詩篇》

思考人生問題

問題一、何謂人格？
問題二、人格的內涵有哪些？
問題三、人格與人的關係爲何？
問題四、人格有沒有高下、貴賤之分？
問題五、有沒有完美的人格？
問題六、人格完美是人生目標嗎？
問題七、人格可以培養？人格的典型爲何？
問題八、人格如何培養？其最重要的條件爲何？
問題九、位格的意義是什麼？
問題十、人格和位格有何區分？
問題十一、人格與位格何者爲重？
問題十二、位格對人格培養的貢獻爲何？

案例

「小孩、老人好殺」 凶嫌反社會釀悲劇

狠心殺害十歲男童的兇嫌曾文欽，從小生長在單親家庭，國小畢業、沒前科，個性冷漠不多話，但也因為學歷低只能打零工維生，而且不是天天有工可做，生活背景造成他反社會人格強烈，失業的他以為殺一個人不會被判死刑，甚至還預謀買刀到公園或百貨公司找易受控制的小孩或老人下手，為了想吃免錢牢飯，毀了別人家庭，也斷送了自己的前程。

資料來源：TVBS網站。2012/12/2。
http://tw.news.yahoo.com/%E5%B0%8F%E5%AD%A9-%E8%80%81%E4%BA%BA%E5%A5%BD%E6%AE%BA-%E5%85%87%E5%AB%8C%E5%8F%8D%E7%A4%BE%E6%9C%83%E9%87%80%E6%82%B2%E5%8A%87-041130681.html

□討論人生問題

對人來說，人格似乎是最重要的東西，一個人如果沒有了人格，等於在說一個人不是

人。但，什麼是人格？誰能確切地把握住人格的理想？

人格（personality），在現今的學術研究範疇中，都將之歸於心理學的內涵中，以爲一個人所具有的心靈稟賦及持久傾向的整體性及其組織，就稱之爲人格。事實上，從人生哲學的觀點來看，人格可以從心理學、倫理學、法律學三個層面來看。

從法律學來看，一個人的人格，是指其在法律上所具有的法人地位，也就是法律所賦予的權利義務的人，藉著權利義務的實施，一個人的地位得以確立、得以受到保障。因此，在法律上，一個人的人格是生而具有的，凡是人所具有的一切權利義務，人格也都具有，都是在人身上呈現的。這種法律上的人格，唯一會受到傷害的便是法律的欠缺，如果立法者不能考慮到人格的需要及特質，隨意增刪法律，則人格將受到極大的迫害。因此，也有人指稱法律上的人格爲人權（human right）。但人權和人格仍有不同的指謂，人格除了指出人的基本權利之外，還指出人所應盡的義務。人不是宇宙間唯一的動物，也不是人中的唯一者，人需要被尊重，也需要去尊重他人，如此，在法律上的人格乃是指一種地位，一種權利義務的主體，是因法律而受到保障。

但在心理學上所講的人格就不同了，以經驗心理學的意義來說，一個人的心靈稟賦及持久傾向的整體及組織，不但是說一個人生而具有的能力，也指出人格與個性（personality）相等。人格與品性（character）是同義字，由於各人心靈的稟賦不同，每一個人在其對稟賦的持久性，也有不同，因此，造成了不同的個性，或可說是人格。從另一面來看，由於不同的持久性，有的人較能忍耐、有的人較少堅持，因此在品性上，有的人持久性較高、個性較溫和或較能忍耐，有的人持久性卻較低、個性較高亢，較易變動等，便造就了不同的人格。經由社會評價及社會動力的因素，對於持久性、整體性、組織性較高的人格，賦予較高的評價及社會認同；對於持久性、整體性、組織性較低的人格，則賦予較低的評價，如此，人格的高低就形成了。這種形成後的人格高低型態，就逐漸成爲人類行爲取向的標準，而有所謂的好壞。而事實上，人格在社會中的評價，只是指這個人格在某個社會範疇中，是否合乎某個社會的要求而已，某個人格在社會中不能適應，並不保證在所有的社會中都不能適應。同樣，一個社會的社會價值取向不一定合乎人格的基本要求，這是由於社會價值取向易受到自然環境及社會風俗的影響。因此，心理學對於人格的評價很少使用好壞，而常使用適應（adjustment）是否良好的字眼，一個人如果肯定自己在某一個社會動力中的地位，就應努力使自己的個性（personality）或品性（character）在這一個社會中適應良好，也就是使自己人格中的某些特質，合乎這一個社會的評價。

從倫理學來看人格，則和心理學及法律學都不同。倫理學上所說的人格不但是指一個行爲上的主體，也是指一個判斷的主體，這一個主體，要求自己的一切稟賦能力達到完美，也就是在倫理上得到至善，在倫理人格上達到絕對的價值。這種要求，從倫理的價值觀來說，它不但指出好壞，也說明該不該。一個行爲的發生，是經由價值主體的判斷及實施，價值主體的判斷是否正確，很難由社會行爲的結果獲得印證，必須有一個超越社會行爲或個人個性的標準來作決定。這在哲學史上有不同的說法，有的人以爲社會本身就可以決定，但社會的決定常是依賴社會風俗及習慣，不可諱言，社會風俗及習慣常因時代的變遷及社會環境改變，而有不合理的現象；有的社會風俗及習慣，由於社會大多數人的教育背景及知識程度的原因，會做出不合人性的要求及行爲。如此，以社會爲規範的方式，就不能作爲人格判斷的標準。另外，有些哲學家以實用主義（Pragmaticism）、功利主義（Utilitarianism）、實證主義（Positivism）、唯物主義（Materialism）等作爲價值判斷的標準，但這些標準，不是失之太偏，就是不合乎人格的基本要求。因此，人格在不同的學說、主義中，顯得非常脆弱，不知如何去面對，如何建立一個理想的人格。

從倫理學的基礎來說，一個人格的建立，必須考慮到其尊嚴，如果一個人格的尊嚴可以受到侵犯的話，那麼人也就無所謂人性尊嚴了。何謂人性尊嚴？人性尊嚴乃是一個不可替換的價值觀，人生中有許多的價值觀可以改變，也可以決定許多東西的價值，但是，如果由此而說，所有的價值都可以改變，則人的價值及意義也將喪失殆盡。另一方面，從人的意義來說，人之所以爲人，乃是因爲人有其神聖的一面，這一個神聖面，是人所以爲人的原因，如果失去了這一面，人就不再稱其爲人、也不再是人了，這也就是人性尊嚴中不可替換的價值觀，人有了這一個不能替換的價值，人格才能建立，也才能面對他的社會及自己，才能將自己與他人、社會建立一個完整的體系。所以，倫理學的人格，乃是堅決肯定人的精神性、自由性及永恆性。若人格是可滅的，則人的一切努力都是註定無用的。同樣地，人格的自由性使其尊嚴受到了最大的保障；人格的精神性使其人格可以獲得最完美的發展，可以趨向於人生的極限，走向最高的境界。

從以上的分析，可知人格有三種不同的意義：法律上的人格需要受到尊重，心理上的人格需要培養，倫理上的人格則需要終極的目標。不論從哪一個觀點來看，人格無所謂高下、貴賤，而只有成熟不成熟，只有理想不理想。一個理想的人格，就是要培養一個成熟的人格，也就是如何看重人格的整體性及精神性。由這一個觀點來看，所謂位格（person），就是以其精神性的主體、獨立自主的位格，達成依其固有天性發展自己，而成為成熟的人格。因此，位格的建立，是人格成熟的前奏，位格是人格成熟的必備條件，要有成熟的人格，就要有獨立自主的位格。

那麼，如何建立成熟的人格？

首先要面對人格的精神性，強調人格的精神性超於物質性，物質性為人格不是並非不重要，而是在面對人格的成熟度來看，精神性比物質性重要，只有重視人格的精神性，才不會被物欲所蒙蔽，人格所作的決定，才有可能超越物質，而使其成為獨立自主的人。

其次，人格的自由性是要肯定的。人格的自由不是依循漫無目標的個人主義出發，而是依循人性尊嚴的原則及個人的能力得以發揮的程度作決定。一個人格的成熟，和其是否能運用自由的原則，有極大的關聯。一個自由的人格在下決定的時候會珍視且善用自由，而不會毫無限制地侵犯他人，或違反自由的原則。一個自由的使用，不在抉擇的行爲，而在抉擇的目的，有良好的目的，也才有成熟的抉擇。

最後，人格的永恆性也要強調。只有強調人格的永恆性，才能證明人格的抉擇是有其永世不易的能力，也才能證明人存在的目的。如果人死了，一切都完了，這無疑是否認人的超越性及可以達成的完美性，則歷史上所有完美的典型人格都是荒誕的，所有的「立德、立功、立言」都是不需要的。

因此，一個人如果要建立完美的人格典型，就必須從這三方面去堅持，再配上個人的人格特質，如此，就可以使自己的理想達成。

□面對人生問題

完美人格的追求是人生的目標與理想，要達成理想的人格目標，必須先了解人格的內涵及其形成過程，再根據人格的特性，一一建立，才有可能達成人格的理想，吾人之所以肯定人格的精神性、自由性及永恆性爲人格的基件，是肯定人可以與天地參，可以參天地之化育，達成天人合一的目標，只有一個成熟的人格，才是人生理想的目標，是建立人生哲學的完美條件。

寓言

一位事業有成、追求速度感的富人，遭逢喪妻、癱瘓的巨變後，只剩脖子以上功能正常，可以自由運作。他雇用了一人來管理日常家務，時日一久，兩人之間的情誼漸漸不再只是雇主與員工，而是平等的對待。因為不同情，兩個人才可能平等、真誠對待，才能說真話也才能幽默。有時候，再高的學識與專業，也比不上熱情與真誠的人格。發自內心的愛，而不是虛偽的憐憫，如此才能進入對方的世界與心靈深處，相互關懷及成長。

資料來源：電影《逆轉人生》

注釋

註1 歌德（Johann Wolfgang von Göthe）出生於一七四九年八月二十八日的神聖羅馬帝國的美因河畔[2]法蘭克福，卒於一八三二年三月二十二日。作為戲劇家、詩人、自然科學家、文藝理論家和政治人物，是魏瑪的古典主義最著名的代表人物，其代表作品有《浮士德》（一八〇八）、《義大利遊記》（一八一六）、詩歌《西東詩集》（一八一九），以及最著名的《少年維特的煩惱》（一七七四），他是最偉大的德國作家，處於德國狂飆時期與法國大革命之前的文學革命時期。其名作《少年維特的煩惱》以感性和真情震撼虛偽的理性主義和封建社會，說出十八世紀歐洲青年多愁善感的心聲，強調人性反璞歸真的感情世界。

資料來源：http://zh.wikipedia.org/wiki/%E6%AD%8C%E5%BE%B7

註2 美因河（Main）是德國境內的一條河流，流經巴伐利亞州、巴登-符騰堡州和黑森州，全長包括源流為五七四公里，最終在美因茨注入萊茵河。美因河由兩條河匯流而成，一條長五十公里，發源於弗蘭克侏羅山；另一條長四十一公里，發源於菲希特爾山。美因河的主要支流有雷格尼茨河、弗蘭克薩爾河、陶伯河和尼達河。經過的主要城市包括布格昆施塔特、施韋因富特、福爾卡赫、基青根、馬克特布賴特、奧克森富特、維爾茨堡、韋爾特海姆、米爾騰貝格、阿沙芬堡、塞利根施塔特、哈瑙、奧芬巴赫、法蘭克福和美因茨等。

4 理想

理想是指路明燈。沒有理想，就沒有堅定的方向；沒有方向，就沒有生活。

喬治・普拉特・舒爾茨[1]

思考人生問題

問題一、何謂理想？
問題二、理想和現實有距離嗎？
問題三、人生爲什麼需要理想？
問題四、人生可以沒有理想嗎？
問題五、人生如果需要理想，那要如何達成呢？

案例

世界烘焙王吳寶春　用夢想烘焙麵包成就不凡人生

臺灣麵包師傅吳寶春於二〇一〇年三月十日在法國樂斯福盃麵包的首居麵包大師個人賽，獲得麵包大師頭銜。

來自臺灣的麵包師吳寶春勇奪世界麵包大師冠軍，一舉將臺灣的麵包推上國際舞臺，為臺灣烘焙業創造了歷史紀錄。回顧這位只有國中畢業的麵包大師追夢過程，吳寶春說，這個世界有多大，他的夢想就有多大，也因為他這種對夢想的堅持，不僅為臺灣烘焙業寫下傳奇，更成就了他不凡的人生。

不畏貧寒出身，將媽媽的愛當作成長動力。「所以我也在這邊宣告，我以世界冠軍為目標，我會帶著國旗和冠軍獎盃回到這塊土地，為臺灣繼續發光發熱。」這是吳寶春在今年二月出發前往法國參加世界麵包大師賽前所做的宣示，他不負眾望，一舉拿下世界麵包大師的桂冠頭銜。

吳寶春在自傳中提到自己離家看見母親難過的面容時，就忍不住告訴自己，一定要努力出人頭地，不要再讓媽媽這麼辛苦。

也因為這個簡單的信念，吳寶春不僅熬過了傳統學徒的水深火熱，更讓他開始有了更大的夢想，要將母親的愛延續下去。

純真性格讓夢想與世界同步放大。經歷了兩次世界麵包大賽，吳寶春的純真也展現其中。吳寶春自傳《柔軟成就不凡》的作者劉永毅就笑吳寶春，是一個看到國旗在會場飄揚，感動到掉眼淚的人，在這個時代中簡直不可思議。不過，吳寶春說，這件事讓他真的感受到自己生命的價值，也更堅定了自己的追夢信念，這個世界有多大，夢想就有多大。

資料來源：曾國華。中央廣播電臺網站。2010/3/11。http://news.rti.org.tw/index_newsContent.aspx?id=3&id2=1&nid=235323

□討論人生問題

何謂理想？實在是一個千古以來經常討論的課題，今天，我們來討論理想，乃是希望藉著對理想的討論，增進我們對人生的態度、對生命的執著。

所謂理想，我們可以如此籠統地說：「乃是一種對未來某些狀態的渴望。」例如：我現在是一個學生，我渴望將來成為一個企業家，對於這一種渴望，乃是因為我現在並不是，而只是希望將來是，這一種希望就可以是一種理想。像這種期望自己將來是什麼樣的人，只能說是個人理想，由此可從二方面來研究，一方面是說，如果我所希望的理想，例如做一個企業家、做一個醫生，目的只是希望多賺點錢，改善個人的生活，那麼，這種理想只是一己的、個人的理想；但如果我們把這一理想擴大，做企業家的目的在促進工商業的發達、國家的強盛；做醫生的目的，在替人間帶來幸福和快樂，減輕人們身體上的痛苦。像這樣的理想，就不只是一己的理想，而是為人類的理想努力。所以，我們可以知道，理想可以分為二類，一是一己的理想、一是人類的理想。

從一己的理想來說，如果個人只是為了現實、實際的目的而產生，則常會因為所定的目標太切近，或目標太現實，使得目標易於搞混，結果就有可能出現為了達到目標而不擇手段的情形，像這樣的理想，有的時候又可稱之爲自私的理想。

從人類的理想來說，雖有可能因爲對人類理想的執著，而附帶有了生活上的無憂無慮，但一個眞有理想的人，卻不是以這樣的生活爲滿足，而是以人類的理想是否達到爲滿足，也正如范仲淹所說的：「先天下之憂而憂，後天下之樂而樂。」這一種理想由於關心到全人類，也可以稱之爲人生的理想，爲這一種人生理想而奮鬥，才是我們的理想。在歷史上，像這種爲人類理想而奮鬥的事例眞是不勝枚舉，例如：非洲醫生史懷哲、具有愛心的教育家海倫凱勒，或是像我國的史可法、文天祥等人，都是肯爲理想而犧牲的人，是値得我們效法的人。

至於如何能塑造出這一種人生理想？個人以爲，一個理想的塑成，都是由一些最平凡、最微小的事之中慢慢磨鍊出來的。假如一個人將其理想放在一己私利上，那麼在其磨鍊的過程上，必然會以利爲一切價値判斷的準繩，最後就可能會造成「交相利，而國危矣」（《孟子・梁惠王》）的局面。今天有許多人相信，所謂的人與人來往，完全在一個利字之上，有利凡事好談，無利免開尊口，影響所及，人人皆以利爲原則、爲爭取的對象，整個社會就會爲了利，顯得短視、浮躁。究其因，不是缺乏理想，而是根本沒有理想，理想乃是指示著爲人類的利益而堅持到底。我們並不反對以利爲個人的理想，但卻不贊成爲了利而犧牲他人，更不贊成爲了個人一己的利而妨礙了人類的進步。

人生理想的原則，不只是放在去利去私、以誠與信待人等原則上，因爲誠與信只是待人接物方法，如果沒有仁、沒有愛，誠與信就成了空架子，中國人看重仁人志士，西方人看重愛己愛人，就是說明仁與愛是一切的根本，有了仁愛，就產生了對己對人的信心與誠意，亦產生了人生理想的基本原則。

從另一方面來看，每一個人的理想，都可以訂定得很好，但總是有限，如何能在一個有限的理想中，使人有一種永恆、無限的感覺呢？也就是說，我們在訂定理想時，如何能在現實與未來中兼顧？如何能使一個人對其一生及其所生活的時代和人類持有一種態度？這就關係到人生理想的內容和方法了。

人生理想的內容可以從二方面來研究，一是物質（或現實性）的理想，一是精神（或超越現實性）的理想。許多學者以為，若理想太偏重現實性理想，則易走向利；如太趨於超現實的理想，又不實際，不符合人生的需要，必須二者兼具，人生的理想，才能算是完美無缺。

在現實性的理想中，就是要運用我們現有的能力及資源以達到人生理想，例如運用現代科學技術使生活更好，更有時間去發展精神生活。在發展物質性生活來說，每一個人只需要盡其可能地將個人的能力發揮，就有可能獲得良好的物質生活，但如果只有物質生活，而無絲毫的的精神生活，則人必然不會滿足，必然會感到苦悶。也正如亞里斯多德（Aristotle，西元前三八四至三二二年）所說，人必須在物質生活與精神生活二方面同時獲得滿足，人生才有幸福與快樂可言。

至於精神生活有哪些？我們不妨反省一下，在生活中，最感缺乏的乃是在於不自知與不知人二方面，也就是求知與友誼常是我們精神生活上的最大理想。試想，一個什麼也不知的人，他的精神生活會是什麼呢？同樣地，一個人如果沒有友誼，又會變成什麼呢？在現實生活的人生理想中，人不能不求知，也不能沒有友誼，因爲人不是孤島（No man is an island），因此，在精神生活中，我們的理想當是求知與友誼，也只有在不斷的求知與友誼中，人生的理想才得以完成，人生也才會快樂。

亞里斯多德以爲，若要在精神生活與物質生活中同時獲得滿足，必須符合下列條件，才算是一個快樂的人生。

1. 在物質理想上：(1)健康；(2)財富；(3)社會關係：人緣、地位、友誼及運氣。
2. 在精神理想上：(1)理智發展（追求眞理）；(2)德行發展；(3)享受：眞理（有學問）、德行（心安理得）。

在物質理想與精神理想上，達到人生理想的重要因素乃是精神生活，次要因素才是物質。

對亞里斯多德來說，他認爲人最重要的理想，就是追求眞理及發展德行。所謂追求眞理，乃是追求眞理、善行及美的統稱，一個人有了知識、學問，便較容易去認識眞理，因此，亞里斯多德主張一個人要努力求知，但理智發展不只是靜態的，更著重於力行；致力於德行的發展才能使自己成爲一個知行合一的人，如此才能去享受眞理，享受心安理得的成果。

由此看來，一個物質理想與精神理想同時獲得滿足的人，必然是一個快樂的人。但人生理想還需要有目的，也就是說如何從意境上，求取最完美的人生理想實現。中國人所謂的「天人合一」，似乎正是最完美的人生理想的最終目的，也是最高意境的表現。假如人達不到這種境界，人必然不會完全滿足，因此，在物質與精神上同時達到理想，可能是一個快樂的人，但不可能是一個完全滿足的人，只有達到「天人合一」的境界，人才有可能完全滿足，也才可能有最完美的結局出現。

□面對人生問題

從上所言，理想乃是人生對未來的執著，因此，只要是人，只要對人生有希望，就有理想。理想和現實人生是無法分家的、是一體的，人無法將自己截然分爲純精神和純肉體的，必須二者合一，人才有理想可言。只有靈肉合一的人才有理想，人生理想的達成是要靠自己的努力，需要以自己的血汗來完成，也唯有努力之後，才能明白天人合一的眞諦，了解人生的意義，人生也才有目標。

寓言

老鼠的理想

老鼠們整天靠偷偷摸摸過日子，牠們經常遭到人們的追趕和喊打。

一隻小公鼠過膩了這種沒有尊嚴、提心吊膽、不勞而獲的生活，決心想過一天人的日子。很多老鼠取笑牠這是痴人說夢，簡直是異想天開、荒唐之極。大家紛紛躲著他。

小公鼠很孤單，可是牠沒有動搖自己的理想，牠決心試試看。於是，牠開始偷偷觀察人類的一舉一動，並一一記在心裡，默默地模仿。經過漫長時間的學習，小公鼠學會了鑽木取火，學會了製作與磨製石器，學會了烤煮食物，更令人驚奇的是，牠學會了直立行走。

但唯一遺憾的是，牠沒有人類那樣的語言，渾身還長著一身難堪的毛髮，外觀上和老鼠一樣。但是牠不氣餒，更加刻苦練習。

小公鼠的舉動和理想感動了上帝。上帝託夢給牠，表示只要牠經受得住烈火的炙烤，就能徹底脫胎做人。小公鼠沒有畏懼，也沒有猶豫，在上帝的幫助下，牠不但經受住了烈火的考驗，形體上發生了巨大變化，而且還擁有了人類的語言。現在，牠已經完全變成了人。從此，當別的伙伴還過著偷偷摸摸、暗無天日、過街人人喊打的生活的時候，這隻小公鼠已經開始過人的生活。你看，他正昂首挺胸地走在大街上。

資料來源：http://translate.google.com/translate?hl=zh-TW&sl=zh-CN&u=http://www.naiping.net/tonghuagushi/650.html&prev=/search%3Fq%3D%25E7%2590%2586%25E6%2583%25B3%2B%25E5%25AF%2593%25E8%25A8%2580%26hl%3Dzh-TW%26safe%3Dactive%26sa%3DX%

注釋

註1　喬治．普拉特．舒爾茨（George Pratt Shultz）於一九二〇年十二月十三日生於紐約，是一位美國政治家，曾任美國勞工部長、美國財政部長和美國國務卿。

資料來源：http://tc.wangchao.net.cn/baike/detail_1966495.html

5

創造

如果死亡不僅僅是滅絕的話，那麼為死亡做最好的準備，就是運用創造力，竭盡所能地活出我們的生命，去經驗和貢獻我們能力所能夠完成的事情。

羅洛・梅[1]

思考人生問題

問題一、什麼是創造？

問題二、創造和發明、製造有沒有不同？

問題三、創造是不是無中生有？

問題四、創造的人生和人生需要創造的意義是什麼？

問題五、如何才是一個具有創造的人生？

問題六、創造是否是人所特有的？是否人人都有創造的能力？

案例

無阻奮發向上　沒左掌女生獲6A1B[2]

就讀古來一校的考生蔡嘉敏天生就少了左手掌，但這並沒有阻止她奮發向上。平常以學習拉丁舞增強自信的嘉敏，在今年的小六會評估考試中，考獲6A1B的佳績。母親李金鶯說，因為基因分裂不完整，導致女兒天生就沒有左手掌，開始的時候很擔心女兒的學習，但在老師們的幫助下，讓她可以和普通人一樣學習。嘉敏本來是要學音樂，她嘗試問了很多音樂學院是否有適合她學習的樂器，但總是得到失望的答案，所以轉為學習拉丁舞。

嘉敏在學習拉丁舞之後，變得比較有自信，也比較敢面對大眾，而且也曾經參過拉丁舞比賽，得過獎項。

資料來源：http://tech.sinchew-i.com/sc/node/268776?tid=1

□討論人生問題

人生的目的，乃是要建立一個完美的、合於每一個人自己的人生，但有時由於社會環境的影響，難免會因循前人之說，而使個人的方向不夠合於自己的願望，因此有突破困境、創造個人未來前途的想法。

創造（Creation）一般來說，有三個意義，一是指創造者，二是指受造者，三是指創造的活動。

從創造者來說，創造最初的涵義，是從有神論的觀念中發展出來的。有神論（Theistic）

以為，所謂創造乃是由空無造成事物，也就是無中生有。在這裡要明白的是，有神論所指的空無並不是指以時間而言，空無先於受造物，也不是指受造物所藉以製成的材料，更不是說一件事物之產生不需要主動因（Efficient Cause），而是指受造物的造成無需任何先有的材料（項退結譯，《西洋哲學辭典》，一〇三頁）。也就是說，從有神論的觀點來看，創造是指不需要任何材料，不需要任何有形的物質，就可以產生自己想要的東西。當然，這對我們人類來說，是不可能的，因為任何人的創造及發明，都是需要有形的材料，將這些有形材料的形式加以改變，製造出其他的物品。因此，慢慢的，人類用假借的方式指出創造的意義，凡是使某些事物中產生一種原來沒有的新東西之行動，都可以稱之為創造。從這個意義來說，精神性的固有活動就可以稱之為創造。人的精神性活動也就是一種創造性的活動，因此當我們說，我們需要去創造我們的未來，事實上就是指人的精神性活動。其中包括了人的思想，經由思想、情意的活動，可以產生一種原來沒有的新東西，可以更新人的生活，創造人的未來。

受造者是一個現實，是一個被創造後的產品，因此，受造者隸屬創造者。在特質方面，受造者被創造者所約定，從有神論的觀點來看，一切萬物都是被造的，人也不例外。由於被造者的特性受創造者約束，因此天地萬物的一切特質都和創造者有關，人這方面接受的特質，得天獨厚，在其精神性活動方面，創造者賦予人和創造者具有相似的特性，因此，人的創造力比其他萬物都要來得優厚。也由於人具有這種特性，才能使宇宙與世界更好，更合乎創造者的要求。從另一層意義來說，由於人有精神，另一方面又有動物性，這二個不同的體系，在人心內交融，也可以說是交戰，因此，人如何脫離動物性走向精神性，就成了最重要的創造性活動和人生最重要的目的。古往今來，多少的哲學家都在研究如何使人脫離動物性走向精神性。即使科技發達的今日，人對精神性創造活動的要求，不但未曾稍減，且更有加劇的趨勢，因此，爲一個受造者來說，他不能改變他已受造的事實，但他卻可以藉著被造後相似創造者的特質，來創造他自己的未來。

從創造的活動來說，就是要在自由的情況下，產生出一件事物的整個歷程，一個精神性的活動，絕不能在有壓力和有限制的情況之下去發展，只因如此的發展很少有創造力可言，對人來說，人的創造性活動，就是如何創造他的未來，去建立他的人生。

從人的創造性活動來說，每一個人都有一種渴望，就是如何能有一個完全屬於自己的人生。在自己的人生中，雖然可以有別人的影子，但一定要是自己的，不能在壓力及強迫之下。因此，我們可以說，在建立自己人生的過程中，有些觀點可以是他人，但行動卻必須是自己的，從創造性的活動來說，觀點可以有他人的影響，但行動的歷程，卻必須是自己在自由的情況之下所達成的。如此，創造這一個詞彙，在創造的活動來說，就有兩層意義，一是指創造性活動本身是自由的且是不受壓力的產生出一件事物的整個活動歷程；另一則是指精神性的內在活動，也可以指精神性本身，凡是屬於精神性的活動，本身就具有創造力，所以，一個藝術家、一位音樂家、一位文學家，甚至工程師、醫師……他們在其本身工作上，都能有創造性的活動。簡單而言，任何人都可以藉著本身的能力及特質去創造自己美好的未來。

也有人說，要有創造性的活動之前，先要有創造性的思維。其實，思維本身就具有創造力，因爲思維是一種精神性活動，這一種活動在面對任何事物之時，都會去思量本身的處境及應付的方法，但爲什麼有的人，會認爲思考的深度不夠呢？這就和每一個人生活的習慣及思考的方式有關，起初每一個人的思想力都是相同，但由於後天環境的影響，每一個人生活的習慣都不一樣，也就造成思考的習慣不一樣，例如：有人喜歡從消極的觀點來考慮事情，有人卻自然地會從積極的觀點來考慮事情，也有的人喜歡從比較現實的觀點來考慮事情，更有的人，在他的生活環境中，比較不需要思考，因此，也就不太去練習思考的方法及深度。由於不同的情況，自然造成不同的結果，思考的深度不夠，不是思想本身的問題，而是思想者的問題，只要多加練習及學習思維，思考的深度及廣度自然就可以達成了。

同樣的觀點，創造和思維一樣，人人都有創造力，問題是我們如何訓練自己的創造力？要訓練自己具有創造力，首先就要訓練自己具有集中心志的能力，一個散漫的人很難能使自己集中心志；其次就是要培養自己的耐心，使自己能安於某一種思想的狀況中，且能有較多的時間去思考；再來就是使自己能有敏銳的觀察力，能觀察到一些細微末節而又不失去整體；爾後是訓練自己能對每一種不同的觀察結果作徹底的思考；最後是能從其中找到一些最適合自己的方法或需要，如此久而久之的訓練，自然會有創造力。如同發明力一樣，也是要在平日用心的觀察及思考，能察他人之未察，能想他人所想不到的，就能製造出一些使人意想不到的事物，以方便開創人生。

□面對人生問題

創造力，可以說是人生最寶貴的一樣能力，如果想使自己的人生更美好，就非要去發展其創造力不可。創造力愈豐富的人，愈有能力創造自己的未來，愈有能力使自己在人生的理想中，達到更良好的結果。創造力不但需要去學習、去練習，而且練得愈勤，學得愈精，創造力也更豐富，就如同人的思維一樣，祇只有愈去思維，人的思考深度才會愈周全、愈獨到。任何人都希望自己的未來更具創意、更有活力，因此，要有豐富而美滿的人生，就請從發展自己的創造力開始吧！

寓言

普羅米修斯與潘朵拉

希臘神話中，普羅米修斯依照神的樣子以泥與水製造了人並賦予其生命，並且違抗禁令盜火給人，且授予其知識，使其有了文化。宙斯惱怒之下造出了潘朵拉，並使她帶著充滿災厄的盒子前往人間與幸福相抗衡。由於潘朵拉的好奇心致使將災厄流放到世間，她情急之下蓋上盒子，卻把其中唯一美好的「希望」關在裡面。

普羅米修斯對潘朵拉說：「我恨妳，帶來災厄的女人！」

潘朵拉說：「我是無意的！罪惡之源應是那盒子。魔盒似有若無，也無定向，不時製造出災厄。」

普羅米修斯問：「希望呢？」

潘多拉回答：「希望早已飛到了人間，當人在打開那魔盒時，希望便會以巨大的衝力飛出。」

最後，普羅米修斯嘆息道：「禍患與罪惡是無法除盡了，但至少還有希望在人間。」

注釋

註1 羅洛・梅（Rollo May）生於一九〇九年四月二十一日，卒於一九九四年十月二十二日，為美國心理學家，是一個以存在主義哲學思想為基礎的人文主義心理學家，也是存在心理治療的代表人物之一。其出版作品有以其博士論文為基礎所出版的第一部心理學專著《焦慮的意義》（一九五〇）、《存在：精神病學與心理學的新面向》（一九五八）、《創造的勇氣》（一九六九）。

資料來源：http://www.google.com.tw/url?sa=t&rct=j&q=%E7%BE%85%E6%B4%9B%C2%B7%E6%A2%85&source=web&cd=4&cad=rja&ved=0CEYQFjAD&url=http%3A%2F%2F140.116.183.100%2Fbbs%2Falextang%2F2009%2F3%2F%25E4%25BA%25BA%25E6%2596%2587%25E4%25B8%25BB%25E7%25BE%25A9%25E8%25B3%2587%25E6%2596%2599%2F_%25E7%25BE%2585%25E6%25B4%259B%25E6%25A2%2585.doc&ei=2Xr_UKqfHcaVkgWXjYFg&usg=AFQjCNF6LKkJqPN1-9W4CbA8EwwjMHZy7g

註2 評估考試（UPSR）的用語，馬來西亞高等教育文憑，亦稱大馬高等教育文憑（STPM），是馬來西亞的大學預科公共考試，早前稱 Higher School Certificate（HSC）。HSC 是英國 A-Level 考試的前稱，同時也是澳洲部分州屬的公共考試名稱。STPM 是由大馬考試委員會（Malaysian Higher School Certificate）自一九八二年開始獨立舉辦。此委員會也同時舉辦馬來西亞英文水平鑑定考試（Malaysian University English Test, MUET），以及馬來西亞教育文憑考試（SPM）、初中評估考試（PMR）和小六檢定考試（UPSR），不同的是，後三項考試皆由大馬考試局而非大馬考試委員會舉辦，但是，大馬考試局和大馬考試委員會皆隸屬大馬教育部。

資料來源：http://zh.wikipedia.org/wiki/%E9%A6%AC%E4%BE%86%E8%A5%BF%E4%BA%9E%E9%AB%98%E7%AD%89%E6%95%99%E8%82%B2%E6%96%87%E6%86%91

6
自由

人是生而自由的，但卻往往不在枷鎖之中。自以為是其他一切人的主人，反比其他一切人更像奴隸。

讓—雅克·盧梭[1]

思考人生問題

問題一、何謂自由？
問題二、自由是指不受任何約束嗎？
問題三、自由的主體是什麼？
問題四、自由是不是人的基本權利呢？
問題五、人爲什麼需要自由呢？
問題六、自由和自由主義有什麼關係？
問題七、自由和個人主義有什麼關係？
問題八、政治自由和法律自由有沒有區別？
問題九、法律自由和哲學上的自由有沒有區別？
問題十、如何才能有眞正的自由？
問題十一、「不自由，毋寧死」這句話是否正確？
問題十二、自由的價值是什麼？
問題十三、自由和意志的關係爲何？

問題十四、自由是不是純從外在的行爲？
問題十五、自由和人性尊嚴的關係爲何？

案例

「拜靖國[2]是應有自由」安倍否認侵略中韓遭圍剿

日本閣員上週末起先後參拜靖國神社，安倍也以首相名義獻花，週二近一百七十名國會議員一同參拜，當天安倍發言：「學術界、國際間都未賦予『侵略』明確定義，且定義也因各國立場而不同。」意圖否認前首相村山富市於一九九五年對遭日侵略國家表示歉意的「村山談話」。

前天安倍又強硬表示參拜是應有的自由：「對為國犧牲的英靈表達尊崇是天經地義，我國官員不屈服於任何威脅。」

中國外交部發言人表示，如果日本領導人將軍國主義視為引以自豪的歷史和傳統，挑戰二戰結果和戰後國際秩序，「日本將永遠走不出歷史陰影，和亞洲鄰國的關係將沒有未來。」

香港親共媒體《大公報》昨稱日政客參拜靖國神社是「拜鬼」，《解放軍報》指控日右派政客骨子裡就想美化日發動的侵略戰爭，推翻戰後的和平體制。官媒《環球時報》要中國人重拾對小日本的藐視，「與中國對抗從長遠看是日本的絕路，參拜靖國神社是日本自我欺騙、麻醉的毒藥。」

南韓外長尹炳世週一取消月底訪日行程，總統朴槿惠前天也說，日本若無法正視歷史，「兩國恐怕很難走下去」。

美國天普大學日本校區亞洲研究主任金斯頓說：「安倍想提醒人們戰爭已經結束，我們在二十一世紀，是展開新頁的時候了。」但他也警告，中國對日本經濟至關重要，惹惱中國將重創貿易與他的「安倍經濟學」。

資料來源：《蘋果日報》網站。2013/4/26。http://www.appledaily.com.tw/appledaily/article/international/20130426/34978350/%E3%80%8C%E6%8B%9C%E9%9D%96%E5%9C%8B%E6%98%AF%E6%87%89%E6%9C%89%E8%87%AA%E7%94%B1%E3%80%8D%E5%AE%89%E5%80%8D%E5%90%A6%E8%AA%8D%E4%BE%B5%E7%95%A5%E4%B8%AD%E9%9F%93%E5%9C%8D%E5%89%BF

□討論人生問題

「自由」，這一個從古到今爭論不休的名詞，不知影響了多少人，也不知有多少人的思想、行爲、人生的準則，因它而有改變；多少人，爲了它，棄生捨家。甚至，如羅曼．羅蘭所說：「生命誠可貴，愛情價更高，如爲自由故，二者皆可拋。」把自由推崇到極高的地位。又如俄國作家索忍尼辛，爲了自由，寧可忍受共黨的壓迫，被驅逐出境，由此可知，自由對人生有多大的作用。

但，不可諱言地，自由也被許多人誤解，以「自由」爲藉口來達到個人的功名利祿，滿足個人的私欲。因此，如何去辨識自由的眞義是非常重要的。

現今，我們常聽到人說，自由，就是以不妨害別人的自由爲自由。這是自由的定義嗎？顯然不是，因爲從定義的規則之一，「定義不能是否定的」來說，這一個定義根本未說出自由任何積極肯定的內涵，只表達了消極的功能，而且，這種消極的功能，只是從法律的觀點來看的。

那麼，究竟何謂自由呢？簡單的來說是「人在沒有不可抗拒的壓力的條件下，對本身的行爲有自行抉擇的權利」。在這裡，有幾個重要的觀念須要加以澄清。

一是何謂不可抗拒的壓力，所謂不可抗拒的壓力，是指人不論在任何狀況、任何條件之下，都沒有壓力，都可以充分發揮自己的能力。我們都知道，在人的一生中，不論是有意或無意，經常都是處在某種壓力之下，這種壓力，可能來自於遺傳、生活環境、親屬關係、社會風俗習慣、生心理狀態或官能等。即使這些壓力是可以抵抗的，也足以使人喪失自由。例如：某人因父母要求而信仰某種宗教，雖然他可以不理會父母的要求，但爲了孝順，不使父母傷心，仍然接受該宗教。換言之，來自父母的壓力雖是可以抗拒的，但他仍喪失了宗教自由。所以，只有排除不可抗拒的壓力，人才有自由可言。

二是自行抉擇，在排除了無可抵禦的壓力之後，人雖然是自由的，但不是完全自由的，除非，他具有自我抉擇的權利，不然，一切的自由仍是要受制於人，所以，人的自行抉擇，充分表達了作爲人自我作主的權利。例如：聽了父母的話，而決定要做某事，雖然他做了自我抉擇，但他可能是在壓力之下作的決定，因此，是並非自由的。同樣地，自行抉擇，不但是要在沒有壓力的條件下，也是要在自己能作充分的、不受限制的條件下的抉擇才是自由。

從這一個定義來看，前半部是屬於一個消極條件，後半部是則屬於積極條件，才是自由的眞諦，只有能自行抉擇的人，才有自由可言。

那麼，自由有哪幾種呢？

一般來說，自由可以分成外在自由與內在自由兩種。

從自由定義的消極因素來看，所謂外在自由，亦稱行動的自由，就是人在其外在的行爲上，不受約束、不受限制，例如不被困在屋中，可以自由進出，就是外在的自由。在法律上所謂的自由，都是外在自由，例如《中華民國憲法》從第七條到第十八條所規定的都是人的外在自由，這其中包括身體的自由，居住、遷徙的自由，言論、講學、著作及出版的自由，祕密通訊、宗教信仰、集會、結社等的自由，都是只有在排除了無可抵禦的壓力之下，這些自由才得以存在。至於哪些因素會使得這些自由受到限制呢？例如極權主義、獨裁、專制等，都是妨害外在自由行使的因素。

所謂內在自由，從自由定義的消極因素來說，是指我們每人的意志而言。也就是說人的意志在沒有來自本性無可抵禦的內在壓力強迫使它好此惡彼，因而可以不受任何的阻礙，隨心所欲地作選擇，這就是內在自由，有時也稱之爲自然自由，或稱之爲心理自由。

由於內在自由，就是意志自由，因此，意志本身是否具有自主權和其自由性有非常密切的關係，因此，人的意志在何種狀況下，會有無可抵禦的壓力，而使其不能自由選擇，這是值得研究的。

一般來說，人的意志只會在二件事上受到這種壓力而沒有自由。一是人對幸福的追求，這是人性內在的渴望，迫使人們非要求自身達到幸福不可，這種對幸福的渴望，使得人的意志失去自由，非服從不可。從另一方面來說，希望他人獲得幸福，則是自由的。二是人對美善的追求，也是屬於人性的特質。在美善的目標下，人必須去追求美善，意志是沒有自由的。

從自由定義的積極因素，即自行抉擇爲出發點的自由，可分爲健康的及病態的二種。所謂健康的自由，乃是選擇美善，這是使人健康的；至於病態的，則是人選擇作惡。人具有自由抉擇的權利，選善或選惡，是完全由人自主的，但一個人如果選了惡，雖然是自由的，卻是一種病態的自由，就如同一個人生了病，雖然是活著，但仍然是有病，不能使其有自由的行爲。

從以上對定義的討論中，我們可以發現，一個自由的人，必須是健康的自行抉擇的人。如此，他所作的決定、人格，才具有眞正的自由。

那麼自由與自由主義有什麼關係？一般來說，從歷史的發展過程中來看，群體的外在自由，大體是要通過「自由主義」運動，才能眞正獲得。至於內在的自由，則是以「倫理學」的道德規範爲前提，只講自己的責任，注重自己應做、應避免的事，而不出面與別人爭執。由於與別人爭取個人權利的自由主義，後來反而成了自私的個人主義，使得自由的原始定義受到了曲解，甚至時至今日，有許多自由主義者就是無政府主義者、無立場主義者的代名詞，致使自由主義的發展令人憂慮。因爲，自由並不是一個消極的定義，並非只要不妨礙他人權利就可以，而是要更進一步保障及爭取個人或群體的健康的自行抉擇的權利。

自由主義原來的目的，是爲爭取個人的外在自由而設立，並使這個人的外在自由一直擴張到群體中，使群體也能獲得積極的健康的自由。但有些自由主義的政治主張，卻利用群體的力量，逼使個人放棄其自行抉擇的權利，這種國家主義、極權主義的發展，使得自由主義蒙受了一層陰影，自由的價值又受到了考驗。

在西方爭取自由的歷史中，雖然是經由自由主義運動而達到個人自由，但其眞正的出發點，是爲了謀取個人的自由，由謀取個人的自由而擴及群體，使群體中的每一個人，都能因爲著自由主義運動的推行而獲得自由。相反地，如果群體或政體假借自由主義之名，逼使個人放棄自己的自由，則個人必然會起而反抗，甚至爲了爭取個人的自由，而犧牲自己的生命。

因此，我們可以說，一個眞正的自由，從外在來說，是具有積極自行抉擇的行爲權利，這種權利是不受任何環境、壓力困擾的；從內在來說，一個眞正的自由，是一個人的人性尊嚴得以保持、個人的力量得以發揮，如此，眞正的自由，眞正值得受人重視的個人價值，才得以存在於世間，否則的話，人性尊嚴受到傷害，人的自由也就蕩然無存。同樣地，個人的力量如果不能發揮，要自由又有何用？

□面對人生問題

自由，對人的關係極爲重大，一個自由的人，可以創造出人類偉大的事功，一個不自由的人，一切的創造、學習、生活，都要受到限制。因此，在人生的歷程中，必須把握住，如何從外在的自由體會內在自由的眞實性，並由內在的自由更漸攀升上人性的階梯，使其能「從心所欲」。因爲在自由的境界中，不論外在有多大的自由，仍是受到限制。不論如何，由於人是有限的，因此，人的外在自由也是有限的，但在人的內在性中，人可以不受任何的影響，使自己人性的內在可以不斷升華，使自己生命的境界可以不斷提升。因此，自由在人生哲學的定義，就是使我們致力於追求內在的自由，並使其升華到超凡入聖的地步，才是人生最後的目的。

寓言

沒有約束

一個人追求完全自由自在，討厭任何束縛。
拒絕理髮，任由頭髮、鬍鬚自由地長。
拒絕洗澡，任由汙垢滿身。
拒絕穿鞋襪。
拒絕穿上衣，打著赤膊。
最後他拒絕穿褲子，解脫所有約束。
沒過多久他就被送入精神病院，被徹底地約束了。

注釋

註1　讓－雅克．盧梭（Jean-Jacques Rousseau）出生於一七一二年六月二十八日，於一七七八年七月二日逝世，為啟蒙時代瑞士裔的法國思想家、哲學家、政治理論家和作曲家。其所著的論文《科學和藝術的進步對改良

風俗是否有益》及《論人類不平等的起源與基礎》確定了他在哲學史上的地位；其《社會契約論》中的人民主權及民主政治哲學思想深刻影響了啓蒙運動、法國大革命，以及現代政治、哲學和教育思想。主要著作有《論科學與藝術》（一七四九）、《論人類不平等的起源和基礎》（一七五五）、《社會契約論》（又稱《民約論》，一七六二）、《愛彌兒》（一七六二）、《山中書簡》（一七六三）、《懺悔錄》（一七八八）、《植物學通信》。

資料來源：https://zh.wikipedia.org/wiki/%E8%AE%A9-%E9%9B%85%E5%85%8B%C2%B7%E5%8D%A2%E6%A2%AD

註2　靖國神社原名東京招魂社，位於東京都千代田區，是明治天皇為紀念在戊辰戰爭（一八六八至一八六九年）中為國捐軀者所建造的，一八六九年落成，一八七九年更名為靖國神社，供奉至二次大戰期間各戰爭的犧牲者，包括為日本出征的臺灣人和朝鮮半島人。神社原由日軍管理，一九四五年交民間管理。一九七八年神社將十四名遭國際戰爭法庭判決的二戰甲級戰犯列入名冊，因而被視為軍國主義的象徵。

7
和諧

看不見的和諧比看得見的和諧更美

赫拉克利特[1]

思考人生問題

問題一、什麼是和諧？
問題二、和諧對人重要嗎？
問題三、人際關係中和諧的任務是什麼？
問題四、和諧與衝突的關係爲何？
問題五、和諧在哲學的地位爲何？
問題六、和諧表示一切都好？
問題七、和諧給人的感覺爲何？
問題八、如何達到和諧？
問題九、哪些因素會破壞和諧？
問題十、如何達到和諧的人生？

案例

星雲大師[2]：不計較的人生就幸福

臺灣佛光山開山宗長星雲大師於中國海南一場關於「幸福與安樂」的演講中，談到如何營造幸福家庭與和諧社會。

星雲大師說起他的「五和人生」論，和悅、和好、和敬、和諧、和平。「內心強大為自己創造和悅；家庭和好，父慈子孝，相親相愛；人人和敬，相互尊重、體諒、包容；社會不必相同和諧就好；最終達到世界和平。」

星雲大師說：「我把它改成『老病死生』，人老了有病，病了要死。我看死就好比安睡，睡了就又有力氣，就能有另外的希望，希望就是未來。我覺得人要有希望，所以我不懼談死。」

而關於如何解壓，星雲大師說：「我一生接收的是苦難的教育、壓迫的教育。我的經驗，人生只有忍耐和接受，所以慢慢的成長，到了老了就好了。」

資料來源：2013/1/7。http://news.singtao.ca/toronto/2013-01-07/taiwan1357547609d4283201.html

□討論人生問題

和諧的觀念，可以說是中國人生哲學中一個非常重要的價值觀，不論是對自己，或在人際關係中，都具有重要的地位。

在中國哲學中，和諧代表了和睦、調和、和順、一條心、和樂、同舟共濟等精神。這些精神，表現在對自我的態度上，是一種和樂的精神，也是一種自得其樂的精神；表現在外的，則是一種和睦的精神和與人調和的氣氛；至於表現在團體意識上，則是顯示出一種決心，是大家一條心的意識；在團體工作上，則是互相合作，同舟共濟的精神。

一個人在其一生之中，努力追求的是人的幸福和滿足，這種幸福和滿足，如果只是在衝突和競爭中，這種幸福和滿足是不會被人接受的，只有在和諧中，人的幸福和滿足才會有溫馨和愉悅的感覺。

既然，我們了解和諧對人是如此重要，那麼，我們要如何去獲得和諧的人生呢？要獲得和諧的人生，必須注意下列幾點。

一、對自我的了解

一個人對自我不了解，就如同一個盲者在一個陌生的地方，不知所措，他是不可能順心而稱心地加入他人或人群中而成爲一個樂從者，所以，一個人如果希望有和諧的人生，首先要能了解自己，了解自己的能力、個性以及情緒，之後，好好的利用這些能力，使自己成爲一個具有良好適應力的人。其實，在了解自我的同時，也是一種對自我的訓練，訓練願意接納自己，訓練適應自己的未來，這一種反省式的經驗，主要是幫助自己成爲一個成熟而有能力的人。當一個人在自我訓練之後，具有了這些特質，就可以進一步往外發展，尋求和他人及團體的良好關係。

二、與他人的關係

這也是一般所稱的人際關係，與其說是人際關係，還不如說是人群關係來得更好，因爲當我們說人際關係時，似乎將我與他人的關係，放在第二個對立的關係上，先假設了這個對等關係有了困難，再從這上面來尋路搭橋，這也就是我們常聽到的，所謂如何促進良好的人際關係之類的問題。其實，人生哲學之論和諧，不但說明了人與人相處的方法，更把人置於他人中，而謀思如何使此二者更密切、更調和，換言之，講和諧，不是先提假設再來求證，而是直述人生本來就應該是和諧的。

那麼，在與他人的關係下，如何達到和諧呢？筆者認爲在雙方的相待中，首須眞誠。眞誠不是傻，不是被人欺，而是相信別人的能力，相信別人和自己具有同樣的價值，相信別人與自己一樣具有能力，可以創造自己的未來，有幸福、美滿的生活。由於有了這種與人爲善的態度，在待人之時，就自然具有一分深厚的情誼，這和一般人所謂的防人三分，「害人之心不可有，防人之心不可無」的心理非常不同。如果我們事事以防備、緊張的態度來待人，不但缺乏誠意，且會令人有「恐怖」，這是達到和諧關係的最大障礙。

由於，在與他人的關係上已有了眞誠，因此，誤解、無心的過錯都會化成無形，也不會形成與他人關係的障礙，只有用眞誠的態度，才能使人與人的關係，獲得最大的發展。

三、與群衆的關係

很多人以爲，人生的目的，就是要成功、要成名，但成功或成名，若不建在自己深度的內涵上、在與他人的良好關係上，在以及與群體的良好關係，有誰能成功？有誰能成名呢？

所以，與群體的和諧相處是非常重要的。

此處所說的群體，事實上，指的就是一群人，當這一群人為了一個共同的理想或目的組成一個團體時，這一個團體就自然形成了屬於這個團體特有的氣質與風格，任何一個人加入這一群體時，都必須接納這一個團體的制度及規範，不然，就只有被團體淘汰。一個具有自我了解能力的人、具有良好適應的人，在進入一個群體前，絕不會妄言去改革和抱怨這一個團體的制度，而是先去觀察這一個團體，明白這一個團體的宗旨及歷史發展，使自己明瞭，為什麼這一個團體是如此，然後，再謀思自己的適應之道，是跟著團體走呢？或是另起爐灶？亦或是自己出來領導這一個團體，朝著自己的理想走？不論是上述三種方法中的哪一種，結果都是一樣，就是自己的態度。我們常可發現，有些人在團體中過得非常痛苦，盲目將自己投入團體的結果，不但自己不能適應，團體本身也要經過一段痛苦的時期。

所以，一個人在與團體相處時，其和諧之道，就是多讓自己去適應群體，然後再考慮如何面對團體，並將團體的目標與自己的目標相互並行，這才是我們的目的。

在與他人或群體相處時，我們可能有的另一問題是，個人的理想如何在群體中仍有堅持的可能？如果二者衝突時，又該如何和諧相處、同存共樂呢？

一個人的理想，乃是一個人對未來的狀態所賦予的理想境界，這一種理想境界須在和諧中才有實現的可能，因為和諧本身就是一個理想，如果在與他人及群體的關係上，已經和諧了，則個人的理想又何愁不能實現？所以，和諧不但是一種個人對待自我，也是對待他人及群體的一種狀態，只有在和諧中，人的生活、人的生命、人的未來，才有幸福的可能。

□面對人生問題

從上所述，我們可以了解，和諧不代表一切困難都消失了，也不代表從此之後就會一帆風順，由於人會不斷成長，因此，在和諧的深度及廣度上，也會不斷發展。一個成熟的人，只有不停調整自己，使自己的生活及思想彼此配合，如此，才可以達到和諧的狀況。從另一面來說，和諧也是一種能力，當一個人愈成熟，愈能使自己的思想和外在生活彼此配合，他的和諧能力也就愈高，在未來實現理想的可能也就愈眞切。因此，我們可以說，一個和諧的人，不是鑽牛角尖的人，不是極端的人，是一個與人爲善的人，是一個日日追求眞理的人，是一個心胸坦蕩的人，是一個有包容性的人，是一個看到他人優點的人，也只有這種人，才是有和諧精神的人。

寓言

隨緣

少年欲跳樓自盡，智者見狀大笑。
少年莫名其妙道：「我痛苦已極，你卻如此開心？」
智者：「我活了一輩子，不曾見鬼，如今總算見鬼，所以高興。」
少年：「鬼？在哪兒？」
智者：「不正是你嗎？膽小鬼！」
少年：「我是膽小鬼？我為所愛，勇於捨棄性命，怎能說我膽小？」
智者：「面對人生難題卻選擇放棄生命，不敢面對。世上唯死最易，有意義的活著最難；棄難擇易，誰說不是膽小鬼？」
少年：「但活著太煩惱了！」
智者：「隨緣煩惱去。」
少年問：「何為緣？」
智者答：「世間萬物相遇、相隨、相樂的可能性，即有緣。」

少年：「為何隨緣？」
智者：「有緣往，無緣去。」
少年：「無欲無求、超脫塵世？」
智者：「人生豈能無求？求得之喜，求而不得亦無憂。」
少年：「全力以赴，不求回報？」
智者：「正是！正如種樹，施肥澆水不懈怠，收穫果實知多少。」

注釋

註1　赫拉克利特（Ἡράκλειτος，西元前五四〇至四八〇年），古希臘哲學家、愛非斯派的創始人。生於以弗所的貴族家庭，相傳生性猶豫，被稱為「哭的哲學人」。他的文章只留下片段，愛用隱喻、悖論，致使後世的解釋紛紜。赫拉克利特的文章晦澀難懂，寫過一部總稱為《論自然》的書，內容有「論萬物」、「論政治」和「論神靈」三部分。保存至今的一百三十多個殘篇，皆由不同時期的著作中摘錄出來，殘篇的語言多形象比喻，內容是深奧的辯證法，讀起來十分困難，赫拉克利特因此得到「晦澀哲人」的稱號。赫拉克利特繼承了米利都學派的傳統，認為火是萬物的本原，萬物由火而產生，又復歸於火，而這種活動是有一定「分寸」，

也即是遵循一定規律的。他提出萬物皆流、無物常住的變動觀，強調事物發展變化的絕對性和永恆性。他對辯證法的最大貢獻是提出矛盾的雙方相互依賴、相互鬥爭和相互轉化的思想，即對立統一思想，他強調矛盾的鬥爭性，認為鬥爭是普遍的、絕對的。提出一切都遵循邏各斯，即遵循著規律，認為邏各斯是人人所共有的，它不僅是客觀世界的規律，也支配著人的主觀世界，因此智慧在於駕馭邏各斯，即認識把握事物的規律。赫拉克利特的思想在哲學史上產生極其深遠的影響，是後世所有辯證法思想的源泉。

註2 釋星雲，生於一九二七年八月十九日江蘇江都。俗名李國深，有星雲大師的尊稱，為臨濟正宗第四十八代傳人。自中國大陸遷居臺灣後加入中國國民黨，曾任黨務顧問、國民黨中央常務委員。佛光山開山宗長，佛光山寺第一、二、三任住持。著作有《佛光菜根譚》（二〇〇七）、《合掌人生》（二〇〇八）、《人生修煉叢書》（二〇〇八）、《人間萬事》（二〇〇九）。

資料來源：http://zh.wikipedia.org/wiki/%E9%87%8B%E6%98%9F%E9%9B%B2

8 修養

整體的美，在於個人的修養。

證嚴法師《靜思語》

思考人生問題

問題一、何謂修養？

問題二、修養有哪些種類？

問題三、爲什麼需要有修養？

問題四、修養和氣質有何關係？

問題五、修養和藝術有何關係？

問題六、修養有沒有階層？

問題七、修養的理想境界爲何？

問題八、修養的最終目標爲何？

案例

唐代婁師德為人沉穩而有度量，他的弟弟被任命為代州刺史，即將走馬上任時，婁師德對他說：「我在想，你當一州長官，受皇上的恩寵太多了，這是人們所妒嫉的，你打算怎麼面對？」他的弟弟向前跪著說：「從今以後，即使有人朝我臉上吐口水，我也只是自己擦掉算了，絕不讓兄長您擔憂。」婁師德嚴肅地說：「這正是我所擔憂的啊。人家向你吐口水，是惱怒你，你把它擦掉，正違反了人家的意願，這只會加重他對你的惱怒。你應該不去擦它，讓它自己乾，應當平靜接受它。」

婁師德性情穩重，寬容大度，別人觸犯了他，他總是退讓，並且自我檢討，從來不顯現發怒的臉色。他曾經跟李昭德一起出門，婁師德一向身體肥胖，不能快步走路，李昭德認為他走得太慢了，埋怨道：「被耕田的粗漢耽誤了。」婁師德笑著回答：「我不當耕田人，還有誰做呢？」

狄仁傑做宰相的時候，婁師德向皇帝推薦了他。武后說：「我錄用你，是因為婁師德推薦了你，他確實了解人啊。」並把婁師德的推薦書拿給狄仁傑看。狄仁傑很慚愧，接著感嘆地說：「婁師德道德高尚，我是由他推薦的，我卻不知道。我長久以來被他所包容，我的德行遠遠不如他啊！」

資料來源：http://tw.aboluowang.com/2013/0108/277335.html

□討論人生問題

在人生哲學的課題中有一個很重要的問題，就是關於修養的問題。一個人是否有修養，在以往的看法，都將之局限於對個人自身的反省及作爲的一些態度，但事實上，修養對於人，不僅是一個道德作爲，也是一個全人格的行爲表現。所謂全人格的行爲不只是表現出一個人智力的作爲、道德心的表露，也指人對自然的反應而有的生活的態度及藝術的修養。因此，當吾人在談修養時，必然涉及這四方面：智識的修養、道德的修養、藝術的修養及宗教的修養。除了第四點將於後論及外，其餘三種，在此做一個簡單的介紹。

修養的最基本層次，只是在表現一個人之所以爲人的狀態，再高一層次，就可以進入反省的階層，如再進入一個更高的層次，就可以是體驗的階層，由體驗而後深入於參天地化育的階層，就已是一個人生的完美理想了。這也如同孔子所說：「三十而立，四十而不惑，五十而知天命，六十而耳順，七十而從心所欲不踰矩。」在人生的每一個階層中，都有不同的修養，也可以說是有更深而不同的體會，在這些體會中，最須具備的就是智識、道德及藝術三個條件，三者互爲表裡，構成人生修養的完整體系。

首談智識，智識是前人經驗的累積，也是個人行事的指南。對於前人的經驗加以歸納之後，可以作爲個人行事的標準，可以避免錯誤的發生，可以事半而功倍，因此，一個人在智識上的修養，就是要知道如何去選擇適宜與不適宜的，因此，也有人說，這種選擇的能力，乃是一種智慧。

所謂智慧不是在可與不可、眞與假中選擇，因爲這樣的選擇比較容易，就如同一個人在面臨一個事實是否爲眞的判斷一樣，它不會引起人的焦慮不安，因爲事實眞假是可以求證得到的，也沒有什麼值得懷疑的，因此，像這樣的選擇，不能屬於智慧的範圍。眞正的智慧，乃是在模稜兩可的情形下所作的最佳選擇，這才是眞正的智慧，如此才是位智者。例如一個具決策力的人，他所作的選擇中，最困難的就是這一個團體的目標或方向，提供他參考的方案都是不錯的、都是有用的，但何者是最好亦最適合這個團體的目標呢？這就是智慧。

因此，智慧一方面是個人經驗的累積，另一方面也是智識的修養，一個人努力在智識上求取發展，是增進個人智慧的最好方法，也是促使個人經驗具有智慧眼光的最好方法。西方哲學家對於使自己成爲一個智者，尤其是借重智識的追求，一個人在智識上的修養，是使自己成爲一個具有充分選擇能力的人。

再說道德的修養，這更是一般人所指的修養之全部內涵。世人常認爲，一個有修養的人就是一個有道德的人，但事實上是如何呢？吾人認爲，道德價値的判斷能力，是可以使一個人有良好的品德，但是否表示這一個人就具有良好的修養？中國人以往對「任勞任怨」這四個字，具有相當高的評價，一個任勞任怨的人就是一個好人，但，要問的是，一個任勞任怨的人，從道德的眼光來看，道德准不准許他對這樣使他「忙碌終日」的工作的公平性提出問題呢？准不准許他提出心中的困擾、表達個人的情緒呢？如果道德不准的話，那道德豈不成了扼殺人性的工具嗎？又如何能言及好人？所以，一個具有道德修養的人，他所致力的不是謹守道德的規範、死記倫理的戒條，因爲一個倫理學家並不代表他就是一個有道德的人，同理，一個具有道德修養的人，他所看重的乃是如何升華個人的志氣、強化個人的生活、堅定個人的志節、樹立個人的信仰，以達到完美人格的結果。

從道德修養的目標來看，聖人顯然是這個修養的目標，宋儒朱熹認爲，學者，最重要的就是立志做聖人，所謂立志做聖人，不是只是外表學做聖人，而是在一切思慮作爲上，都以聖人爲標準，如此，才能達到聖人的境界。同時，聖人是以天地之心爲心，因此，一個學做聖人的人必須擴大胸襟、放遠眼光，能容別人所不能容的，如此，有了聖人的懷抱，再去做聖人的事業，才是最佳的途徑。

一個有道德修養的人，就是一個能「持其志而勿暴其氣」的人，盡量使自己能化戾氣爲祥和，走向一個善與人同的境地。

最後談藝術修養，藝術是使人融於美的氣氛中，是一個使人走向完美的學科，因此，一個有藝術修養的人，就是一個肯定美能創造幸福生活的工作者。在此要澄清的一點是，一個有藝術修養的人不表示他就是一個藝術工作者，更不表示，他就是一個藝術家，這就好像一個會品茶的人，並不一定就是一個茶業工作者或茶藝者；但反過來說，一個藝術家或一個藝術工作者，卻較有可能是一個具有藝術修養的人。

希臘哲人柏拉圖在論說「哲學家」時，曾舉了一個例子，這一個例子，也適合於一個藝術修養者。他認為在一場球賽中，哲學家既不是比賽的球員，也不是比賽的工作者，而是那些觀眾，只有觀眾才能根據自己的興趣、觀察……來美化個人的生活。因此，一個具有藝術修養的人是一個懂得為自己培養生活情趣的人，在他的生活中，美麗和快樂幸福都是生活化的，和那些理論或教條都是漠不相關的。

從這些意義的陳述中可知，一個人不能單在智識或道德的領域中生活，還必須有藝術的修養，來陶冶性情、變化氣質。

□面對人生問題

人生不能沒有修養，一個沒有修養的人生，等於是一個沒有生命的人，要珍惜一己的生命，就要有良好的修養。良好的修養須從二方面著力，一是智識的修養，使自己成為一個有判斷力、有選擇力、有智慧的人；二是道德的修養，使自己成爲一個有志氣、有理想的人，在任何環境之下都不會被打倒，都能以聖人之志爲其志；三是藝術的修養，使自己成爲一個具有良好氣質的人，具有和諧人生能力的人。能夠具備這三點的人，就具有了良好的修養。從另一面來說，所謂智識的修養，就是一個具有對眞判斷的人；道德的修養，就是一個具有對善執著的人；藝術的修養，就是一個具有對美欣賞的人。一個人如果在眞、善、美的事業上都能努力奮進，豈有不成聖的嗎？所以，修養的最終目標，就是要建立理想、完成人生的目標，使人人都能過一個幸福、美滿、快樂的人生。

寓言

情緒可能甚至會傷害別人而無法復原。有一個男孩很任性，常常對別人發脾氣。一天，他的父親給了他一袋釘子，並告訴他：「你每次發脾氣時，就釘一根釘子在後院的圍牆上。」第一天，這個男孩發了三十七次脾氣，所以他釘下了三十七根釘子，慢慢地，男孩發現控制自己的脾氣要比釘下一根釘子容易些，所以，他每天發脾氣的次數就一點點地減少了。終於有一天，這個男孩能夠控制自己的情緒了。

父親告訴他：「從現在起，每次你忍住不發脾氣的時候，就拔出一根釘子。」許多天後，男孩終於將所有的釘子都拔了出來。

父親拉著他的手，來到後院的圍牆前，說：「孩子，你做得很好，但是現在看看這布滿小洞的圍牆吧，它再也不可能回復到以前的樣子了，你生氣時說的傷害別人的話，也會像釘子一樣在別人心裡留下傷口，不管你事後說了多少對不起，那些傷痕都會永遠存在。」

資料來源：http://donna123.pixnet.net/blog/post/37974396-%E7%9C%8B%E4%B8%8D%E6%85%A3%E5%88%A5%E4%BA%BA%E3%80%81%E6%98%AF%E5%9B%A0%E7%82%BA%E4%BD%A0%E8%87%AA%E5%B7%B1%E4%BF%AE%E9%A4%8A%E4%B8%8D%E5%A4%A0%EF%BC%81

注釋

註1　釋證嚴出生於一九三七年五月十一日，臺中市清水區人。俗名王錦雲，法名證嚴，法號慧璋，出家前自號靜思，慈濟功德會的會眾多尊稱其為證嚴上人，又因駐錫在花蓮，早期被稱為花蓮師父。皈依印順長老為師，秉持師命「為佛教，為眾生」，一九六六年於花蓮創立慈濟功德會，即慈濟基金會前身。二〇一一年，證嚴法師受馬來西亞檳城州元首封予拿督斯里勛銜。其著作有《色難：孝順的故事》（二〇〇七）、《開悟：證嚴法師的生活禪心》（二〇〇七）、《靜思、智慧、愛》（一九九九）等書。

9

審美

我們的最高尊嚴就在作為藝術品的價值中——因為只有作為審美現象，生存和世界才是永遠有充分理由的。

尼采[1]《悲劇的誕生》

思考人生問題

問題一、何謂美？

問題二、美有沒有缺陷？

問題三、美的種類爲何？

問題四、美的特性爲何？

問題五、美的內涵爲何？

問題六、如何審美？

問題七、美的標準會因時因地改變嗎？

問題八、美和善的關係爲何？

問題九、美和眞的關係爲何？

問題十、美有沒有目的？

案例

整形掀後宮熱 就愛《甄嬛傳》 整形變臉一圓妃嬪夢

若曦臉甄嬛鼻　整型診所發後宮財

《甄嬛傳》人氣嚇嚇叫，女主角孫儷也成了不少愛美女性心目中的整型典範！有整形診所順勢搶搭宮廷風，從去年到現在拿著古裝劇女主角照片上門整形的民眾，比以往增加了三成。

整形醫師透露，不只甄嬛高挺的鼻子受到青睞，《步步驚心》中女主角若曦的鵝蛋臉，也成了整形熱門選項。

放電的眼睛、高挺的鼻子、完美的臉形，到底，怎樣的五官，最像後宮佳麗？下巴墊一點、鼻子高一點，恨不得能整出一張甄嬛臉。

開眼頭、隆鼻子、墊下巴，傳統的整形項目，碰上甄嬛熱，現代女性穿越幾千年的嬪妃夢，也讓整形診所大賺後宮財。

資料來源：黃毓棻。2013/1/25。http://www.ttv.com.tw/102/01/1020125/10201254945007L.htm

□討論人生問題

尋求美，可以說是人生的目的之一，但什麼是美呢？有很多人以為，美是主觀的，只要賞心悅目就可以了，只要喜歡就可以了。事實上，有許多哲學家也是持同樣的看法，例如，希臘哲學家亞里斯多德（Aristotle，西元前三八四至三二二年）就認為美是自然的模仿。所謂自然的模仿，乃是因為自然提供了我們最賞心悅目的事物，在這個事物上，使我們體認到人生的意義、價值與目的，因此，亞里斯多德以為美是偏於感覺性、但具有理想的內容，美是自然的模仿。雖然亞里斯多德這二個對美的觀念是由柏拉圖的觀念中引申而來，但亞里斯多德並不排斥，且引之為對美的標準，他以為，當這二個觀念應用到事物時，就成了偉大和次序，凡是稱得上美的物體，其各個組織成分必然都是互相融洽、有次序，且具光輝的外表，如此，才能稱得上美，才能稱得上是藝術。

至於，歷來的美學家對藝術的看法，可簡述如下：

萊森：藝術是以美為理想而完成的自然。

康德：藝術是感情與理智的調和。

謝林：藝術是於有限材料之中，寓以無限的精神。

黑格爾：藝術是把絕對的精神，予以直覺地表現。

叔本華：藝術是使我們忘卻現實的苦惱的一種一時的解脫劑。

居友：藝術是理性的和意識的生活的表現。

托爾斯泰：藝術是人間傳達其感情的手段。（虞君質，《藝術概論》，三五頁）

從以上所列的這些思想家對美的看法，我們可知美具有「充實」、「勻稱」和「光輝」的特性（St. Thomas Aquinas, Summa Theologica. qs. 39. a. 8.）。

所謂充實，也可以稱之爲完整性。也就是說，一個東西所以能稱之爲美，就是因爲這個東西能引起欣賞者的快感，這種快感應具備有完整性，也就是不能有任何的缺陷。殘缺的東西或有缺陷的東西，不但不能引起人的快感，反而會產生厭惡、乏味的感覺。因此，凡是稱得上美的物體，首先須具有充實性或完整性。在此要指出的，所謂充實性或完整性，不是指物體的屬性，而是指物體本性方面的充實性或完整性。因此，所謂的缺陷美，也就不可能構成美了。

再者，所謂勻稱，也可以說是和諧或次序，也就是指明每一個物體在構成上和動作上都有一定的次序。例如一位舞者或樂者，在其舞蹈或演奏上都有一定的次序，這個次序如果亂了，就不能稱爲美了，同樣地，從和諧上來說，舞者或樂者的動作如果沒有一定的次序，彼此之間就不會有和諧的關係。相反地，衝突、矛盾等都不能稱之爲和諧，都不能稱爲美。

最後，所謂的光輝，乃是指一個物體的外表，一個物體之所以爲美，乃是它的外表吸引人，或是它的某些狀態能使人心生喜歡，例如《中庸》所說的，「誠於中而形於外」，就是一個人或事物如果眞有美、眞有精神，自然會顯露出來，這一種自然顯露出來的狀態，就會吸引人，就是一種光輝、就是一種能吸引人的外表。當然，在此所說的光輝，有內在的光輝與外在的光輝之分，外在的光輝是指鮮明的外表；內在的光輝，則是指存在的行爲。一個物體要能夠稱之爲美，必須內在與外在的光輝兼具才行。

關於審美的這三項條件，歷來也有爭論，有的美學家以爲將「勻稱、和諧爲美的要件，不合於美感的意義」（羅光，《實踐哲學》，四二六頁），因爲喜樂、驚嘆、畏懼、敬畏等情緒的表現，也可以使人感受到充實，因爲當一個人欣賞美時，並不必須夾帶利害關係，所以當這些情緒發生時，利害關係並不會影響這些情緒，對這些情緒也沒有什麼作用，純粹是以欣賞者爲對象的情緒表達，所以，勻稱、和諧可以是美的條件之一，但不是必要條件，這種理由是可以成立的，但從反面來說，並不表示，所有不均勻、不和諧的物體都是美，不均稱、不和諧的物體要構成美，必須要有特殊的條件，也就是要有不平凡的次序才能構成美。

我們了解美的特性之後，那麼，美有多少種類呢？大略來分有三種，這三種都是從相對性來說。

一是實體美與依附體美（substantial and accidental beauty）。依附體美是由物體的依附性方面所產生的美，例如少女的面容自然比八、九十歲的老太太的面容美，如此少女的美，就是依附體的美，也可以稱之爲外在美；至於實體美，又可稱之爲內在美，是指物體的內在、基本成分，如老太太因爲人生經驗所具有的成熟就比少女所有的來得美。

二是自然美與人造美（natural and human made beauty）。自然美是指自然界物體之美，如一條河、一座山、一朵鮮花等都是；人造美則是因人利用自然物加工而成之美，如一幅畫、一首曲子、一篇文章等都是屬於人工美，從藝術的觀點來看，藝術的目的就是去區分這些人工美，並研究如何創造人工美，如何利用自然物使得人所爲之物，更能符合自然美的精神。

三是精神美與感覺美（spiritual and sensible beauty）。精神美是屬於理性或倫理方面的美，所謂理性或倫理的美，乃是指由理性或倫理，也就是由人的內在所發生的和人的本質有關的美，例如人的理智是認識這種美的官能，如人的各種德行，可稱之善行，也可以稱之爲美行、或美德、或稱之爲倫理美，理性方面的美，則可有學問、知識、原理、定律等；至於感覺美則是由感官所感覺到的物體方面的美，如皮膚與身材的美、音樂與圖繪畫的美等。也有人把精神美與感覺美，稱之爲內在美與外在美。

從上所說，要構成人生完美的條件，對美的認識是不可或缺的，尤其在我們面對他人及世界和自我時，如何提升人生的境界，對美的修養是非常重要的，能有美的人生，也自然會有眞的及善的人生。

□面對人生問題

人生哲學的目的，是在改進人生，使人生能夠發揮其最高人格的價値，因此，如何使人生獲得最完美，人格獲得最積極的肯定，完全是看我們對人生的態度，有的人對人生是斤斤計較，有的人則是敷衍苟且，但有的人卻盡量去美化人生、享受人生。假如我們認爲人生的美化，是人生的重要目的，那麼如何去欣賞人生，就是一個重要的事情。在欣賞人生中，如何去審美、獲得美，自然也就是重要的方法。因此，在審美時，除了了解美的特性及種類，在方法及技巧上也很重要，只有掌握住美的特質，我們對於在人生中如何獲得充實及完美，才能在行爲及思想中，得到行動一致的概念。因此，在人生哲學的修養中，學習審美的方法及運用的技巧，是根據各人生活的不同領域去思考及了解，如此獲得的人生才是眞切的，也才能令人滿意。

寓言

有次楊子到宋國去，晚上在一間旅店投宿。旅店主人有一妻一妾，一美一醜。那個醜的備受尊敬，但美的卻遭受冷落，楊子出於好奇心，便問旅店主人是何原因。旅店主人回答他說：「那美的自恃其美而自驕自傲，她的態度令我討厭，因此我並不覺得她美麗。相反地，那醜的自知其醜而對人和藹可親，她的態度令我滿意，因此我並不覺得她醜陋。」

楊子回家後對弟子說：「你們要好好記住：若比別人優秀，而仍能保持謙虛的態度，無論到哪裡，都會受到別人的尊敬。」

資料來源：http://tw.epochtimes.com/b5/3/6/2/c13202.htm

注釋

註1　弗里德里希・威廉・尼采，德國哲學家，一八四四年生於普魯士薩克森州的洛肯鎮，卒於一九〇〇年，被喻為「後現代」開端者。寫作風格獨特，經常使用格言和悖論的技巧。尼采對於後代哲學的發展影響極大，

尤其是在存在主義與後現代主義上，影響了後來的存在主義，以及解構主義、後現代主義、解釋學等。尼采所提出的「上帝已死」成了存在主義的中心論點：若沒有上帝，那麼就沒有必然的價值或道德律；若沒有必然的價值或道德律，那人類應該如何自處。代表作品有《悲劇的誕生》（一八七二）、《不合時宜的考察》（一八七六）、《人性，太人性的：自由靈魂之書》（一八八六）、《快樂的科學》（一八八二）、《查拉圖斯特拉如是說》（一八八三至一八八五）、《善惡的彼岸》（一八八六）、《道德譜系學》（一八八七）、《華格納事件》（一八八八）、《瞧！這個人》（一八八八）、《尼采反對華格納》（一八八八）。尼采所處的時代背景為十九世紀初，當時拿破崙橫掃歐洲，戰敗的普魯士人非常自卑，他在這樣的德國找不到心中所想的希臘悲劇性的創造力，因此他成為「反時代考察」之作家，他依據希臘的文化精神批評近代，提出了「強者」、「超人」、「自我超越」的觀念。尼采認為若要使國家人民強大，除了要強化本身之外，也須除去使人民柔弱的基督教，因此，他極力批判基督教，提出「上帝已死」的觀念。

資料來源：http://christ.org.tw/philosophy/philosophy/Nietzsche. htm http://blog.udn.com/trjason/3558875

10

意境

橫看成嶺側成峰，遠近高低各不同。不識廬山真面目，只緣身在此山中。

宋 蘇軾[1]《題西林壁》

思考人生問題

問題一、什麼是意境？
問題二、意境的對象爲何？
問題三、意境的內涵有哪些？
問題四、意境和道德的關係爲何？
問題五、意境和眞理的關係爲何？
問題六、意境和人生修養的關係爲何？
問題七、意境的最高目標爲何？
問題八、意境和人生理想的關係爲何？

案例

書法藝術的意境美

韻律美在書法中具有舉足輕重的地位，它最完美地體現了書家的創造能力。如同音樂一樣講究章法，首寫一字，其氣勢須管到底，一字乃通篇之准，下字之首筆和上字之末筆之間要承上啟下，氣韻貫穿作品始終。書法家飽含著自己的思想感情，通過線條的律動產生強烈的節奏與旋律，組成一幅靈動的交響曲，再加上章法的疏密虛實，從而展現出書法意境的音樂美。

自然美，《詩品二十四則（附錄）精神》云：「生氣遠出，不著死灰，妙造自然，伊誰與哉？」這種「妙造自然」，一是要求「取造化之文為我文」，達到審美內涵上的同自然之妙有；二是要求不矯揉造作，達到一種藝術本天成，妙手偶得之的「自然高妙」境界。

力量美，書法藝術正是以其豐腴渾厚的筆力和端莊雄偉的體式表現出一種清雅純正的高尚意境。歷代書家無不以「力度」為根基，人們評王羲之的書法藝術：「力屈萬夫，韻高千古。」書法作品是否給人以力量的美感，關鍵在於筆力的道勁與否，體現書者胸次廓徹的豪放氣度。因此，「力」又能夠展現出書者自由創造美的精神境界。

哲學美，書法藝術中也體現出對立統一的哲學思想。書法藝術注重的是墨形成的點線及其變化以及其排列組合，這些因素稱為形式。人造之物的藝術與自然之物的差別在於，前者的形式與性質具有一致性，後者的形式與性質則互為表裡。書法中的黑與白、疏於密、違與和、向與背、虛與實、粗與細、方與圓、枯與潤、濃與淡、動與靜、巧與拙、生與熟都反映出哲學規律的美。

書法是心的跡象、境的融化，意境是書法藝術的靈魂，意境是書法作品的精髓。

資料來源：宋文婧。中國國學網。2013/3/13。http://wenming.big5.enorth.com.cn/system/2013/03/13/010736515.shtml

□討論人生問題

自佛教進入中國後，對於中國人的生活及中國人對人生的看法，有了相當的改變，尤其禪宗成爲中國佛教的重心發展方向之後，更使得中國人的眼光走向綿密深遠，中國人的生活方式也走向更自然化的方向。由此種生活方式發展出來的文章、哲學、藝術更是意旨幽遠。意境一詞，遂因而產生，例如黃君璧先生在敘述到中國繪畫時，對禪宗在中國繪畫意境上的貢獻時曾說：「因佛老崇尚自然，使得士大夫們的眼界擴放於山林之間。加以晉代渡遷，南地風物優美，煙波浩渺，令人深愛，激發了表現的動機，因在人物以外，山水及其他品類的繪畫，日以盛興。」（《中國的繪畫》）由此可知，意境在藝術中，是一個表現的層次，是一個能完美表現藝術精神的境界。

同樣地，意境在文學及哲學中，也具有可以完美表現文學或哲學精神的境界，這一種境界，是人人追求的目標，是人生修養的高層次，任何一個人，如果希望能達到人生哲學的完美層次，就需要去研究、力行人生哲學的原則。

從哲學的觀點來討論人生的最高境界，就如同一個儒者所願意達到的目標一樣，朱熹說：「凡人須以聖賢爲己任。」（《朱子語類》卷八，頁二七三）人生的最高境界乃是達到聖賢的地步，但如何能達到聖賢的地步？

中國儒者的最高理想是天人合一，聖賢就是一個可以達到此境界的人，在達到與天合一之前，許多方法是需要講究的。尤其對於一個追求意境的人來說，其中的每一個過程，都是值得研究、討論的。就如同林語堂先生所看重的生活藝術一樣，使自己生活上的每一個細節都能藝術化。而所謂的藝術化，並不是一味的地加以美化，而是使生活的每一點、每一滴都具有高品質。再者，高品質不是講求外觀，也不是講求數量，例如吃飯，並不在乎他吃多少、或是花多少錢、或是吃得多麼精緻，而是在乎這一頓飯是否有足夠的營養，這一個人吃飯時的「吃相」，一個有修養的人，很少會有「據案大嚼」、「飢不擇食」的吃相，他必然會有一個優雅的姿態、從容的神色及溫文的表現。像這樣對生活的講求，事實上，也就是一種生活境界的表現。

綜合上述，意境可以表現在各種不同的範圍，爲了更清楚明瞭，將各種不同的範圍分析如下。

從意境的對象來說，是對人的一種要求，是要求一個人在他的生命意義及生活型式上表現出人的尊嚴、表現出對人生的嚮往、表現出對自我生命與大化流行的宇宙合一的要求。因此，這種要求是一種精神，是一種「日新又新」的精神，是一種「止於至善」的精神。這一種精神的要求，乃是要達到「完美」而後已，所以，意境也可以說是一種對美的要求，是要求自我達到完美的境地。

從意境的內涵來說，意境可以以眞、善、美爲其內涵。

從眞來說，一種實事求是的態度，一種對自我要求的精神才是意境上的眞。這種眞不是一般自然科學上所說的「拿出證據來」，而是一種面對自我，以及對他人的一種態度，這種態度並非虛僞也非矯飾，而是一種樸實的眞性表現，只有以這一種的態度，才能達到人生的境界。

從善來說，很多人以爲，追求善就是遵守道德規律，其實，這是不對的，遵守道德規律，只是行爲結果，如果不了解道德的精神，而只是一味去遵守道德規律，其結果很可能就是爲道德而道德，這種自我循環式的推論，當然不能做爲道德的精神。眞正的道德精神，乃是明瞭道德的意義與目的。道德的目的，是教人行善，是要求人做好人，但爲什麼要做好人？爲何要行善呢？難道就如同一些「無目的論者」所言，不爲什麼，只是爲了行善而行善，其結果不也是如同前者所說的，跌入自我循環的陷阱了嗎？因此，行善的目的是爲了體天地之仁，做好人的目的，是爲了行仁；能體天地之仁而後行仁，就提升了人的價值，就升華了人性，使人不再斤斤於競爭，而知道如何與他人合作，如何能有成人之美，如何能使他人與我一樣，獲得幸福。所以，人生的境界，從善這一層面來說，遵守道德規律，乃是出自於內心的仁心，出自於內心的誠心，從人生的境界來說，這種仁心誠心，都不是單單由內心自我反省可得，而是與大化流行的宇宙一體而生的，因此，天地與我並生、萬物與我同化的境界，乃成了行善的最高意境。

從美來說，人生的目的是追求幸福、追求完美，這種完美是生命的最高表現。人生也由此可以雕塑出一個完美的形象，那就是具有高超幽遠的理想、踏實且沉穩的方法，以及心思靈巧的思維，這些可以塑造出人生的完美作品。

不可諱言，人生是一件藝術品，如何將其雕塑成合乎心意的作品？如何使其富有幽遠的情趣呢？在概念上，可能要先了解美的意義及其目的；在方法上，則要了解何者爲最能達成美的工具；在過程上，要學習如何堅守原則，願意爲美、願意爲這些原則犧牲奮鬥。

眞、善、美都是塑造人生意境的方法，這些方法都指向一個目標，就是做爲聖人，這種求聖希賢的心願，乃是所有希望自己的人生完美的人所渴望的，但在一般觀念中，似乎聖人都是那些偉大君王、偉大學者在死後的尊號，其實不然，聖人不是一個特有的名詞，也不是對一個人在德行事功上的尊稱，而是一個人生活的目標。在生活的一點一滴上，都可以使自己成爲聖人，以往就是因爲有太多人不甘於平凡，以致變得平凡；只有心甘情願在自己工作崗位上努力不懈的人，才能造就不凡的事業。因此，一個聖人，乃是在現世上努力去實現自己的理想，在來世上，發揮自己的宗教情操，如此，人生的意境就能達成，人生的理想也就可以完成了。

□面對人生問題

意境，在一般的觀念中，總是和文學及藝術聯想在一起，比之爲造詣的不斷提升，但事實上，人生也是一件作品，這個作品的主人，乃是你自己，你如何使你的人生境界能不斷提升呢？如何使自己的人生理想能在最完美的狀況下達成？這些有賴於生命意義的滲透、生活方式的提升、人生目標的確定，一個肯定自己是有用的人，就是對生命的肯定，爲了達成自己的理想而堅持自己的生活方式，就是對人生意境的把握。在人生的路途上如何使這些境界不斷提升，就有賴於對眞、善、美的了解與把握，只有眞正掌握住這些內涵，才能使人性的光輝展露、人生的理想達成，最後達到完美的境地，因此，意境對人生的要求，不是一點就夠，而是日新又新的，只有達到完美，才算人生意境的完整實現。

寓言

三重門的啟示

從前有一位王子問他的老師釋迦牟尼：「我的生活之路將是什麼樣的呢？」佛陀回答說：「在你的生活之路上，你將遇到三道門，每一道門上都寫有一句話，到時候你看了就明白了。」

於是，王子上路了，不久，他遇到了第一道門，上面寫著「改變世界」，王子想：「我要按照我的理想去規劃這個世界，將那些看不慣的事情通通改掉。」於是，他就這樣去做了。幾年之後，王子又遇到了第二道門，上面寫著「改變別人」，王子想：「我要用美好的思想去教化人們，讓他們的性格向著更正確的方向發展。」再後來，他又遇到了第三道門，上面寫著「改變你自己」，王子想：「我要使自己的人格變得更完美。」於是，他就這樣去做了。

王子再見到釋迦牟尼，王子說：「我已經看過生活之路上的三道門了。我懂了，與其改變世界，不如改變這個世界上的人，與其改變別人，不如改變自己。」

佛陀聽了，微微一笑，說：「也許你現在應該往回走，再回去仔細看看那三道門。」

王子將信將疑地往回走，遠遠地他就看到了第三道門，可是，和他來的時候不一樣。從這個方向，他看到的是「接納你自己」，王子這才明白他在改變自己時，為什麼總是生活在自責和苦惱之中，因為他拒絕承認和接受自己的缺點，所以他總把目光放在他做不到的事情上，忽略了自己的長處，但是現在他學會了欣賞自己。王子繼續往回走，他看到第二道門上寫的是「接納別人」，他終於明白自己為什麼總是怨聲載道，因為他拒絕接受別人和自己的差別，所以，他總是不去理解和體諒別人的難處，但是現在他學會了寬容別人。王子又繼續往回走，他看到第一道門上寫的是「接納世界」，王子這才明白他在改變世界時為什麼連連失敗，因為他拒絕承認世界上有許多事情是人力所不及的，他總是忽略自己可以做得更好的事情，但是現在他學會了包容世界。

這時，釋迦牟尼已經等在那裡了，他對王子說：「我想，現在你已經懂得什麼是和諧與平靜了。」

三重門的故事告訴我們：人活在世上，應該學會在生活中認識自己的優缺點，並不斷地完善自己，成為一個品質高尚的人，而且還要能胸懷坦蕩地對待別人。設身處地為別人著想，處處與人結緣而不是結怨，這樣我們才會與人和諧相處。

資料來源：http://blog.nownews.com/article.php?bid=13882&tid=1255049&tyid=I#ixzz2OjmMEKvE

注釋

註1 蘇軾生於一〇三七年一月八日，卒於一一〇一年八月二十四日。字子瞻，一字和仲，號東坡居士，眉州眉山（今四川眉山市）人，中國北宋文豪。其詩、詞、賦、散文均成就極高，且擅書法和繪畫，是中國文學藝術史上罕見的全才，也是中國數千年歷史上被公認文學藝術造詣最傑出的大家之一。其散文與歐陽脩並稱歐蘇；詩與黃庭堅並稱蘇黃，又與陸游並稱蘇陸；詞與辛棄疾並稱蘇辛；書法為北宋四大書法家「宋四家」之一；其繪畫則開創了湖州畫派。蘇軾現存世的文學著作共有兩千七百多首詩、三百多首詞，以及大量散文作品。最早的成名文章是嘉祐二年（一〇五七）應試時的《刑賞忠厚之至論》，最早的一批詩作是嘉祐四年與父親和弟弟合編的《南行集》中的四十多首詩，最早的詞則寫於熙寧五年（一〇七二）。詩文有《東坡七集》、《東坡集》、《東坡詞》等，存世書跡有《答謝民師論文帖》、《祭黃幾道文》、《前赤壁賦》、《黃州寒食詩帖》、《題西林壁》、《飲湖上初晴後雨》等，畫跡有《枯木怪石圖》、《瀟湘竹石圖》等。另今傳《蘇沈良方》是在沈括《良方》基礎上，增益蘇軾的醫藥雜說而成。

資料來源：https://zh.wikipedia.org/wiki/%E8%8B%8F%E8%BD%BC

11
德行

裝飾對於德行也同樣是格格不入的，因為德行是靈魂的力量和生氣。

——讓—雅克・盧梭[1]

思考人生問題

問題一、何謂德行？
問題二、德行的基礎爲何？
問題三、德行是否爲一種行爲？
問題四、德行有哪些？
問題五、一定要有德行嗎？
問題六、德行的養成靠什麼？
問題七、德行會不會牽制住人的理想？
問題八、如何處理現實和德行之衝突？
問題九、德行是否一定是人行事的原則？
問題十、德行的目的爲何？

案例

爭迎貪官與挽留市長，官德與官聲何量？

前日，網路報出山西官員和煤老闆及名流富商們，爭相迎接因貪汙受賄入獄的前省委副書記侯伍傑「榮歸故里」。昨天另一則新聞報導春節期間山西省大同市市民聚集在市區廣場，在寒風中以簽名和舉橫幅等方式表達對市長耿彥波的感激與挽留。

兩則新聞，同樣是官場「傳奇」，同在山西大地，透露出的卻是截然不同的德行和聲名的考量。貪官出獄受到爭相迎接，暴露出山西畸形官場文化對社會風氣的荼毒；挽留市長彰顯了人民大眾對「為官一任、造福一方」正能量的呼喚。雖然昨天我們還在為爭迎貪官的事件表示震驚和憤慨，但今天的挽留市長依然讓我們看到了主流的希望。

官聲與官德的考量，不在於幾十個商人老闆的感恩戴德，也不在於下屬官員的阿諛奉承。千萬市民對市長耿彥波的感激與挽留告訴我們，只有群眾才是為官口碑如何最真實、最有力的考評者。

好的官德，才有好的官聲。所謂「官德」，通俗地說就是領導幹部做官的品德和品行，恪守職業道德、保持政治操守。官員如果官德缺失，就會在思想上、作風上衍生腐敗。「官德正，則民風淳；官德毀，則民風降。」有德才有信，有信才有立，立則聲名四海！

資料來源：2013/2/18。http://view.shangdu.com/234/20130218/234_5767423.shtml

□討論人生問題

德行的討論，是人生哲學課題中一個非常重要的題目，因爲人生哲學的目的是在改進人生，使人生能夠發揮其最高人格的價值，因此，如何改進人生、如何使人生能夠發揮其最高的人格價值，就是人生哲學的目的了。

欲達到此一目的，我們最需要看重的是方法和原則問題，方法是爲了達到原則的一些技術或技巧的運用。例如，我要孝敬父母，這是一個原則，至於如何孝敬父母呢？就是一些方法的問題，有些方法對於達成孝敬父母的目的是有效的，有些不但無效，反而會使父母生氣，像這種方法，就不是好的方法，而且更是沒有技巧的方法。同時，另一方面，也要根據父母的需要來孝敬父母，就如同孔子所說，孝敬父母，不只是在奉養父母，「犬馬皆有養，不敬，何以別乎？」由此可見，方法和原則之間有很大的差距，我們必須強調，不能把方法錯當成了原則。

那麼，什麼是原則？有人以爲原則是一理想，也有人以爲原則是生活中所該堅持的某些態度，更有人以爲原則乃是人立身處事的方法。如果我們將上述這些方法、態度、理想視爲「原則」的話，那麼這些方法、態度、理想都是不可更改的，也不能被人引爲原則，因爲只有原則，才是足以令人引以爲傲的生活理想，也只有此才是指引人終身的方針。因此，與其說原則是一理想、是一態度，還不如說是一種德行。所以德行可以說是對全人類的一種生活原則、生活理想，德行是一個令人向善的行事原則。

既然，德行是一個人人遵行的原則，那麼德行有多少呢？孔子在《中庸》說，「天下之達道五，所以行之者三。曰：君臣也、父子也、夫婦也、昆弟也、朋友之交也，五者，天下之達道也。智仁勇三者，天下之達德也。好學近乎智，力行近乎仁，知恥近乎勇，知斯三者，則知所以修身。知所以修身，則知所以治人。知所以治人，則知所以治天下國家矣。」（《中庸二十章》）孔子以爲德行最基本的有三項，就是智仁勇，這三點可以表現在求學、力行及對自我的要求上，因此，這三點也成了儒家的三達德。

但是三達德是否完全包括了德行的基本要求呢？其他的思想家對基本的德行就有不同的看法。

管仲以禮義廉恥爲德行的基本要素，他說：「國有四維，一維絕則傾，二維絕則危，三維絕則覆，四維絕則滅。傾可正也，危可安也，覆可起也，滅不可復錯也。何謂四維？一曰禮，二曰義，三曰廉，四曰恥。禮不踰節，義不自進，廉不蔽惡，恥不縱枉。故不踰節，則上位安；不自進，則民無巧詐；不蔽惡，則行自全；不縱枉，則邪事不生。」（《管子．牧民篇》）管仲以禮義廉恥爲德行的四個要素，這些要素完全是指示人對自己行爲的要求，不但是對己，也是對人的態度。

至於孟子則和管子的思想不一樣，他將孔子的三達德擴充爲四達德，就是仁義禮智，除了智與仁和孔子的三達德中之兩個相同外，他又以義來與勇對稱，以禮來顯示對人對己的態度，他並以這四點爲先天的德行，不需要後天的教育就可以得到了，「仁義禮智，非外鑠我也，我固有之也，弗思耳矣。故曰：求則得之，舍則失之。」（《孟子．告子上》）孟子認爲這些德行乃是人與生俱來，已存在吾人心中，只是平日忙於追求功名利祿而很少去思考罷了，不去思考，並不表示德行不存在。

從以上引述的幾段文字看來，德行的種類有仁義禮智這四端，但是，由於人類知識的發展，仁義禮智這四善端的功能顯然已不能滿足今日人類的需要，所以國父孫中山先生提出「忠、孝、仁、愛、信、義、和、平」八德來代替四善端，事實上，不能說是代替，而是一種擴充，是一種基於對時代精神的了解及對人類未來發展的洞微。中山先生以這八德做爲一個人對自己、對他人、對宗族、對國家社會、對人類世界的一種原則的理想。因此，也可說是一種合乎時代需要的原則及理想。

從以上所述，德行的基礎是人先天具有的，但要變成良好的德行，則非依賴平日的修養不可，這種修養的工夫，中國人則以誠正格致爲基本要義，西方則以心靈的鍛鍊爲其方法。不論中西方，對於德行都有極強烈的要求，這種要求不只是基於人天生具有這些德行，而是以人之所以爲人、人之所以異於禽獸的觀點來觀察，在把人與禽獸加以分離之後，人的自我要求自然也就和禽獸不同了，尤其當人一旦脫離了禽獸之後，人絕不會自甘於再爲禽獸，人必然會往上躍升，法國哲學家柏格森（Bergson，1859-1941）說的「生命衝力」（elan vital）正是這個道理。因此，在人生的過程中，德行必然是人行事的原則，也是做人的理想，人如果沒有了德行，人也就不成其爲人了。

那麼，人在實踐德行時，會不會有矛盾衝突呢？當然有，這是人向上之心與人的惰性，也可說是與人的獸性發生衝突的結果。人的獸性，難免會告訴我們如何趨近動物的本能，如何只顧自己眼前之利，如何只管自己的自私之心。但人的向上之心，卻一再提醒人之與禽獸不同，乃在於人能克服私欲，人能征服那些本能，完成人的理想，建設理想的未來。在權衡得失與利害時，眞正的得、眞正的利，乃是人類的得、人類的利，只有在完成了人類的得與利之後，個人的得與利才能完成。所以，德行事實上也就是完成人類的理想，使每一個人都能獲得豐富而完美的人生，這也就是德行的目的。

□面對人生問題

綜上所述，我們可知，德行是人行事的原則，是人天生就具有的追求自己完美人生的重要方法。也只有具有良好德行的人，方能成爲一個可以使自己滿意的人。因此，人對德行的要求，不是因爲外在的行爲要求，也不是一個行爲效果保障的藩籬，更不是一個自我安慰的護身符。唯有追求到一個可令自己心安的行爲模式，人才有能力往上發展，這種令自己心安的行爲模式，是人的良知良能的自我要求、自我表達的結果。人如果失去了良知良能的要求，也就等於失去了自我，人如果沒有了自我，就等於和禽獸一樣，只剩鬥爭、仇恨、迫害，而沒有仁愛、互助。唯有良好的德行才能建築人類未來的光明，也只有德行才能維護並指導人的行爲、人的遠景，才能擴展。

寓言

失敗的原因

趙襄子向王于期學習駕車的技巧，不久兩人展開一場競賽，趙襄子三次換馬，三次都落後，於是他便責怪王于期沒有把駕車的所有技術教授給他。

王于期說：「我已經毫無保留都教給你了，然而駕車的關鍵在於讓馬的身體與車子協調一致，精神要全部都用心在操縱馬上。可是你每當落後的時候，一心只想追過我，領先之後，又怕我從後面追趕上來。比賽駕車總是有先有後，然而不管是居於領先或暫時落後，你都將心思放在我身上，又怎麼能駕好車呢？這就是你落後的原因啊！」

為人修養，如果能用純淨的心省思自己的一言一行，必然能保持赤子之心，修練出高尚的德性。

資料來源：http://www.minghui-school.org/school/article/2012/8/20/71565.html

12 道德

應該熱心地致力於照道德行事，而不要空談道德。

德謨克利特[1]

思考人生問題

問題一、何謂道德？

問題二、道德和倫理有何差別？

問題三、道德是相對或絕對？

問題四、道德有沒有標準？

問題五、道德會不會隨時代改變？

問題六、道德律和道德的關係為何？

問題七、為什麼會有道德問題？

問題八、道德的目的為何？

問題九、道德的基本條件為何？

問題十、道德的範圍為何？

問題十一、如何作道德的判斷？

問題十二、道德和善惡是否成正比？

問題十三、道德和善惡是否可以因地制宜？

問題十四、道德決定人還是人決定道德？

案例

專家：宰殺活禽防傳染適得其反

自H7N9病毒肆虐大陸以來，大陸各地以宰殺活禽的方式防止病毒傳染。事實表明，不但不能有很好的防疫，而且適得其反。

宰殺活禽的過程就是親密接觸病源的過程，就是最易傳染的過程。病毒很小，可以隨時傳染給宰殺者及隨時隱蔽地帶在宰殺者的身上，帶毒與不帶毒的禽鳥一起宰殺，更是一種自私的、行惡的、糊塗的行為。專家指稱，大陸近期還確認了一些症狀較輕的案例，還發現了無症狀的病毒帶原者。這些症狀較輕的及無症狀的病毒攜帶者，是被傳染的呢？還是自身攜帶的呢？目前尚無證據顯示。

二十五日，世界衛生組織呼籲勿觸活禽，由於禽類似乎是可能的感染源，建議人們避免去活禽市場、碰觸任何禽類排泄物或血液可能感染的表面。至於食用煮熟的雞肉，不需特別謹慎，但肉類內部的溫度至少要在攝氏七十度，已有證據顯示，禽流感病毒無法在煮熟的雞肉中存活。

專家稱，病毒已經蓄積已久，是道德低下的人所造成的，在禽鳥身上變異的較快，用宰殺土埋的辦法已經是適得其反了，而且又把病毒種在土地上。應盡快研製出抑制病毒產生及消滅病毒的好方法，同時人類應及時修正自己的思想、道德、行為，避免生產帶毒產品（大陸生產的有毒產品已超過五十五種），道德回升人類才能平安。

資料來源：李靜源。希望之聲國際廣播電臺網站。2013/4/26。http://big5.soundofhope.org/node/337171

□討論人生問題

道德在近代是一個常易引起爭執的詞類，尤其在以「反叛」爲目的的人群中，道德更被視爲「保守、落伍、固執」的代名詞，誰堅持道德的法則，誰就是落伍的象徵，誰就是不合時宜。因此，在今天討論道德，顯然是一件困難的事，但奇怪的是，雖然許多人討厭道德，道德卻如影隨形地不離左右，在每一個人心中，都希求有一個安身立命之所來使自己活得更有意義。

如果我們說道德是幫助我們建立更好的生活，則道德顯然是合乎時宜的，因爲人活在世上的目的，就是希望建立更好的生活。那麼，如何建立更好的生活？除了自己依循某些生活形式可以保證自己有更好的生活方式之外，內心中對這些生活方式的肯定、積極的追求和設想，都是建立美好生活方式的必要條件。這些條件如果成爲生活中的信仰，相信這些條件對我們是有益的，則這些條件就成了我們生活中的道德。不僅個人如此，爲全人類也是一樣，當這些條件爲全人類所共識，並肯定爲全人類的必要條件時，就成了全人類的道德了。

從此而言，所謂道德，就是能使人類過完美生活的必要條件。但，道德，是否就全部包含在此？顯然不是，因爲，如果道德只是在完全地適應人類的生活，則道德只能適應某一時某一地，甚至每件事物皆有其道德標準，如此，人人皆可以爲標準，那麼，世上如何可能有一個人人皆可一致遵守的標準？人類又如何去謀求更好的生活？當人人皆在追求自己的美好生活時，萬一利益與他人衝突時，如何解決？使用武力嗎？那是弱肉強食，不適合人的本性；協調溝通呢？須有一致的看法，或彼此皆同意的觀點。如此，當人與人協調時，須有一致的標準，當人與世界、萬物協調時，又何嘗不需要一致的標準？由此看來，道德，就不該只是由人所造的唯一標準，還該有一些大自然規律下或宇宙規律下的一些標準，這些標準不但是人的限制，也是人藉此可以達成美好生活的方式。

道德，從人文世界而言，是講究人與人的關係，是人倫之理。這一種人倫，是一種秩序，當這一種秩序能夠維持之時，人類社會也就可以維持其和諧的關係，這一種人倫秩序是超乎時間、空間的，只要有人類，這一種秩序就存在，因此，它不是相對的，而是有其絕對性。從人與人的關係上來說，道德是相對的，但從道德的基礎來說，則是絕對的。理由何在？

從道德的相對性來說，人倫關係都是相對而生的，例如父子關係、夫婦關係、朋友關係等，沒有父，如何有子？只有父德而沒有子德，是不可能有道德關係的。同樣地，朋友關係、夫婦關係也是如此，因此，相對性只有在時空的限制下才能完成，超越了時空，這些關係也都不存在了。但從絕對性來看，即是討論爲什麼這些關係中要有道德？這個理由乃是指明倫理、道德的基礎是由何而來，例如在時空關係下，這一對父子要在倫理規範下要求父慈子孝，但爲什麼如此要求？爲什麼不能要求別的呢？這就是一個可以放諸四海而皆準的道理，慈、孝等德行，只不過是這一個絕對標準下的產物而已，或是一種表達方式而已。

現在我們來研究一下道德的基礎。現代有些學者不認爲道德需要有基礎；有些學者則以爲道德是隨時代而改變的，這個社會需要有什麼樣的道德，自己會形成，到了另一個時代，當這個道德不再需要時，也就如同破的、舊的東西一樣，自然就會被淘汰了；更何況，在這個宇宙中，人是宇宙的主宰，人所訂的道德，只要合乎人的需要就可以了，可以不必顧慮他物的看法及需要。在這以上三種看法中，第一種是完全不承認道德需要基礎，第二種是承認有基礎，但這基礎可因爲人的需要而隨之變動，事實上也就等於沒有基礎，第三種是以人的基礎來衡量宇宙的需要，把人視爲宇宙的主宰。不可諱言，這三種看法，都是不了解何謂道德的基礎，道德的基礎如果眞如他們所言，也就不成其「基礎」了。

道德的基礎是以「天地良心」爲基礎，所謂天地良心，乃如孟子所言，是一個人的本心、是天生的、是先天所固有的，這一個天地良心，在有我之前就已具有，在生我之時就已成形，在生我之後就已表現。因此，不是隨便可以改變，也不是因應著需要可以有所增減的，更不是憑著社會的需要可以決定的。最簡單的邏輯，當全世界的人都說是時，也並不代表此「是」就是眞理（最簡單的運用：當全世界的人都承認共產主義，不代表共產主義就是眞理），天地良心乃是一個不受社會汙染，不受人情世俗困擾的標準，這一個標準可以放諸四海而皆準，因此，天地良心是一個可以作爲道德的標準。

既然如此，爲什麼有人會以其他事物作標準？理由很簡單，因爲天地良心在很多人眼光中都以爲是主觀的，沒有客觀標準。其實，距極端來看，一切客觀標準都是由主觀意識而來，更何況天地良心並不是完全主觀的，它是客觀的，在生我之前就已具有，既在生我之前就已具有，便已超越了主觀性，而有了客觀標準。問題是，當某些人在爲其前程立定計畫時，自然較看重外在的應用，而少注意到良心的聲音。例如一個人在立說之時，他只想到如何驚世駭俗、如何名利雙收，自然他的學說就會譁眾取寵而不顧良心，良心對他來說只不過是工具而已；更有甚者，不但不聽從良心的指引，甚至挾良心以自重，作爲伸展自己抱負的一種武器。像這些例子，都自然會走上放棄良心的偏途，只顧及個人，也就談不上什麼爲道德而獻身的了。

既然我們已明白道德的基礎是天地良心、是先天已具有的，則道德的條件也就在其中了，它是不變的，絕不會因人事變動而有所改變，但為什麼每一個時代都有其道德上的困擾呢？理由是道德基礎與道德問題不同，道德基礎是不變的、是一個原則，例如父慈子孝是一個基礎、是一個原則，但如何父慈子孝呢？就成了實行方法的問題，如果這一個社會歷來都習慣於某一種表達的方式，久而久之，大家就以為這種方法就是道德的，如果有人不合於這種方法，就是不道德，就會被社會排除，其實這是一種倒果為因、把方法當成原則的看法。事實上，方法可以成為原則，原則也可以成為方法，但當原則和方法具有明顯的分野時，就不可以把方法當成原則，因為這是一種違反眞理的事情。所以在父慈子孝這一例上來說，子應當孝敬父母，是一原則，如何孝敬父母，則當看這一個家庭及父母的需要，絕不能訂出一個通則，以為每一個人都要用此種方法孝敬父母才算是孝，這就是不對的。但當有人堅持使用這些方法而為原則時，就會形成「道德問題」，每一個時代有其不同的道德問題，例如孔子的「始作俑者，其無後乎」，就指明了在那一個時代的道德問題，這一個道德問題不是道德出了問題，也不是道德原則有問題，而是這些為實行道德原則所使用的方法違反了道德原則，反而成了有害道德原則的事例了。這種例子在每一個時代都屢見不鮮，由於在社會中相沿成習，雖然有人不贊成，但很少有人勇於改進，結果不但不能彰顯歷史精神，更有害民族慧命了。

在我們的時代中，對於實行方法的堅持，還不如對道德原則的堅持，因爲方法只是因地制宜、因時制宜、因人制宜而已，很難有一個一致的標準，例如對朋友有信，常是因時、地、人的不同而有不同的表達方法，絕不可一視同仁，如果堅持一視同仁，結果不但不能得到友誼，反而會失去友誼。但是，如果我們能在原則上堅持，至於用什麼方法去達成，則因對象不同而用不同的方法，這則是無可厚非的，例如在子孝上，孔子以爲不但要能養，且更要能敬，在敬養上，是一原則，如何敬、如何養，則要看對方的需要，絕不可以同樣的方法來敬來養，如此的話，恐怕連孔子也要說是不孝了。

□面對人生問題

從上所論，道德是一原則，是一先天的原則，是來自於先天下而變的法則，拖之於人則成了人的良心，這一個基礎是放諸四海而皆準，人人皆以此爲標準，根據這一個標準，每一個人、每一個社會，訂出各自的實行方法，如此，就可以使人倫社會更能發展其特性，建立人性永恆的價值。

寓言

真誠

真誠往往是赤裸裸，赤裸的真誠往往不受歡迎。

虛偽不願意穿上不雅觀的外衣，偷偷將真誠很耐看的衣服穿上。

虛偽走了，真誠發現衣服不見，又不願穿上虛偽的外衣，於是從此赤裸了。

虛偽穿上真誠的衣服很迷人，但赤裸的真誠不管走到哪裡，人們都嘲笑他，不喜歡他。

注釋

註1 德謨克利特（Δημόκριτος），生卒年約西元前四六〇年到西元前三七〇年或西元前三五六年，是來自古希臘愛琴海北部海岸的自然派哲學家，德謨克利特是經驗的自然科學家和第一個百科全書式的學者，是古代唯物思想的重要代表人物。他是「原子論」的創始者，由原子論入手，他建立了認識論：他認為每一種事物都是由原子所組成的，原子不可分割，並不完全一樣；在自然界中，每一件事的發生都有一個自然的原因，這個原因原本即存在於事物的本身。德謨克利特的自然科學雖然有類似實驗解剖這樣的科學結論，但是他在哲學

上的大部分見解都與經驗直接相關，他的原子論就是受到水氣蒸發以及香味傳遞等感性直觀再依賴哲學思維推測出來的，通過感官的參與，即經驗，直接推測了原子論的可能，並由原子論進一步影響認識論，因此後人稱之為是自然科學家，主要是緣於他對於自然科學起到的奠基作用。德謨克利特在哲學、邏輯學、物理、數學、天文、動植物、醫學、心理學、論理學、教育學、修辭學、軍事、藝術等方面也都有所建樹，可惜大多數著作都散失了，至今只能看到若干殘篇斷簡，這對理解他的思想造成了一定的困難。其主要著作有《宇宙大系統》、《宇宙小系統》、《論荷馬》、《節奏與和諧》、《論音樂》、《論詩的美》、《論繪畫》。

資料來源：http://zh.wikipedia.org/wiki/%E5%BE%B7%E8%B0%9F%E5%85%8B%E5%88%A9%E7%89%B9

13
良心

對於人，再也沒有比良心的自由更為誘人、更富吸引力的，但同時，也再沒有比它更令人痛苦、更令人焦慮不安的了。

杜斯妥也夫斯基[1]《卡拉馬佐夫兄弟》

思考人生問題

問題一、何謂良心？

問題二、良心是倫理標準？或倫理是良心標準？

問題三、良心會不會教人做錯事？

問題四、良心有沒有判斷錯誤的時候？

問題五、良心有沒有標準？

問題六、良心是否只有信仰宗教的人才有？

問題七、宗教信仰的良心與一般所謂的良心有何不同？

問題八、良心從何而來？

問題九、何謂良心不安？爲什麼會良心不安？

問題十、良心與良知有何區別？

案例

公益停車場　憑良心付費

桃園縣龍潭市區不起眼的巷弄內，藏著一座「公益停車場」，提供駕駛臨停之用，這座停車場沒有管理員，也沒有門禁，只在入口處設功德箱，貼出告示呼籲使用者「憑良心付費」，停車場會將年終所得捐贈慈善事業或助學。

此「公益停車場」成立六年，地主在停車場入口立告示牌，「停車場僅供駕駛人臨停使用，收費每小時二十元，每天最多五十元，籲請使用者自行將錢投入功德箱，停車繳費做公益。」

停車場黃姓地主委託住在旁邊的妹妹幫忙管理，妹妹說，停車場剛設立時，很多駕駛停車都沒付錢，整天下來，明明就停滿車，但功德箱卻沒幾個銅板，「這種感覺就是在踐踏我們的善意。」

地主的妹妹後來注意常來停車卻都沒繳費的駕駛，提醒他們：「停車費是做公益用。」大多數駕駛都立即繳錢，甚至有人直接丟張千元大鈔進功德箱，補償積欠的停車費，久而久之，地主妹妹也不需要再盯著停車場，最令她慶幸的是，功德箱從未被破壞或遭竊。

龍潭鄉公所主任祕書徐榮俊說，黃姓地主已連續多年捐贈餅乾、白米等民生物資，由鄉公所社會課轉交中低收入戶。

資料來源：《人間福報》網站。2013/4/15。http://www.merit-times.com.tw/NewsPage.aspx?Unid=301867

□討論人生問題

良心是一個非常奇妙的結構，就其組織來說，良心是人的一種倫理機構；從其功能來說，它有自由和知識，它是倫理的善的主觀的來源；它也是一種聲音，要求它附屬的人能遵循眞理。良心不是眞理，是一個收聽眞理的器官，它不是人的善意，因爲當惡意將人的理性壓倒之時，良心仍會發出聲音。

早在西方古代哲學就已經對良心作過深入的研究，例如斯多亞學派的哲學家們，就以爲良心是一種對於人與善的關係的認識。克利西布斯（Chrysippus）以爲良心是保存精神體的衝動或本能，這種本能甚至可以把理智放在它的保護之下，良心可以將人和世界的秩序之神（Nous）連結起來；歐維德（Ovid）則以爲良心是我們身內的神（deus in nobis）；到了蘇格拉底（Socrates，西元前四七〇至三三九年），他也曾經談論過那個勸他行善的戴莫寧（Doimonion，sicmovcov，指的是異教徒的神的意思），就指出了大多數斯多亞學派學者的主張，那個在良心裡表明自己的神，不是一個生活而有位格的神，而是一種無定的宇宙間計畫和秩序的力量，世界的神聖「原理」：永遠的定律和協調，就是良心（Conscientia，Syneidesis）；因此，塞內加（Seneca）在論及神的時候說：「神是在你身邊，神是與你同在，神是在你身內。」在我們身內，住著一位聖善的神，是我們善行與惡行的觀察者。良心的基本要求是「按照本性去生活吧！」

良心要按照本性去生活，如此，何謂本性？如何按本性去生活呢？

人的本性（Human nature），也有人稱之爲人性，乃是一種具有自我反省的特質，這種人性是否不變呢？依照今日的生物學研究，進化的方向顯然是「走向意識的上升過程」，自我反省是進化的頂點，也是人性最重要的試金石。儘管人還能進化，但始終只能在反省的範圍內進行。如果只就這層意義而言，人性是不變的。文化人類學視某些部落的生活習慣及道德標準爲人性（例如以殺死年老之父以減輕其苦爲孝行），未免取義太窄；馬克斯主義者把階級意識視爲人性，也犯了同一個毛病。因此，按照本性去生活，乃是如何按照自我反省的路途去生活，如何合乎自我反省的要求，就是良心的表現。

從宗教信仰的觀點來看，信教者的良心，乃是如何按照信仰的標準訂定出生活的方式；對於沒有信仰的人來說，其指導者乃是一種倫理的良心，所謂倫理的良心，是指一種合乎追求眞理的理性及基於人類自然嚮往眞善美的心和意志。這種理論，可以從二方面來說明。

所謂合乎追求眞理的理性，乃是指任何一事，在面臨抉擇時，如果是偏向情欲的、直覺的，則這一方面的結果，將很少具有合乎良心的行爲，例如見財起意而思搶劫，從眞理的觀點來看，顯然是不合乎眞理，也不合乎一種理性的判斷。同時，從另一方面來看，即使經過反省，但若此反省並沒有經過理性的及走向眞理的思考，仍然是違背良心的決定。

所謂基於人類自然嚮往眞善美的心及意志，乃是指明人性反省的目標不是向下的，而是向上的，不是趨向分裂的，而是朝向完美的，這一顆向上及完美的心，乃是良心基本要求。從具有宗教信仰的觀點來看，宗教是勉勵人向上的、朝向完美的，對眞理的要求是不能有任何折扣的，這個標準就構成了一個信仰的條件，也成了良心反省的對象。

因此，我們可以如此說，良心是靈魂的天賦，保證任何眞理的命令，都會在良心中得到必要的反應，因爲良心在一個人心裡，產生了一種與禍福攸關的信念，使人相信，良心對於善所抱持的態度，會影響自己的一生。積極地說，良心是一種自我保存的精神本能，它要求一個人在其內在是完全的統一與和諧，事實上，只有在眞善美的世界裡，這種統一才有可能存在。

爲什麼良心具有這種要求呢？因爲良心的功能是在作抉擇，在提供一個它所附在的主體具有最完美的結果，因此良心不能有也不容許有錯誤發生，因爲一旦錯誤發生，則這一個主體的行爲必然會有錯誤的結果，這時良心就會發生「哀號」，請求盡快補救錯誤，但這並不表示良心有錯，而是指良心受創痛，掉入了痛苦的深淵。例如一個人闖平交道，此時，良心給了警告，但人不聽，一意孤行，正在穿越時，火車來了，良心發出了「哀號」，要求補救，如果人的反應快，迅速離開，則良心在事後也會提出強烈譴責，由此可知，良心的功能是在協調人的情欲、直覺，並作出正當的判斷。

所謂良心的功能，約可有下列數點：第一是保存自我，良心所作的任何活動，目的都是爲了保存自我，絕不能因爲情欲的需要，而使得自我受到傷害，因此，從另一個觀點來看，良心是人的法官、是人的警察，不但要提出警告、還要提出判決。第二，良心要面對一個原則，即是良心要求人達到人格的最高地步，覺得自己的擇善固執，乃是攸關生命的大事，失去了這個原則，良心的功能也就喪失了。第三，良心是眞理的呼聲，從宗教的觀點來看，良心則是神的呼聲，是良心藉著我們的四周之物，認識並遵奉眞理的原則，使自己成爲眞理的部分，成爲和眞理一致化的人。

既然，良心讓我們能保存自我、面對原則、參與眞理，那麼，我們如何使每一個人都能遵守良心的原則？由於良心的問題，是屬於倫理上的問題，因此，倫理的原則是我們首先要遵守的，其次，每個人遵從自己內在的聲音，也是一件非常重要的事。第二，個人的修養也是幫助我們建立良心原則的重要因奉，一個有修養的人較易聽到良心的呼聲，沒有修養的人則相反，例如一個對自己要求較寬的人，可能在一個較苛刻的倫理原則下，就較難適從，同樣地，一個平常已習慣於聲色場所的人，對於良心的呼聲，就不如生活較有原則的人來得清晰。因此，遵從良心的原則，是一個人最重要的工作。

□面對人生問題

綜合以上所說，良心是一個人思慮行爲判斷的準則、倫理的機構。良心是不會教人做錯事的，良心也不會有判斷錯誤的時候，良心的標準是眞理，眞理是良心的標準。一般人所謂的良心不安，事實上就是良心對人行事的警告。良心雖然是行事的標準，但不是每一個人都會遵照良心行事，因此，會錯誤的是人的行爲、情欲、衝動等，而不是良心。同樣地，良心只給我們正確的知識，指示應該走的路、須做的事，良心將我們帶向眞理，使我們的人生能達到最完美的地步。

寓言

良心的擴充

一位老人，為了讓兒子們多一些人生歷練，便對他的三個兒子說：「你們三人出門去，三個月回來，把旅途中最得意的一件事告訴我。我要看你們哪一個所做的事最讓人敬佩。」他的三個兒子聽完後，就動身出發了。

三個月到了，三個人都回來了，老人就問他們每人所做的最得意的事。

長子說：「有個人把一袋珠寶存放在我這裡，他並不知道有多少顆寶石，假如我拿他幾個，他也不知道。等到後來他向我要時，我原封不動地歸還給他。」老人聽了之後說：「這是你應該做的事，若是你暗中拿他幾顆，你想你會變成什麼樣的人？」長子聽了，覺得這話不錯，便退了下去。

次子接著說：「有一天我看見一個小孩落入水裡，我救他起來，他的家人要送我厚禮，我沒有接受。」老人說：「這也是你應該做的事，如果你見死不救，你心裡過得去嗎？」次子聽了，也沒話說。

最小的兒子說：「有一天我看見一個病人昏倒在危險的山路上，一個翻身就可能摔死。我走上前一看，竟然是我的仇敵，過去我幾次想報復，都沒有機會，這回我要弄死他，可說是不費吹灰之力，但是我不願意暗地裡害他，我把他叫醒，並且送他回家。」老人不等他說完，就十分讚賞地說道：「你的兩個哥哥做的也是符合良心的事，不過你所做的是以德報怨，那就更難得了。」

做該做的事，是不昧良心，但做到原來不易做到的事，更能彰顯良心的光芒。

故事中的三兄弟，他們的作為皆遵從了自己良心的要求，長子的不貪非分之財與次子的不見死不救，是我們一般人都能確認的倫理原則。至於小兒子的寬恕仇敵並適時援助對方，他的良心讓他不僅不做惡事，更積極促使他行人所不易行之善，更彰顯了人性的高貴。

資料來源：http://www.minghui-school.org/school/article/2008/9/12/73250.html

注釋

註1 費奧多爾·米哈伊洛維奇·杜斯妥也夫斯基（Фёдор Михайлович Достоевский）出生於西元一八二一年十一月十一日，卒於一八八一年二月九日，俄國作家，其文學風格對二十世紀的世界文壇產生了深遠的影響。杜斯妥也夫斯基常常描繪那些生活在社會底層卻有著不同常人想法的人物，這使得他得以深刻重現十九

世紀暗潮洶湧的俄國社會中小人物的心理。部分學者認為他是存在主義的奠基人。其代表作品有《窮人》（一八四六）、《死屋手記》（一八六二）、《地下室手記》（一八六四）、《賭徒》（一八六六）、《罪與罰》（一八六六）、《白痴》（一八六八）、《群魔》（一八七二）、《卡拉馬佐夫兄弟》（一八八〇）。

資料來源：https://zh.wikipedia.org/wiki/%E8%B2%BB%E5%A5%A7%E5%A4%9A%E7%88%BE%C2%B7%E9%99%80%E6%80%9D%E5%A6%A5%E8%80%B6%E5%A4%AB%E6%96%AF%E5%9F%BA

14 命運

我要扼著命運的咽喉。

貝多芬[1]

思考人生問題

問題一、何謂命運？

問題二、人的命運是否都已安排預定？

問題三、人能反抗命運嗎？

問題四、人能創造命運嗎？

問題五、相信命運的人，是否就是宿命論者？

問題六、不相信命運的人，有什麼方法可以擺脫外在事物的控制呢？

問題七、人的未來將往何處去呢？

問題八、命運對人的啓示是什麼？

問題九、人需要命運嗎？

案例

生死有命　倫敦墜機慘劇中的不同命運

平日穿梭於倫敦和周邊地區負責接送名人貴客的直升機於十六日早晨交通高峰時段在倫敦市中心泰晤士河南岸的沃克斯豪爾（Vauxhall）地區撞上塔吊後墜毀，飛行員和一名行人當場死亡，另有十二名路人受傷。

塔吊兩名駕駛平時從未遲到，事發日卻雙雙睡過頭。

塔吊被直升機撞到後起火燃燒；塔吊駕駛艙和部分塔架從數十公尺高空墜地。

被撞高駕塔吊的兩名駕駛員理查德・穆爾（Richard Moule）和尼奇・比亞喬尼（Nicki Biagioni）則表示「感謝上天」。

原來，這兩名多年來從未上班遲到過的駕駛員，事發日竟然雙雙睡過頭，並因此倖免於難。

事故發生一天後，墜機慘劇的更多細節以及有關罹難者和倖存者的身世開始浮出水面。不少讀者在網上論壇留言感嘆天命無常。

資料來源。2013/1/17。http://www.bbc.co.uk/ukchina/trad/uk_life/2013/01/130117_life_crash_fate.shtml

□討論人生問題

命運的問題，在人的一生中，常是令人想不到、猜不透。比方說一個人事業不順利，就會想是運氣不好；一個人婚姻不幸福，就會說是命不好；甚至有人說：「生死有命，富貴在天。」有的時候也聽到某人在年齡稍長尚未嫁娶時，會自我安慰地說：「有則我幸也，無則我命也。」因此，總會有人問，眞的有預先被安排的命運嗎？一切都是命中註定嗎？甚至還有人以爲，人的一切都是由自己創造，和命運無關。

其實，自古以來，關於有命與非命之爭就非常激烈。從有命來說，人一己的稟賦就是造成人一生的結果，因此，對人來說，命就有人性、性命、人所稟之理，以及本性、天性等的說法。《白虎通義》：「命者何謂也？人之壽也，天命已使生者也。」

從人一生下來，人的命就已開始順著生命的發展，這就是命運，這是一般最常見的看法，但也有人認爲，命運並不那麼簡單，命運應是一種無可如何之命，如《論語》，「子曰：道之將行也與，命也！道之將廢也與，命也！公伯寮其如命何？」（〈憲問〉）就是指那一種不能由你控制，而你又不能不服從的外在環境。這種人與外在環境的關係，在中國哲學史上也有許多不同的看法，並不是所有的哲學家都以爲，那種外在於人、不能由人控制的因素都叫命運，如荀子：「節遇謂之命。」（《荀子・正名篇》）孟子：「盡其道而死者，正命也。」

（《孟子．盡心上》）王充：「傳曰：說命有三：一曰正命，二曰隨命，三曰遭命。」（《論衡．命義篇》）這些都是指外在於人，又非由人能控制的因素，使得人不得不承認命運的存在。

事實上，對一個積極樂觀的人來說，承認命運的存在並沒有什麼不好，唯一令人困惑的問題是如何能知道自己的命運，甚至能安排自己的命運，使自己的人生完全能合乎人的需要。

首先，人能知道自己的命運嗎？鄙人相信是不能的，因爲當人出生時，其命，已非如其所希望的存在了，又如何能知道過去的命呢？更何況，人的發展必須經過無知的童年、不穩定的少年，在這人生的二個階段中，人的生命完全在外在環境的安排下生活，很少能完全依照你的願望，事實上，自己恐怕也很難得會對自己的命運有什麼願望，所以在知道自己的命運這方面，人是很難有什麼成就的。

雖然，人不能知道自己的命運，但能否經由個人的修養、外在環境的培養去安排自己的命運呢？對於這一點是可以的，俗語說：「英雄創造時勢。」人是有這樣能力去安排自己的未來，但須有幾個條件：首先，人要對自己有完全的了解，了解自己是什麼樣的人，了解自己的優缺點、潛力、能力、個性，以及未來的願望；其次，對於自己的願望、個性和環境皆能完全地協調，同時，對因爲自己的個性而可能對未來產生的問題都已有準備，如此，在未來遇到困難時，就不會認爲這是無可奈何的事。

我們一般人，最容易遇到的問題是，當發生了不如意的事情時，就認爲這是命，此外，對自己並不了解，和他人的溝通亦不良好，結果又認爲這也是命。眞正講起來，命除了人天生下來的生命是不能由自己控制之外，諸凡生命的價值、意義、生活的型態及方式、未來的方向，都是由自己決定的。

人有自由，不但在理智、情感上人有選擇的自由，就是意志上，人也是自由的。當生命已和我「這一個人」相結合時，我的命運和我本人就息息相關，我對我本人的未來就有決定權。例如：一個人在考大學時，要塡志願，通常都是根據去年考試時多校的錄取分數來按序排列，這種做法，無異是將自己的自由及未來的命運託付他人，而當放榜時，不論考得好或考得不好的人，都會說自己的運氣好或不好，但是事實上，這和運氣有什麼關係呢？一個考試考得好不好，完全是看自己的準備是否充分，如果準備充分（這種充分不能根據自己的能力來測量，必須根據考試的性質來測量，例如一個人的能力全在工藝或體育方面，但考試的內容全在智力或知識上面，即使他完全合乎自己的能力，全力做好準備，他也不一定考得好），沒有考不取的道理，之所以會有如此情形，就是因爲自己的能力不夠，又或者自己根本不適合這種考試。

中國人常喜歡說：「盡人事而後聽天命。」就是人只要努力於人自己的事務，問心無愧，則對事情的結果，就不會太介意了。我們常說命不好、運氣不好，都是因爲太看重事情的結果，但是對於為這個結果花過多少工夫、做過多少努力卻很少計較，久而久之，人就比較功利，比較看重自己生活的享受，而不看重過程的努力了，到最後必然會發生為了目的不擇手段的情形。因此，選擇事物時所依循的原則，就成了一個人是否能突破自我困境的重要依據了。

人應依循什麼樣的原則，去建立自己的世界，一個自己所樂於生活的世界呢？根據哲學家們的意見，可歸納幾點如下：

1.相信人的未來可以由自己創造，不是一切都已預定了的、不是一切都不能改變。

2.相信人有自由意志，經由自由意志的運用，人可以選擇最適合自己的生活方式，人也可以發展最適合自己的生活環境，使一切在和諧中達到人生的目的。

3.相信人的目的是為了發揚生命的意義，充實人類的生活，而不是去詛咒人生、侮蔑生命。

4.相信人的生命有一更崇高的目的，為了這一個目的，人可以努力得更有意義，就如同人的理想一樣，為了這一個理想，可以忍受許多痛苦、挫折。

5.相信人的目的除了有形的生命得以充分發揮之外，人的尊嚴及價值也可由此得到肯定，人的未來也可以在無限中獲得圓滿。

□面對人生問題

從上所說，人的命運，除了人生下來的生命不能由人控制之外，人可以決定人自己的未來，未來，必須由人自己決定。一個已存在於人間的普遍原則早已確定，人只要按此原則，就能獲得人生的幸福，不然，就會被幸福所摒棄。人的命運是控制在自己的手中，人必須使自己合乎自己的願望，人才是自己的主人，不然人又何必爲尋求生活的意義、生命的價值而奮鬥呢？所以，在人的一生中，人的命運不但不會使人沮喪，相反地，更可以幫助人，使人在自己的生活中獲得更積極有效的因素。

寓言

命運的決定

孩子在玩耍，忽然傳出一陣哭泣聲，循聲找到了一個被關在角落乾枯的人。

孩子問：「你是誰？」

那人說：「我是我的生命。」

孩子問：「是誰把你關在這裡？」

那人說：「我的主人。」

孩子問：「誰是你的主人？」

那人說：「我就是主人。」

孩子不明白了，那人說是他將自己囚禁。在過去的經驗中，人們常因為擔心自己不小心便觸及陷阱，遂懦弱地想著，唯有將自己囚禁才安全，所以此後再也無法面對生活，以致終日以淚洗面，等待乾枯。

孩子雖不明白，只是想，砸壞鐵籠，放他出來。那人看著孩子的天真活力產生了憐憫之心，「讓我自己開吧！」話音剛落，突然發現生命歡笑著。

那人笑說：「原來世界就是這樣啊！假如只致力於尋求一個生命的保險箱，便會被自己囚禁！」

注釋

註1 貝多芬（Ludwig van Beethoven）與海頓、莫札特並稱為維也納古典樂派三大作曲家。貝多芬於一七七〇年誕生於德國萊茵河畔波昂市的一個清寒家庭中，父親及祖父都曾是宮廷中的樂師，父親約翰才華平庸又愛酗酒，妄想要貝多芬成為「莫札特第二」以博取名聲及金錢；貝多芬在童年時期受盡虐待，因此從小特別孤僻。約在一八〇〇年時，其純古典式的音樂作品跟海頓及晚年的莫札特風格相似，由於以鋼琴演奏家名聞歐洲，故此時多數是鋼琴作品；一八〇一年貝多芬獲悉自己即將失聰的消息，便放棄演奏的生涯而專心作曲，在一八〇二年的第二交響曲之後，開始表現自己獨特的風格，許多不朽傑作就是在這時期完成的；約是一八〇二至一八一五年間，此時的作品逐漸脫離古典樣式，而較偏向表達內在感情，當中的某些作品，如 *Moon Sonata*、*Fidelio* 等已可看出貝多芬有強烈的浪漫派主義傾向。其代表作品有第三號交響曲（《英雄》，*Eroica*）、第五號交響曲（《命運》）、第六號交響曲（《田園》、*Pastoral*）、第九號交響曲、第五號協奏曲（《皇帝》，*Emperor*）、第八號鋼琴奏鳴曲（《悲愴》，*Pathetique*）、第十四號奏鳴曲（《月光》，*Moonlight*）、第二十一號奏鳴曲（《華特斯坦》，*Waldstein*）、第二十三號奏鳴曲（《熱情》，*Appassionata*）、第五號小提琴奏鳴曲（《春》，*Spring*）、第九號小提琴奏鳴曲（《克洛茲爾》，*Kreutzer*）。

資料來源：http://www.hkedcity.net/iclub_files/a/1/95/webpage/composers/beeth/Beeth.htm

http://www2.ouk.edu.tw/wester/composer/composer006.htm

15

信仰

追求存在，作為一種精神狀態，也可以理解為一種信仰。一個追求存在的人在本質上就是對生活、世界、道德、事物的意義，對他自己持有一種信心。希望、驚奇、博愛、對存在的神秘性的本能的尊重，這一切揭示了他與生活的關係。

瓦茨拉夫・哈維爾[1]《存在的意義和道德的政治》

思考人生問題

問題一、何謂信仰？
問題二、信仰是否只限於宗教？
問題三、人生可以沒有信仰嗎？
問題四、信仰和理想有何關係？
問題五、信仰的目的何在？
問題六、如何知道自己有無信仰？
問題七、用什麼方法來規劃自己的信仰？
問題八、信仰的對象是否都是超現實的？
問題九、信仰有無好壞？
問題十、有信仰的人是否違反時代精神？

案例

信仰與自信

林書豪在美國籃壇掀起旋風，這個會打球、謙虛有禮的哈佛小子，「信仰」是他成功的核心，輸贏挫折他都樂觀以對、皆感謝耶穌，並把榮耀歸給團隊。《聖經》裡有一句話，「信，是所望之事的實底，是未見之事的確據。」也就是說，真正有信仰的人，是因所信的對象產生信心和力量，而不被眼前環境所左右。然而我們社會裡所教的是，自信心要靠自己。

追求信仰的過程，往往需要先破碎自信，承認自己的軟弱和有限，唯有信仰，才能讓自己做到原本做不到的事，學會放下，並懂得釋放。

一個人最在乎、最擔心失去的東西，就會形成他的信仰，從而主導他的思想。

資料來源：http://www.cw.com.tw/blog/blogTopic.action?id=154&nid=1632

□討論人生問題

信仰之所以被人用來做爲日常生活中的用語，是源於信仰能提供人們對一些事物執著的合理基礎。信仰的原始用法，是指對神的合理信仰、崇拜或理想，因此，這是屬於一種宗教性的用法，即使如同雅士培（Jaspers K.，一八八三至一九六九年）哲學信仰，也是屬於這一個層面。到了現代，不可知論者把理性基礎從信仰中除去之後，大多數人就以非理性的信仰取代過去以理性爲基礎的信仰。康德（Kant I.，一七二四至一八〇四年）即是如此，他要「停止認識，以便容納信仰」，對他來說，道德信仰在於接受實踐理性的三個要求，尤其是神的要求，他之所以接受道德、信仰，並不由於有充足客觀的理由，而是因爲主觀上有承認這三個要求的必要，作爲圓滿解釋道德律的條件。由於非理性的宗教哲學之倡導，尤其在士來馬赫以後，感受遂取代了康德所主張的信仰的意志之基礎。按照這種看法，信仰是一種由宗教感受所產生的信念，或者就是這一感受本身。

另外，信仰也有其非宗教性意義的一面，是指肯定某事的眞實和實際上的確切性，或接受別人的話。這種信仰類似於宗教性信仰中人類答覆神恩召喚的自由行爲，亦即對於神的自我顯示之自由的肯定答覆，也就是對啓示的信仰。這種信仰，包含了信任別人的忠實。因此，它與證人所提供的知識不同，這種知識對別人的話只採取有限的信任，尤其是，當特殊情形使我們沒有任何理由去懷疑別人的話時。這種情形，我們可以稱之爲由證辭所得的認識。——更廣義言之，「相信」可以指日常語言的「想」或甚至「以爲」，這和信仰是不同的。（《西洋哲學辭典》，一五七至一五八頁）。

信仰既然可以分爲宗教性的意義及非宗教性的意義，就表示信仰並不僅限於宗教，但，不可諱言的，宗教信仰對於非宗教信仰的影響很大，因爲宗教信仰所教導的對象，有確切而明顯的證據，因此更加要堅持自己的意志，執著於自己的行爲，即使面臨死亡的威脅，也不改變自己的信仰，這樣當然能使信仰的對象和自己的生活產生密切的關係，將它視爲和自己共生共死的一體之感。所以，非宗教的信仰，如果不能達到這一層次，則這種信仰就不能稱之爲信仰，只能稱之爲相信或以爲了，若到了這種地步，則它必能引起人們對它產生奉獻犧牲的決心和勇氣。因此，我們千萬不可以去譏笑信仰，倒是要爲那些原本想建立信仰，卻淪爲相信或以爲的一些學說可悲了。

信仰是一個人生活的中心，是人立身處世的基點，一個人如果沒有信仰，就如同一個人縱然有再偉大的理想，但卻沒有實行的方法一樣，是不可能使自己的人生獲得完滿的。尤其信仰是充實一個人生活的內涵，如何能使自己滿意？應該不會是那些使人迷惑或能夠令人炫耀的輝煌成果，而是那刻苦勵行的堅忍意志，以及能在任何環境中都不被打倒的決心、不被改變的目標。因此，如果希望獲得完美的人生解答，就需要有信仰，相信一個能帶給自己幸福快樂而且能令自己滿意的信仰，不然人生又何必來此一遭呢？一個人若不相信自己所做，必然也不會相信別人所爲，那麼，人生在世的意義與價值就完全喪失了。

既然一個人需要有信仰，那麼信仰和理想的關係是什麼？簡單地說，理想是一個希望自己能達到的目標，而信仰則是相信這一個目標可以爲自己帶來幸福和快樂，如果從宗教性的意義來說，就是相信神可以帶給我們幸福和快樂，只要我們相信祂，並照祂的話去做。在此，要注意的是，宗教性的意義和非宗教性的意義之間的關係，信仰都是相信一個超越自己能力的對象或事物，並藉由對此事物或對象的信心，賦予自己一種意志上的能力，去執行自己的計畫，達成自己的目的，從這一個意義來看，信仰和理想是表裡一致、互爲內外的。從另一方面來看，不論是什麼對象，只要你相信它能帶給你力量以及奮鬥的意志，這就是信仰，因此，有人相信「石頭公」，有人相信「人」，有人相信「××主義」等等。其中唯一的差別，就是信仰有客觀的對象，或是從客觀事實中獲得印證的證據；而非信仰，則常是屬於主觀的、或是沒有經過證實的、或是自以爲的等等，這些都不是信仰。因此，在我們評斷我們是否有信仰時，就是要判斷這一個對象是否具有客觀的眞實性和實際上的確切性，或屬於宗教上的啓示性，如果沒有這些，都不能稱之爲信仰。例如一個人相信萬物中的植物或動物，相信它們能帶給人力量，給予人所需要的一切，這個就不能稱爲信仰，只能稱做自以爲是或是幻覺。由此，也可以讓我們分辨出信仰有所謂正確的信仰或不正確的信仰，也就是說，正確的信仰可以帶給人幸福快樂，心靈上的安祥平靜，而不正確的信仰卻帶給人煩躁、不安或短暫的幻覺。進一步說，不正確的信仰常是要求短暫的或一時的快樂與滿足，例如對摸彩券或獎券的著迷，把自己的生活全部置於這個「機率」上面，甚至於將自己的生命都置於此中，像這樣的，就稱之爲不正確的信仰，也稱之爲錯誤的信仰，亦即所謂的迷信。

迷信，乃是相信一些符咒或儀式的功效，當這些符咒或儀式並不能自然地產生所期望效果的能力，而人們卻多多少少有意識地認爲它們能推動自然界以外的神祕力量來供人驅使，我們就稱之爲迷信（superstition）。迷信所以被稱爲錯誤的信仰是由於未盡人的能力，把自己設想爲超人，可以做一切人所做不到的事情。從人性論的觀點來看，這是對人的不尊重，因爲人究竟是人，不管人如何努力，做的仍是人的工作。因此，人所要做的，乃是積極研究有哪些方法，可以使人的潛能完全發揮出來，而不是去做不屬於人的工作，易言之，有些人以爲將人的潛能發揮出來就是超人，這是錯誤的，儘管人可以利用自然萬物，但是都是從人的本位上去做的，人的職責乃是善盡本分，做好人的工作，如果以爲人所發展出來的一切學科，可以做爲一切價值判斷的準繩，這是沒有看到人的限制，不僅是一種驕傲，也是一種迷信，是經不起考驗的。

□面對人生問題

綜上所論，信仰是人人都有的，只是有正確與錯誤之別。正確的信仰，發揚人性的優點，使人更合乎人的價值及意義；錯誤的信仰，則是貶抑人性，充分暴露人性的弱點，帶人類走向悲慘的境地。因此，正確的信仰，不但不會違反時代精神，相反地，時代精神就是提供正確的信仰，使眾人可以藉著這正確的信仰達到人生的目的。也因此，在我們一生中，正確信仰的選擇是非常重要的，只有正確的信仰才是人生值得努力去追求的。

寓言

我的腿很美！

大學教室內，愛麗絲博士站在講臺上，雙眼瞇瞇，咿咿唔唔地說些不清楚的話，不規則地揮動雙手幫助表達。

愛麗絲博士自小患有腦性麻痺，影響了其肢體發育，連說話能力也受影響。她的日常生活一直都困難重重，還要活在別人的怪異目光中。不過，她沒有讓外在的痛苦擊退她內心的勇氣，經過一番奮鬥，終於獲得了加州大學的藝術博士學位。

「愛麗絲博士，」一名學生舉手小聲地發問，「妳從小就長成這個樣子，請問妳怎樣看妳自己？妳有沒有怨恨？」同學們都被這個敏感的問題嚇了一跳。愛麗絲沒有說話，笑了一笑，轉身在黑板上寫道：

一、我好可愛！

二、我的腿很美！

三、爸爸媽媽都很愛我！

四、我會畫畫、寫文章！

五、我有一隻可愛的貓咪！

六、……

教室內鴉雀無聲，愛麗絲看看大家，又回頭在黑板寫下結論：「我只看我所有的，不看我沒有的。」

學生群中響起熱烈的掌聲，愛麗絲嘴上露出滿足而自信的笑容，眼睛瞇得更小了。

資料來源：http://mingkok.buddhistdoor.com/cht/news/d/8205

注釋

註1 瓦茨拉夫．哈維爾（Václav Havel），生於一九三六年十月五日，卒於二〇一一年十二月十八日，是捷克的作家及劇作家，天鵝絨革命的思想家之一，一九九三年到二〇〇三年間擔任捷克共和國總統。一九七八年出版的《無權力者的權力》，以及《獄中書簡》、《給胡薩克的公開信》、《論〈七七憲章〉的意義》、《給奧爾嘉的信》、《故事與極權主義》和《政治與良心》等書，都是在跟極權對抗。二〇〇八年演出舞臺劇《離開》，隔年他把它改編成電影，親自執導拍攝政治家結束政治生涯之後如何適應新的生活，外界都認為此作品是他的生活寫照。

資料來源：http://tw.aboluowang.com/news/2011/1219/229332.html http://zh.wikipedia.org/wiki/%E5%93%88%E7%B6%AD%E7%88%BE

16 宗教

沒有宗教的科學是瘸子，沒有科學的宗教是瞎子。

Science without religion is lame, religion without science is blind.

愛因斯坦[1]

思考人生問題

問題一、何謂宗教？
問題二、宗教的意義是什麼？
問題三、宗教的目的爲何？
問題四、宗教是否迷信？
問題五、信仰、迷信與宗教情緒的關係是什麼？
問題六、信教的人是否是自私的功利主義？
問題七、宗教與科學是否是完全矛盾的？
問題八、佛教、道教、基督教、回教……所信仰的不同，是否代表宗教本身也有假的？
問題九、宗教是否完全因爲人的需要、爲人而存在的？
問題十、宗教是否必然可以解答人生的一切問題？
問題十一、人類需不需要有宗教？
問題十二、宗教是否可以和信仰分開？
問題十三、宗教中所揭示的目標，是否一定可以達成？

案例

教宗本篤告別講道　再度譴責「宗教偽善」

昨日，教宗本篤十六世[2]在聖伯多祿大教堂主持彌撒。

教宗本篤十六世（Pope Benedict XVI）昨日在聖伯多祿大殿主持「聖灰禮儀」（Ash Wednesday）彌撒，這是教宗宣布辭職後的最後一場公開彌撒，他再叮囑教會勿陷入「宗教偽善」、「個人主義」與「對立」。

據報導，週三下午，八十五歲的教宗戴上教宗皇冠、披著代表守齋期的紫披肩，在梵蒂岡的聖伯多祿大殿（St. Peter's Basilica）主持聖灰星期三彌撒，這是他擔任教宗期間最後一次舉行公開彌撒和最後履行職務。

他在講道中說：「我在長時間祈禱並以良知在天主前思考後，為了天主教會，做出了這個全然自由的決定。」

他還表示，「十分了解這個做法的重大性，但也明白，我無法以所須的體力和精神來履行教宗聖職。」

寬闊的接見廳擠滿了約八千名信徒和觀光客，很多人熱淚盈眶。

本篤十六世說，「宗教偽善應被譴責，因為這是一種尋求掌聲和認同的行為。真正的信徒不為自己或『公眾』服務，而是為主服務，卻以簡單且慷慨的方式。」

教宗本篤十六世將於本月二十八日卸任。梵蒂岡宣布，樞機主教會議將自三月十五日至二十日之間召開，並選出繼任教宗。

資料來源：全威。《基督日報》網站。2013/2/14。http://chinese.gospelherald.com/news/wor-21245-0/%E5%9C%8B%E9%9A%9B-%E5%85%B6%E4%BB%96-%E6%95%99%E5%AE%97%E6%9C%AC%E7%AF%A4%E5%91%8A%E5%88%A5%E8%AC%9B%E9%81%93%E5%86%8D%E5%BA%A6%E8%AD%B4%E8%B2%AC%E3%80%8C%E5%AE%97%E6%95%99%E5%81%BD%E5%96%84%E3%80%8D-%E5%9F%BA%E7%9D%A3%E6%97%A5%E5%A0%B1#.USXTx1vDOU

□討論人生問題

宗教在今日這個時代，由於科學的發達，常被人以爲是迷信，是愚夫愚婦的行爲，甚至有人以爲宗教是人民的鴉片，更有的人以爲宗教是妨礙政治進步、民主發展的絆腳石，宗教因此背上了許多罪名，連帶地，信教的人也背上不忠不孝的罪名。

從人生哲學的觀點言之，宗教有其正面的功能，這種功能使得我們在現實人生目標上有著更多的助力。

首先，我們談談什麼是宗教。根據《辭源》的解釋：「以神道設教，而設立誡約，使人崇拜信仰者也。」簡單地說，宗教乃是教導人如何和神建立良好的關係。既然是一種教導，就必須要有教材、教法和師資，由此，宗教乃形成一種制度。根據此一制度，使人能以最有效的方法和神建立最良好的關係。因此，從本質上來說，宗教本身並不是迷信，也不會違反一切良好的制度，更不會和人類的進步背道而馳。

宗教所以會被人視爲迷信，乃是因爲執有制度的人。就如同任何其他的制度一樣，雖然制度原初是爲了幫助人，使人得到美滿幸福，但人的私心卻使其成爲達到個人目的的工具；同樣地，在教育制度、社會制度內也會有同樣的情形，宗教制度自亦不例外。因此，我們如果因爲某些宗教信徒（不論何種宗教）的舉止，而批評這一個宗教制度，就如同批評其他制度一樣不公平。再者，既然是一個制度，有些規矩、教儀必然是謹守教祖的訓示、堅持眞理的精神，如此，和世俗化的社會風俗自然會有差距，因此，若要從其中去要求宗教和社會風俗完全配合，事實上是不大可能的。三者，宗教還容易被大眾視爲迷信的，是崇拜或去相信比人還不如的東西，例如香灰、符咒……甚至於違反科學的動作，事實上，批評這些的人，大部分都是科學主義者，或自以爲是科學主義者的人，對於非科學的東西，非但不了解，甚至加以排斥；例如在中國盛行千餘年的針灸術，直至目前爲止，還有一些科學主義者加以排斥，又如，曾經在臺灣風行的腳底按摩器，也是同樣的問題；在這二個問題中，還只是醫學本身的問題，但是爲什麼會遭到排斥呢？理由之一，恐怕就是因爲私心作祟吧？見不得別人比自己好；在科學界也是如此，因此在科學所達不到的範圍，豈不是更遭排斥嗎？例如科學主義所提倡的「人定勝天」的口號，恐怕是比宗教迷信還要迷信的話語，臺灣常有的土石流引起的災禍，究其原因，實乃「人禍甚於天禍」，又遑論所謂「人定勝天」呢？由以上這些事實及論點看來，宗教迷信，不是因爲制度的問題，而是由於執行制度的人，那麼，要如何才能有一良好的宗教制度執行者呢？

我們都知道，宗教的因素包括三點：教祖、教義及禮儀。執行制度的人只是在闡明教義及主持禮儀而已，他的工作不是替神作主張，而是去執行神的旨意，執行制度的人並非將神當僕役來使喚，而是去做神的傳言者，如此，這一個制度才能完美地保存及發揚下去。但，或許有人會問：人不是萬物之靈嗎？人本身不就是神嗎？人爲什麼要聽神的話呢？難道在人之外，有神嗎？

有人以爲，神是那些宗教家爲了贏得人們的信任所創造出來的，也有的人就把自己比做神，甚至認爲自己就是神。像這些，都是褻瀆了人、褻瀆了神：否定了人的能力，是褻瀆了人；冒充神，是褻瀆了神。如果神需要人去創造，人比神偉大，不需要神，這是不合理的。據「任何事都有其來源」的原則，宇宙必有一來源，直到最後根源，不再需要被創造，這就是亞里斯多德所說「不動的動者」，也是《易經》中的「太極」。同時，從人類的來源說，人必有所由生，人的祖先、人的創造者，就是書符中的「上帝」、《詩經》中的「天」。因此，人對宗教的信仰，不是訴諸情感的，不是愚夫愚婦的寵物，更不是人民的鴉片，而是經過理智思考的結果，因為，從邏輯的判斷來看，如果我們強調孝敬父母是天經地義，祭祀祖先是子孫必盡的義務，但是卻不強調去祭祀人類的祖先、宇宙的創始者，豈不是相互矛盾嗎？

從另一方面來說，宗教也不可能是純理智、不夾雜私人感情的，就如同子女對父母的態度一樣，子女知道要孝敬父母是理智上的思考，但如何去做？卻必須要有情感。孔子曾對子游說：「今之孝者是謂能養，至於犬馬，皆能有養，不敬，何以別乎？」（《論語．為政篇》）此中所說之敬就是有情感，對祖先、對上帝的孝思也是同樣的。

再者，就宗教的本質來說，宗教須有啓示。所謂啓示乃是上帝將自己的意志、本性向人宣示，如果一個宗教沒有啓示，就不能稱之為宗教。但有的哲學家，如實證論者，就反對宗教有啓示，認為啓示完全超越了經驗的範圍，凡是超越了感覺以外的東西，都不能使我們獲得眞知識，都是迷信的。事實上，實證論者在這一點上也有錯誤，因為感覺雖可以使我們獲得知識，但不是所有的經驗、感覺都是眞的，都是不會騙人的，如此，實證論本身也犯了同樣的錯誤：迷信、迷信感覺、迷信經驗。因此，宗教的啓示有其價值，但是我們必須說明的是，啓示必須要能證明眞正是神的啓示，其價值才能確立，至於如何證明，這是神學的方法及宗教哲學的方法，在此處要強調的是，宗教啓示是超乎理智、超乎人想像的。依此而論，宗教信仰不純粹是理智的產物。

三者，宗教信仰，除了理智的了解、啓示的作用之外，還有意志上的信服，這是指超乎理智的啓示並不是人人能懂，既然不是人人能懂，人又如何相信呢？這樣的例子，在我們生活的世界裡，到處可見，例如一加一等於二，這是一個明顯的道理，但是眞正研究起來，並不是人人能懂，裡面有太多的因素可以妨礙人對這一個道理的了解，因此，人在相信它時，是用意志去相信科學家的證明；同樣地，人對宗教的信仰是超乎理智，是用意志的力量去相信、去實行。從另一方面來說，意志並不一定會忠實執行理智的結論，我們可以從許多人生的例子上查證就可得知，意志如果要相信，則經常是置理智於度外的，例如一位小姐喜歡一位男士，她不管別人的批評，只要她喜歡，她就喜歡了。因此，可以了解宗教信仰中必然包含一些令人不懂的啓示，這些啓示不能由理智來判明，只好由意志來決定是否信從了，當然，這並不是說，宗教信仰可以完全不顧理智，宗教信仰仍然要以理智做依歸，以堅定的信心去執行宗教信仰，達到人生的目的。

從以上這些敘述看來，宗教並不是迷信，而是人一生中最重要的事，若是沒有宗教信仰，就如同人在一生中沒有依靠一樣，那種空虛落寞是難以形容的。所以宗教可以說是人生的基礎，是支配整個人生的動力，從另一方面來說，宗教可以美化人生，使人生許多缺憾藉著宗教達到圓滿，也使人類那些無窮的欲望，藉著宗教得以升華。所以，有人說，一個國家如果沒有宗教，這個國家等於沒有靈魂，因爲法律只能管束人的行爲，卻不能對人的心靈有任何潛移默化的功能，這也就是爲什麼西方人要以宗教爲西方文化的三大根源之一，這也就是爲什麼科學發達如美國，也要在他們的憲法中，明文提及上帝對他們的照顧，也由此可知，宗教對人是如何重要了。

□面對人生問題

宗教是人生必不可缺的，只有藉著宗教才能眞正使人類得到和平與自由，人必須努力堅固宗教信仰、追求人生的理想，這種理想不是自私的功利主義，也不是與人類的本性背道而馳，更不是因爲人的需要而設立的，而是爲了人的未來，爲了使人有幸福的生活，爲了使人能在來世中獲得更美滿的解答，人是有必要去信仰宗教的。要信仰哪種宗教呢？不能根據人的興趣，而是必須根據啓示宗教的特性去信仰，才是人眞正的需要，也才是人生的目的。

寓言

僧人與賊人

從前，有一僧人在廟中修行，頗為努力。當時盜賊肆虐，有一天晚上，僧人夢到佛祖告訴他說：「你明天就要死了，有個騎白馬的賊叫朱二，他與你前世有怨仇，你躲不過了。」僧人在夢中哀求道：「念我今生多行善事，求佛祖救護。」佛祖說：「我不能救你，能救你的只有你自己。」

第二天天明，果然有賊人入山，賊人將廟中僧人抓來後，問他此地財物和女人的所在，並且威脅讓其帶領前去。僧人一看賊人所騎的馬，果然是一匹白馬，隨即想起昨夜之夢，心想：我的罪業已經致死了，如果再領著你們去掠奪財物、淫人婦女，那我就是業上加業了。於是大聲對賊說：「我不領你去，你不是朱二嗎？我讓你殺我，只殺我一人就可以了。」

賊人聽了僧人一番話大吃一驚，問：「你怎麼知道我的名字，你肯定是神僧了！」僧人於是將前夜之夢一五一十告訴了賊人。

賊人聽後深有感悟，他將凶器扔到地上說：「怨怨相報何時有窮盡啊！佛祖說不救你，其實已經救你了。你不領我前去作惡，這已經是你自己救了自己啊！你我之間的所有怨仇現在就此化解。」隨即在佛祖面前跪拜再三，方才離去。

資料來源：http://www.minghui-school.org/school/article/2012/12/9/93411.html

注釋

註1 阿爾伯特·愛因斯坦（Albert Einstein）生於一八七九年三月十四日，卒於一九五五年四月十八日，為二十世紀猶太裔理論物理學家、思想家及哲學家，也是相對論的創立者，被譽為是「現代物理學之父」及二十世紀最重要科學家之一。

資料來源：https://www.google.com.tw/search?q=%E6%84%9B%E5%9B%A0%E6%96%AF%E5%9D%A6%E8%91%97%E4%BD%9C&hl=zh-TW&rlz=1C1GPCK_enTW483TW524&tbas=0&source=lnt&tbs=lr:lang_1zh-CN%7Clang_1zh-TW&lr=lang_zh-CN%7Clang_zh-TW&sa=X&ei=bD4oUambIJjmiAeq0IAo&ved=0CBgQpwUoAQ&biw=1024&bih=634

註2 本篤十六世（Benedictus XVI），本名為約瑟夫·阿洛伊修斯·拉辛格（Joseph Aloisius Ratzinger，Iosephus Aloisius Ratzinger）出生於一九二七年四月十六日，是第兩百六十五任天主教教宗，二〇〇五年四月十九日被選為教宗，二〇〇五年四月二十四日正式就任。通曉十種語言，就任教宗前為德國籍樞機，由保祿六世冊封，是第八位德國籍教宗。二〇一三年二月十一日，聖座宣布本篤十六世因健康和年老等因素決

定辭職，歐洲中部時間二月二十八日晚上八時生效，成為繼一四一五年額我略十二世退位後，近六百年來首位非因逝世而去職的教宗，而他的請辭引起德國及天主教國家各地民眾和領袖的廣大反響。其主要著作有《聖波那文都拉之歷史神學》（一九五九）、《基督宗教的博愛》（一九六〇）、《啓示與傳統》（與拉內合著，一九六五）、《基督宗教存在的聖禮根據》（一九六六）、《基督宗教導論》（一九六九）、《基督宗教道德原理》（一九七五）、《天主教教義學簡論》（一九七七）、《關於神學原理的學說—論基本神學之構成》（一九八二）、《論信仰處境》（一九八五）、《基督宗教介紹》（一九九一）、《納匝肋的耶穌》（二〇〇七）。

資料來源：http://zh.wikipedia.org/wiki/%E6%9C%AC%E7%AF%A4%E5%8D%81%E5%85%AD%E4%B8%96#.E4.B8.BB.E8.A6.81.E8.91.97.E4.BD.9C

第二部分

常見的人生問題

17

同居試婚

婚姻？那是一輩子的事，就像水泥一樣！

伍迪艾倫「What's New, Pussycat?」

思考人生問題

問題一、何謂試婚？

問題二、試婚和同居有沒有區別？

問題三、對於婚姻可否抱持「試用」的心態，（如同買東西一般）覺得合適之後再正式結婚？

問題四、可否基於優生學的理由而試婚？

問題五、可不可以爲了嘗試性的樂趣而同居、試婚？

問題六、訂婚之後，可否先同居，待確定雙方一切合適再結婚？

問題七、婚姻是一輩子的事情，爲了要有完美的婚姻，可不可以試婚，再決定是否要結婚？

案例

試婚，你準備好了沒有？

中國古代就有實行過先同居、後結婚的婚姻形式。唐代敦煌文獻《優先婚前同居書》中有試婚的側面記載，試婚期間男人來到女家，與未婚妻同床而眠，但只能背靠背，不能性交，這樣的方法大概是在試驗對方是否忠貞。但也有一些地區的試婚是婚前有性交的同居，如紐西蘭的毛利人、馬來西亞的沙撈越和菲律賓內魯潤島上的伊羅人試婚時間與方式皆不盡相同。起於歐美、目前正在國內大肆流行的試婚，則為「性」的隨意提供了更大的方便，也成為了一種較為普遍的性風俗。

試婚男女面對的結果只有兩種：結婚或者分手，關鍵在於你是否做好了準備。美國的一項研究調查表明，二千多名同居過的男人中，有三分之二的人最終沒與同居對象結婚；而另外兩千名同居過的女人中，有三分之二的人認為自己一生都無法擺脫同居生活帶給自己的心理陰影。

資料來源：煙花人像。http://news.sina.com.tw/books/love/barticle/1503.html

□討論人生問題

試婚是現代社會流行的一種觀念和方式，究其因乃是個人主義的一項副作用，以及功利及實用主義影響所致。在功利主義及實用主義抬頭的今日，人人都以「利」來衡量人與人之間的關係與價值，由於婚姻的價值與意義在倫理問題中廣爲一般人所關注的，傳統的婚姻觀念便逐一地被大家拿出來檢視，試婚正是這股潮流的產物。

試婚這個名詞，在一般人觀念裡意味著男女雙方對婚姻觀念所採行的一些婚前行爲與態度。試婚與同居有著本質上的不同，現代男女因情感濃烈，基於共同生活有許多便利而同居一處的情形相當普遍；至於試婚則是一對感情穩固的男女，在以婚姻爲考量的前提下，爲了更加肯定將來的婚姻是否合適且爲正確的決定，而以共同生活的方式來試驗。這是基於一些嚴肅因素的考慮，也是基於一些責任的認定。

一般而言，試婚的理由大致有下列幾個：

1. 婚姻是一項選擇，在決定之前，必須有充分的考慮，一旦決定之後，就必須爲所決定的事負起責任，對其他事物來說，做選擇是相當容易的事，但就婚姻來說，卻是相當困難的事，不管別人怎麼說，婚姻本身沒有經過試煉，誰也不敢說是經得起考驗的。就好像愛情，沒有愛過的人，根本就不可能知道愛的滋味，因此，對婚姻來說，最好能有試婚的方法，男女雙方在試煉的過程中，確定能完全適應之後，再舉行結婚大典，這是具有積極的意義，也是一種讓雙方都能保證婚姻美滿的因素。

2. 婚姻主要的試煉，是基於下列幾個因素：

(1)個性：男女個性大相逕庭，將直接危害到婚姻幸福，而試婚，可以因爲二人生活在一起，進而完全了解彼此個性之間的異同，而對此一婚姻的去留作一個決定。

(2)習慣：每個人的生活習慣都不太一樣，試婚的好處，就是可以了解彼此的生活習慣是否會干擾到對方，使得對方不能盡情獲得婚姻的樂趣。

(3)修養：包括對人的尊重、對生活的態度、對生命的看法等。在共同生活中，這些修養的因素，決定了婚姻成功與否，如果等到婚後才發現差異太大，再想更正就已經困難了，同時，也會使雙方感受到痛苦。

(4)責任：包括了對人對己的態度，一人是否能對自己及他人負責，最好的試煉場，就是共同生活在一起。試婚的好處，就是可以經由沒有約束的條件下，看出對方是否是一個肯爲家庭犧牲奉獻、肯負責的人。

3.根據某些風俗習慣，當男女雙方訂婚之後，就可以住在一起，進行試婚，主要的目的是基於男方對女方的生理要求，如果對方懷孕的話，則可以正式結婚，不然就得繼續試下去，甚至如果沒有生育可能的話，則婚約就自然消失。這一種行爲，是由於在傳統社會中「不幸有三，無後爲大」的觀念盛行，婚姻的主要目的之一就是生育子女。但在今天的社會環境下，以此爲主張試婚的理由，已經非常式微，甚至不太可能存在，也不能作爲學術上的理論流行基礎。

無可諱言地，試婚是已經存在的社會現象，然而仍有多數人基於傳統倫理，認為試婚並不正當，其說法有：

1.把婚姻當成了選擇貨品，准許試用，合則來、不合則去，使得人和貨品一樣，人成了東西，人的尊嚴與價值一掃而光。

2.做為推卸責任的藉口，婚姻的舊約是束縛行動自由的絆腳石，如果用試婚制度的話，則雙方不僅可以自由選擇各自合適的對象，也可以盡情享受性的樂趣而毫無負擔，像這種方便的事，何樂而不為？更何況，人生幾何？誰敢保證婚姻必然成功？誰又能說人人都能有一完美的婚姻生活？如果沒有經驗，誰又知道有沒有能力負起婚姻的責任？

3.由於人云亦云的結果，影響了自己的判斷，以為對愛、對婚姻的神聖看法是只要兩人相愛，婚姻並不重要，制度也不重要，以此作為個人享受性樂趣，而又不需負擔責任的藉口。

從以上這些意見看來，「試婚」一名詞之由來，最先只是在社會學及心理學上的研究範疇，但慢慢卻成了許多不重視善良風俗、違背道德之人的護身符，假設這一種思想繼續發展的話，下列幾個現象是值得憂慮的。

首先，婚姻制度將會破產，婚姻的目的、愛的意義也將被扭曲，因爲婚姻的目的乃是男女雙方兩情相悅，共同願意爲社會、爲人類負起承先啓後的責任，這一份責任，乃是做爲人的基本意識，如果試婚成立，則愛的眞正意義（Agape）將被局限於性及欲（Eros），如此，婚姻也只是根據彼此的需要而結合。但婚姻是社會制度之一，也是社會制度中最基本的單位，若因隨著試婚的成立，婚姻制度必將瓦解，社會中人與人的關係和責任也將瓦解，如此又怎麼可能有一個令人信賴的人際關係？又如何能有一個「安全」的心靈歸宿呢？

再說，如果人人都以試婚爲樂，則倫理道德及善良風俗都將受到破壞，因爲人與人的責任得不到保障，人們的關係也將建立在「實用」的基礎上，結果是，任何的承諾、信約都將成爲彼此利用的工具，家庭的「安全」、「溫暖」、「信賴」及子女的教養，也都將變得可有可無了，在如此方式下成長的子女，如何能要求他們長大之後對社會付出一份責任？又如何能要求他們成爲護衛善良風俗及道德的勇士？又如何能要求他們以道德作後盾，面對人類未來的衝擊毫不畏縮？

□面對人生問題

總結以上各點，我們可知，試婚不是一個良好的制度，也不適於人類未來發展的需要，試婚除了可以滿足人們一時的需要之外，對人性尊嚴、人的基本要求、道德良心、婚姻美滿、社會制度都難有積極的作用。只有重視人與人之間的關係，並彼此尊重、了解和照顧，才能使人感受到人的價值及意義，也才能肯定婚姻的神聖。尤其在今日的社會，我們需要更多地肯定道德價值，試婚並不能幫助我們建立良好的社會、和諧的人際關係、美滿幸福的人生。

寓言

自由需要代價

貓頭鷹整晚尋覓著食物，為生活發愁以至於餓得昏昏沉沉。

看門的狗笑道：「學我吧！對主子叫兩聲，搖搖尾，就有許多美食了！」

貓頭鷹問：「你都吃些什麼啊？」

狗得意地回答：「主子吃不完的食物，美味的很呢！」

貓頭鷹問：「誰給你頸子上的鐵鍊和那個鐵籠？」

狗回答：「是主子。」

貓頭鷹說：「我才不願當個以自由換取口福的傻瓜！」語畢，振著翅膀飛走了。

注釋

註1 伍迪・艾倫（Allen Stewart Konigsberg），生於一九三五年十二月一日，為美國電影導演、編劇、演員、喜劇演員、作家、音樂家與劇作家。其電影獨具風格，範疇橫跨戲劇、脫線性喜劇，是美國目前最受尊敬的導演之一。他也以速度飛快的電影拍攝過程與數量繁多的電影作品著名，常自己包辦編劇、導演，有時甚至自己上陣演出。代表作品有二〇〇五年的《愛情決勝點》（Match Point），曾受提名為奧斯卡最佳原創劇本獎；二〇一一年的《午夜巴黎》（*Midnight in Paris*）獲得第八十四屆奧斯卡最佳原創劇本獎，在其作品中曾用黃金時代情結（The Golden Age Thinking）闡釋一種拒絕現實生活，渴望另一個舊有美好年代的心理。

資料來源：http://zh.wikipedia.org/wiki/%E4%BC%8D%E8%BF%AA%C2%B7%E8%89%BE%E4%BC%A6
http://empire.appscomb.net/op/channel_2?id=225

18
離婚

誓言是否有效，必須視發誓的目的而定；不是任何的目的都可以使誓言發生力量。

法蘭西斯・培根[1]

思考人生問題

問題一、和一個已毫無情感的人生活在一起，有意義嗎？可不可以離婚？

問題二、夫妻二人情感不睦，但爲了下一代而勉強生活在一起，有意義嗎？可不可以離婚？

問題三、奉兒女之命結婚，但結婚之後，發覺和對方個性完全不能相合，可不可以離婚？

問題四、對方如果有外遇，可不可以離婚？

問題五、遭受對方虐待，可不可以離婚？

問題六、如果對方生重病或因案入獄，可不可以離婚？

問題七、如果一方生重病或因案入獄，爲了不願使另一方痛苦，因此要求離婚，可不可以離婚？

問題八、對方生理有缺陷，婚後才發覺，不能再生活在一起，可不可以離婚？

問題九、對方心理有缺陷，如精神性疾病，不能生活在一起，可不可以離婚？

問題十、如對方個性突然變異，以致不可能再生活在一起，可不可以離婚？

問題十一、在婚前，覺得結婚很好玩，結婚後，卻發覺要負很多責任，實在令人受不了，可不可以離婚？

問題十二、人本來是自由的，所謂「合則來，不合則去」，只要兩廂情願，離婚又有何不可？

問題十三、由於錯誤的觀念或錯誤的選擇而結婚，之後，爲了求得完美的、幸福的婚姻，可不可以離婚？

問題十四、對方不能生育，在「不孝有三，無後爲大」的因素下，可不可以離婚？

案例

愛爾蘭是一個信奉天主教的國家，禁止離婚。因此，愛爾蘭人無不對婚姻大事格外慎重，生怕一失足成千古恨。

這種作法固然極端，但卻反映了其對社會基本單元家庭穩定的高度重視。與其他禁止離婚的國家不同，愛爾蘭人以高度的智慧，創造了一種兼顧傳統和自由的婚姻制度。男女雙方在結婚時，可以協商婚姻關係的期限，從一年到一百年不等。期限屆滿後，若有繼續生活的意願，可以辦理延期登記手續，否則婚姻關係自動解除。辦理結婚登記的費用，也因婚期的長短而不同，如果婚期為一年，需要兩千英鎊；如果婚期為一百年，則僅僅只需要零點五英鎊。最高收費是最低收費的整整四千倍，政府鼓勵長久婚姻的政策一覽無遺。

在愛爾蘭，還有一件耐人尋味的事情。婚期不同，結婚證書也是不一樣的。婚期為一年的新人，得到的是厚如百科全書般的兩大本結婚證書，裡面逐條逐項列舉了男女雙方的各項權利和義務，可謂一部完善的家庭相處條例；而婚期為一百年的新人，得到的結婚證書只是一張紙條，上面寫著市府首席法官的祝福：「尊敬的先生、太太：我不知道我的左手對右手、右腿對左腿、左眼對右眼、右腦對左腦究竟應該承擔起怎樣的責任和義務？其實他們本來就是一個整體，只因為彼此的存在而存在，因為彼此的快樂而快樂。所以，讓這張粉紅色的小紙條送去我對你們百年婚姻的最美好祝願！祝你們幸福！」愛爾蘭獨特的婚姻制度，在尊重公民自由的基礎上，旨在引導人們樹立一種婚姻神聖不可褻瀆的觀念。

而全然不同的結婚證書，更是說明了一個婚姻的道理：婚期愈長愈簡單，長久的婚姻是不需要也不存在明確的權利和義務的，因為愛人是左，而你是右，你即是我，我即是你。

在愛爾蘭各個市政機關辦公大廳，都有液晶螢幕顯示結婚須知：本處只辦理結婚登記手續而不辦理離婚登記。

資料來源：香港文匯網。2010/10/23。http://info.wenweipo.com/index.php?action-viewnews-itemid-37098

□討論人生問題

在今日，許多國家都已將離婚訂爲合法，我們在這裡再討論可不可以離婚豈不是很可笑嗎？其實不然，法律條文所規定是的只是一些形式，那些非形式的、潛在人心的感覺或意識，卻不是形式所能涵蓋得了的。由於離婚事件牽涉到了責任的問題，因此，基本上來說，離婚是屬於道德的問題，只有從道德上來討論，才能獲得圓滿的解答，不然所有其他對離婚的看法，都是支離破碎，不能完整解答人生的困惑及問題。

在討論離婚的問題以前，我們先要問爲什麼要結婚？結婚的目的是爲什麼？

爲什麼要結婚的理由很多，其中最基本的理由有：

1.因爲在相愛的關係中使彼此都體會到要有共渡一生、組織家庭的渴望。

2.因爲感受到有一種將自己生命交付的渴望，使自己的生命與對方的生命共融，共同創造一個幸福美滿的生活，在二人共同的努力下，使家庭成爲愛的標誌。

3.結婚代表一種許諾，美國心理學家弗洛姆（Fromm E.，一九〇〇年至一九八〇年）在其名著《愛的藝術》（*The art of Loving*）裡說，愛的特質具有責任、尊重、照顧與了解的特性，一個準備結婚的人，如果對這四個特質沒有適當的準備，則其對婚姻的態度就是不切實際的，其結果也必然是悲慘的。

4.結婚代表一種能力，也代表一種信心或信念，我相信我有能力可以照顧一個家庭，可以負擔一個家庭的責任，使家庭的每一成員因爲我而得到快樂幸福。凡是沒有能力或沒有信心的人，不是不敢結婚，就是遲遲不結婚，或是對結婚、家庭的責任感到恐懼。

5.結婚的目的是組織家庭，是使每一個人在家庭中都能獲得最完美的發展。

由上所述，可知結婚的理由基本上是因彼此相愛，是因感覺到和對方的生命融合，已是密不可分的，彼此才會想到也才會走上結婚的路，不然又何必要結婚？因此對一些剛結婚，或是對結婚、對愛有強烈信心的人，離婚是不可思議的事，但畢竟離婚是一個在社會中屢見不鮮的事實，我們應如何去面對呢？

首先，我們要說明的是，如果認爲結婚是一種錯誤的選擇而認爲可以離婚的，則誰又敢保證說，離婚不是另一次錯誤的選擇呢？更何況，離婚對一個人心理上的衝擊、生活上的調適，有時比結婚還來得辛苦。因此，凡是以錯誤的選擇爲理由而要求離婚的，必須三思而後行，也要仔細考慮當初結婚的目的爲什麼會在今天都變了質，要想一想如何使這一個婚姻具有積極的功能，而不是抱著「合則來，不合則去」的消極態度。畢竟一個婚姻之幸福與否，是雙方都應付出同等代價的，而且這種付出當是主動的，絕不是對方付出一分，我才付出半分或一分，眞是如此，婚姻的危機將會隨時出現。

再者，某些人對婚姻有一個不正確的觀念，以爲結婚證書好比是一張畢業證書，從此婚前那些關心、體貼、照顧都可拋之九霄雲外，「正式」過一個平淡的家庭生活。其實，產生這種觀念的人，多半是男生，女生則大多對婚姻的期望很高，以爲結婚以後，可以獲得比婚前更多的體貼與照顧，尤其對於「羅曼蒂克」式的幻想更多。然而婚後發覺事實並非如此，遂陷入失望，再加上某些在婚前觀察不到的缺點，使得原本對婚姻抱有的幸福感一一破滅，結果雙方就走向了婚姻的絕路——離婚。我們如果仔細觀察這些現象，可以發現許多這些事實的發生，都是因爲不成熟的人格，以及許多對婚姻的誤解。因爲婚姻不只是一個訓練場所，不只是一個有結局的東西，婚姻亦不是一張畢業證書，婚姻是二個人要共同走一生，是應該不斷成長的，因此有些人喜歡說：「結婚證書是一張入學許可。」可說是道盡了婚姻的價值及意義。

三者，有人以身體不適、有疾及不能生育作爲離婚的藉口，其實這些都是不正確的觀念，也是不負責任的看法。他們之所以會有這樣的看法，多半是基於「實用」的觀點，以爲任何東西都須具有實際效果，婚姻亦當具有同樣的效果，不然又何必結婚？結婚的目的又爲了什麼？如果這種觀念是正確的話，則我們要說，早晚有一天，我們每一個人在年老之時，恐也會被人以爲「無用」而遭社會拋棄，那時人格、人性尊嚴何在？因此，像這類看法都是不負責任的，因爲只要是人，就難免會有困難及缺陷，若以某一些缺陷或困難，來衡量一個人的整體價值，這是不夠公平的，更何況是以愛爲基礎的婚姻？以愛爲基礎的婚姻，應該是「有福同享、有難同當」的生死之交，如果因爲一些困難就生異志，未免使「婚姻」這一神聖的事物蒙羞，也會使人對人失望。

□面對人生問題

儘管今日的法律早已准許離婚的發生，今日的社會習慣對離婚事件已習以爲常，但深植於人心的渴求完美心態卻未見消失。離婚儘管有很多冠冕堂皇的理由，但否認不了一個事實，就是以愛爲基礎的婚姻失敗了，任何一方都不能推卸責任，以爲自己盡了力。在婚姻的關係中，常是「精誠所至，金石爲開」，不然在歷史上不可能有那麼多令人可歌可泣的愛情故事，也不可能有一個穩定強固的社會發展。因此，在今日，我們應少談離婚的原因，而是要多談婚姻的價值及意義，同時盡量使所有準備結婚的人，對婚姻都能有一個正確的認識與做法，才能造成美滿和諧的人生。

寓言

馬車夫的故事

齊國的相國晏子有一次外出時，乘坐的馬車正好要經過馬車夫的家門。馬車夫的妻子知道這一件事之後，便在家中打開一條門縫，向外觀望。她本來只是想目睹一下當朝相國的風采，不料卻同時看到了自己的丈夫在替相國駕車路過家門時，竟是那樣神氣活現地坐在車前的大傘蓋下，洋洋得意地揮舞手中的鞭子，目無行人，昂然前進，好像替相國駕車，自己也成了相國似的。

晚上，馬車夫回到家中，白天那種自我陶醉的情緒還沒有消失，妻子卻鬧著要與他離婚，這真是一個晴天霹靂，一下子將馬車夫打入了五里霧中，半天摸不著頭腦。他百思不得其解地追問妻子鬧離婚的緣由，妻子盛怒未消地說：「晏子是齊國的當朝相國，學問與名望在各國諸侯大臣中間有口皆碑、如雷貫耳。可是，今天我看他坐在車上，儀表端莊，態度謙和，思想深沉，令人敬佩。而你只不過是為他駕車的一個馬車夫而已，卻在車上趾高氣揚，不可一世，自以為多麼了不起，在趕車時竟不把路人百姓放在眼中。像你這樣胸無大志的人，將來怎麼會有出息呢？所以，我要與你離婚！」

妻子的一番數落，使馬車夫發現了自己的淺薄和無知，頓感羞愧萬分，無地自容。從此以後，他徹底改變了自己的生活態度，不僅勤奮好學，而且謙虛謹慎，終於用實際行動贏得了妻子的諒解。

馬車夫的變化引起了晏子的注意，他好奇地探詢其中的緣由。馬車夫坦誠地將妻子的批評和自己的決心和盤托出，令晏子十分感動。他不僅欣賞馬車夫的妻子志存高遠、超凡脫俗的境界，而且稱讚馬車夫知錯即改、從善如流的精神。後來，晏子果然在齊國國君的面前，推薦這位馬車夫做了大夫。

馬車夫的故事說明，只有無知、無志之人才會盲目驕傲，而勇於正視自身的缺點並能認真加以改正的人，一定會有出息。

資料來源：http://www.minghui-school.org/school/article/2008/12/6/74446.html

注釋

註1　法蘭西斯・培根（Francis Bacon），出生於一五六一年一月二十二日，卒於一六二六年四月九日，為英國散文作家、法學家、哲學家、政治家，是古典經驗論的始祖。十二歲入讀劍橋大學三一學院，攻讀神學、形而

上學，同時學習邏輯、數學、天文學，以及希臘文和拉丁文；一五七六年大學畢業後便與英國駐法國大使一起前往巴黎，擔任英國駐法使館的外交事務祕書，並學習統計學和外交；一五七九年，因父病逝辭職回英國；一五九三年當選為下議院議員，一六一七年出任掌璽大臣，一六一八年擔任詹姆斯一世手下的大法官（Lord Chancellor），並被授予維魯拉姆男爵的稱號，一六二一年晉爵為聖阿爾本子爵。晚年因國王受賄案而被判有罪，但得到國王赦免，後來閉門著書，生活頗為凄涼，卻在學術上卓有成就，之後感染風寒一病不起而去世。培根死後，亨利．沃登爵士為他題寫了墓志銘：「聖阿爾本子爵，如用更煊赫的頭銜應稱之為『科學之光』、『法律之舌』。」培根的科學方法觀是以實驗定性和歸納為主，他對科學方法上使用的數學和演繹法採取不信任態度；在方法上，他自有獨創之見，但並無立即得到應用，一直到十九世紀由於地質學和生物學中進化論的發展，培根的定性－歸納方法才受到人們的重視。在評價培根的方法論時，馬克思曾說：「科學是實驗的科學，科學的方法就在於用理性的方法去整理感性材料，歸納、分析、比較、觀察和實驗是理性方法和重要條件。」在應用科學方面，培根感興趣的主要是工匠的技術和工業生產過程，因而他被稱作「工業科學的哲學家」。其主要著作有《學術的進展》（一六〇五）、《新工具論》（一六二〇）、《論說文集》（一五九七）、《亨利七世本紀》、《論事物的本性》、《各家哲學的批判》、《自然界的大事》、《論人類的知識》、《培根人生論》。

資料來源：https://zh.wikipedia.org/zh-hant/%E5%BC%97%E5%85%B0%E8%A5%BF%E6%96%AF%C2%B7%E5%9F%B9%E6%A0%B9

19

墮胎

擦掉一條生命只要一瞬間，擦掉一瞬間需要一生的時間。

金・莫里生[1]

思考人生問題

問題一、如果妻子懷孕後，發現生下的小孩有畸型的可能性，是否可以墮胎？

問題二、如果出於非自由意志（如被強暴……）而懷孕，是否可以墮胎？

問題三、因爲在婚前性關係致使懷孕，但又沒有能力撫育嬰兒，是否可以墮胎？

問題四、夫妻雙方在家庭計畫過程中，原不打算在某一段時間內有小孩，卻懷孕了，是否可以墮胎？

問題五、墮胎是婦女對自己身體的自主權嗎？

問題六、有人主張母體懷孕後，在三個月之內，胎兒不算具有生命，墮胎不會妨害母親的健康，因此可以墮胎，這種說法合理嗎？

問題七、現代青年人的性問題非常嚴重，與其懷孕後找密醫，不如乾脆將墮胎合法化，免得因爲醫療不當造成更多的人受到傷害，這種主張合理嗎？

問題八、墮胎是世界性的問題，許多歐美先進國家已將之合法化，爲什麼我們就不能？

案例

愛爾蘭擬放寬墮胎法　主教反對

愛爾蘭天主教領袖二十四日在耶誕文告中呼籲信徒向政府施壓，不要讓墮胎合法化。

愛爾蘭是目前唯一將墮胎列為非法的歐洲聯盟（EU）國家，遭歐洲人權法院批評後，愛爾蘭準備立法核准有限度墮胎。愛爾蘭醫療人員十一月拒絕一名印度婦女墮胎，這名孕婦後來因為敗血症死亡，這起事件引發激烈辯論。在以天主教徒為主的愛爾蘭，墮胎是高度意見分歧的議題。愛爾蘭總理肯尼（Enda Kenny）將提出法案，要求國會通過，在母體有死亡風險的情況下可墮胎。主教布雷迪（Sean Brady）在耶誕文告中說，希望所有相信基本生存權的人，能以合理但直接的方式向所屬選區的國會議員表達意見，沒有任何政府有權剝奪一個無辜生命的生存權。

資料來源：中央社。2012/12/25。

□討論人生問題

墮胎的問題，在近幾年來，是一個相當引人爭議的議題，不只是牽涉到倫理問題（良心、醫德），也牽涉到人性的尊嚴及對生命意義的探討，我們現在就贊成與反對雙方的意見加以陳述並予以討論。

贊成墮胎的人，他們主張女性對自己的身體有自主權。從前，女人多半作爲男人的附屬品，甚至被當作物品般買來送去，今日的社會是男女平等，女性應當有作決定的權利，包括對自己的身體。墮胎與否，應由女性自行決定而不需他人干涉，亦毋須背負道德譴責。

其次，他們認爲胎兒在三個月之內尚未成形，不足以構成生命的條件，因此，此時墮胎可以不需負任何責任，對生命也無任何的不尊重。

此外，根據人道原則，對一個婦女來說，被強暴之後，其身心已經受到相當大的摧殘，如果不幸又懷孕，接下來每一天所面臨的都是那些惡夢。從人道立場來說，還不如讓其墮胎，免得再受心靈的折磨。

贊成的第四個意見是，如果墮胎不被允許的話，那麼，將有許多婦女會尋找不合規定的醫生進行墮胎，與其讓這些婦女得到不合適的照顧，還不如乾脆公開、合法，也好讓這些婦女受到妥當的醫療照顧。

從教育的原則來看，一對不懂事或對未來根本還不能負責的青年男女，因一時糊塗而懷孕有了小孩，在雙方身心皆未成熟的情形下，如果將小孩生下來，可能會給社會造成很大的困擾，社會不但要負擔這一對青年的問題，還要負擔這一個嬰兒的問題，太不合乎教育的原則，如果墮胎能合法，問題可以減少一半，在教育的效果上來說，也可以事半功倍。

第六個贊成意見是經濟糧食的問題，每年的人口呈驚人的速度上升，而土地資源又愈來愈有限，假如我們允許人口無限制地成長，將來生存的問題將愈形嚴重，墮胎不失爲有效的方法之一，政府甚至還可以訂定每一家最多只能有多少子女，超過此標準的家庭，可以從加稅、生活必需品不予優待等來遏止。

第七個贊成意見是家庭計畫的問題，許多現代家庭，基於經濟環境、生存空間等問題，都已規劃家庭計畫，但有的家庭不幸計畫失敗，如果允許胎兒生下來，會破壞家庭計畫；墮胎如果被允許的話，則可以使這一個家庭仍能按計畫使全家人獲得幸福快樂的生活。

從心理復健的因素來說，墮胎如果不合法的話，將造成更多心理困擾的人，嚴重的話，還會造成社會問題。如果墮胎合法，則可以減少許多人的心理困擾，也可以減輕社會的問題，何樂而不爲？

從道德原則來看，道德不是一成不變，道德是根據人的需要而訂定的，同樣地，法律也是根據人的需要而訂，假如道德法律不能適應人的需要，為什麼不能更改？為什麼一定要食古不化？太不合乎做人的原則了。

從上所述，贊成墮胎的人，從各個不同的角度來主張。但反對墮胎的人，也有他們的看法，其中最具代表的是天主教中國主教團，他們在民國七十三年元月三十一日發表了一篇聲明，反對墮胎，茲將其全文錄於後，以供參考：

1.「尊重生命」、「不可殺人」是絕對不容違反的天然或自然法，是保障人權的基本要義；胎兒自受孕開始，即具有人性的生命，是發展中的「人」，非一塊單純的血肉，所以墮胎就是殘殺無辜的「人」。

2.中國文化的基礎是「行仁」，中國倫理的原則是「道義」，中國哲學的傳統是「生命」；墮胎是不仁不義，不重視天賦的生命，墮胎合法化是破壞並否定中國文化的根本。

3.我國《憲法》第十五條：「人民之生存權……應予保障。」《民法》第七條：「胎兒以將來非死產者為限，屬於其個人利益之保障，視為既已出生。」故《刑法》禁止墮胎，設有專章，緊接在殺人罪及傷害罪之後。墮胎如合法化，乃廢棄敦厚勸善、嚇阻凶殺的良法。

4.主張「有條件合法化」者所提出之條件，都著眼於功利實用而罔顧道德原則。

5.我們正在復興中華文化，建設一個高度道德的社會，不能取法於某些物質文明雖進步而道德精神卻墮落的國家，使墮胎合法化。

6.非法「祕密墮胎」不能是「公開墮胎」合法化的理由，「不忍傷害母親的身心健康」更不是可以作爲「忍心殺害胎兒生命」的法律基礎。

7.墮胎合法化是鼓勵墮胎，勢必導致其他可怕的遺害，如性犯罪的氾濫、醫療的糾紛，尤其對生命尊嚴的無視。

8.醫師的職責是「救」、「治」，不是「殺」、「害」，墮胎是蓄意地直接殺害，嚴重地違反醫德。

9.墮胎如合法化，是「不可殺人」的道德提防爲實用原則所衝破，後果將不堪設想，如老弱殘障或其他不受歡迎的人民，豈非也可用同樣原則予以「合法」地消滅嗎？

10.合乎人道的社會政策，應爲「人」而解決「問題」，不應爲「問題」而解決「人」，尤其是對這些無辜的、不能抗議自衛的胎兒。

□面對人生問題

從前所述，贊成與反對的二派意見中，主要的核心爭論是生命的起源、道德良心及人道、家庭計畫、社會現況等問題。

從生命的起源來說，假如在懷孕三個月前胎兒不能算有生命的話（根據亞里斯多德的定義，凡具有生命的東西，皆稱之爲生物），那麼他應該算什麼？生命的尊嚴是任何人都不能否認的。從道德良心及人道來說，在保全生命及保障婦女的榮譽感二者來取捨，生命的保障應該甚於榮譽的保持，因爲生命消失之後不可能再有，而榮譽喪失了仍然可以再爭取回來。從家庭計畫來說，事前的教育、預防及事後的補救，應雙管齊下才是良策，單有墮胎合法，解決不了任何社會問題，家庭計畫中，節欲尤應甚於節育才是良策。就社會現況而言，對青少年應落實性教育，而對年輕男女更應作好婚前教育，加強對生命尊重的觀念，方是根本之道。

寓言

沉淪與升華

滾滾江邊，人們忽然發現，一名女子正向江邊走去。一位青年飛快地向女子跑去，女子與青年拉扯，青年將女子往淺水區一推，卻使自身陷落深水區，不會游泳的青年在精疲力竭之下滅頂了。

一個聲音疑問道：「孩子，為何不熱愛自己生命，選擇死亡呢？」

青年回答：「正因熱愛生命，才希望別人的生命不要沉沒，當命運只准一人活著時，我選擇讓他人活，既然只能以我的死換取他人的生，那就讓我沉沒吧！」

無數生者以深情呼喚青年，以鮮花表達敬意，將青年的感人事蹟四處傳揚。

聲音說：「孩子，你在生命的河流中選擇自己的沉沒，但你的生命卻在這個沉沒之中得到升華，在沉沒中永恆。」

注釋

註1 金・莫里生（Jim Morrison）生於一九四三年十二月八日佛羅里達州摩爾本市，卒於一九七一年七月三日，為美國音樂明星。畢業於洛杉磯加州大學電影學院研究所，畢業後與同學曼・扎里克（Man Zarek）等四人組成門戶樂團（The Doors）。後來因過量吸毒酗酒，受到法律的制裁後，逃亡法國巴黎，一九七一年七月三日在浴缸中死亡。出版的專輯有《大門》（一九六七）、《奇怪的日子》（一九六七）、《等待太陽》（一九六八）、《軟弱的行軍》（一九六九）、《莫里生旅館》（一九七〇）。

資料來源：http://zh.wikipedia.org/wiki/%E9%96%80%E6%88%B6%E5%90%88%E5%94%B1%E5%9C%98

20

自殺

我現在有一股力量，可以忍受一切，熬過任何苦難，因為我可以不斷對自己說：「我存在。」在百般煎熬中，我存在！即使遭受極大的痛苦，可是我存在！即使獨自坐在黑暗中，我存在！我看得見太陽；就算看不見，我也知道它存在。

杜斯妥也夫斯基《卡拉馬佐夫兄弟》

思考人生問題

問題一、人可不可以自殺？

問題二、人可不可以自由處理自己的生命、身體？或者人對自己的生命或身體擁有主宰權、控制權？

問題三、爲了某些特殊的理由，例如：年老、生重病、受性侵害等，是否可以自殺？

問題四、如某些哲學家所說：因爲討厭這個世界、或已盡完了生命的義務、或已徹底了解了生命的意義，沒有再活下去的必要，此時是否可以自殺呢？

問題五、爲了給別人立下一個不怕死的榜樣或死的勇氣，此時是否可以用自殺的方式來表示呢？

問題六、爲了國家，在戰爭中不幸失敗或被俘，由於不願受屈辱，是否可以自殺？

問題七、爲了自己的或國家的理想，是否可以自殺？

案例

男友另結新歡要分手　孕婦殺三子再自殺　釀四屍五命

俗話說「虎毒不食子」，但在英國卻出現了一起母親狠心殺害三子女，之後再自殺的慘劇。一名二十三歲的女子費歐納・安德森（Fiona Anderson），懷有八個月大的身孕，她和二十四歲的男友麥克雷倫（Crag McLellan）大吵一架後，先持刀刺傷男友，接著再殺了三名子女，最後選擇跳樓身亡，總共造成四屍五命的悲劇。

這起人倫悲劇，發生在十四日晚間。據英國《每日郵報》報導，家住英國洛斯托夫的費歐納，當天晚上和男友爭吵，男友要求和費歐娜分手。費歐納一聽情緒激動，無法接受男友背叛的事實，竟拿起刀將男友刺傷。

費歐納隔天早上八時左右，被人發現陳屍在住處附近的停車場，就在三小時後，警方在家中發現費歐納三名孩子的屍體。對此費歐納的男友和母親感到難過不已，費歐納的家人表示，女兒出現心理健康方面的問題，儘管他們已經盡量幫助她，但仍無法阻止悲劇發生，她給自己太多的壓力了。

悲劇發生之後，費歐納的家門外堆放著將近四十隻玩偶和鮮花，男友和母親相擁痛哭，母親難過地表示「我失去了一切！」

資料來源：林保宏。NOW今日新聞。2013/4/18。http://www.nownews.com/2013/04/18/138-2927912.htm

□討論人生問題

自殺，自古以來一直是一個令人爭論的問題。從現象上來看，意圖自殺者往往對死亡有似是而非的迷思，例如「死了可以一了百了」、「死了可以解脫」、「死了可以減輕別人的負擔」、「人生沒有什麼意義」等等，之所以產生這些迷思，究其原因還是與人生價值及認知信念有關。法國社會學大師涂爾幹（Durkheim D.，一八五八至一九一七年）在《自殺論》中指出，傳統集體主義轉變到現代個人主義的價值取向過程中，社會關係的斷裂疏離、傳統倫理規範的瓦解脫序，皆是增加自殺發生的原因。由此可知，自殺不只是心理問題，同時也是社會問題、文化問題等多面向、多重因素交互而成的。

大部分的學者都承認，「自殺事件」基本上是一個倫理問題，也是一個人生基本價值觀的問題，由於價值判斷的標準有不同的認定，因此，對自殺的看法也就有了不同的態度。

在歷史上，關於自殺的討論，可分成二種立場：一是贊成自殺，一是不贊成自殺。

贊成自殺者的看法不全相同，大致上可分成二類：一是認爲每個人對自己的生命有主宰權，自己願意如何，都可以去做，就如同自己的身體完全聽命於自己的思想一樣，因此，只要自己願意，自己可以隨時隨地結束自己的生命，不需要、也沒有義務必須要徵得他人的同意；

另一類贊成自殺的人的看法是較消極的，他們認爲人的出生都是不情願的（其中之一的論據是，沒有人在出生之前，其父母曾徵得他的同意），因此，人沒有責任、也沒有義務去保存這樣一個非自己所願的生命或身體（例如不滿意自己身體的形狀，不滿意自己的能力及生理、心理的狀況），自殺自然是解決此種不情願的最佳方法之一，因此，自殺是可以被允許的，而且自己也有權利這樣做。更何況，自殺成功的話，可以使自己與那些討厭的人、討厭的事，甚至討厭的世界永遠隔絕，不再感到困擾。那些世人所謂的榮譽、成就、親情、友誼都可以不再煩心，眞是一了百了，因此，自殺不但可以、也應該是可以鼓勵的事。

再者，當面臨到人格的衝突時，他應當有權決定爲了衛護自己人格的尊嚴而堅持到底，堅持到底的方法有二種：一是不顧一切地奮鬥、拚命，另一種就是爲了保持自己人格的尊嚴不受屈辱，而用自殺的方式來明志。有勇氣、有能力的人，可以選擇前者，能力不足或勇氣薄弱的人，則可以選擇後者。所用的方法雖然不一樣，但其目的則相同，因此，不論從倫理學的觀點、社會的評價，以及從個人的利害來看，自殺都是行得通的，也可以被大家所接受。自殺雖然並不是勇者的表現，但由於環境所限，自殺者敢於選擇此一方式，畢竟也算是勇敢的表現，至少不是一個苟延殘喘的偷生者，因此人是可以自殺的。

至於不贊成自殺者的理由則更多，理由如下：

首先，他們認爲人生命的主宰權不在自己，因此，人不可以自殺。從宗教上來說，根據生命神聖原理（the principle of life），認爲人的生命是由造物者所賜，人對自己的生命只有使用權，而無主宰權；從理論來說，「身體髮膚，受之父母，不得毀傷」的金科玉律一直影響著我們，孔孟以來的儒家，基本上認爲人類生命乃父母所賜予，因此人應當愛惜自己的生命才算是盡孝。即使如道家與禪宗視生死一如，但在自然無爲的至高前提下，原則上亦視自殺爲一種造作有爲而反自然的無益之舉。

其次，如果按照功利主義所說，人生的目的是快樂，因此，自殺是可以理解的。但大多數倫理學家懷疑自殺的行爲具有倫理價值，亞里斯多德也認爲自殺是一件懦弱的行爲，他說：「爲了要逃避貧窮、失戀，或任何痛苦的事而死，不是勇士，乃是懦夫，因爲逃避困難便是懦弱，自殺的人不是因爲榮譽而選擇死，乃是爲逃避困厄。」（Nic Ethics, III, 7）按照他們的看法，認爲如果爲了一些困難而自殺，那是弱者的行爲，是沒有勇氣面對困難的人。眞正的勇者乃是能愈挫愈勇，不怕任何困難，只有這種人才是眞正有道德勇氣的人，自殺不但不值得鼓勵，且是一種弱者的表現，因爲如果人人都以自殺來表示，人是死了，但問題並未因此獲得解決，因此，不可以自殺。

爲了榮譽而死，也是爲反對自殺者所不贊成的，他們認爲榮譽雖然有時比生命更寶貴，但爲反抗侮辱、保護榮譽應當還有其他方法。同時，自殺也不是解決問題的根本方法，菲希特（Fichte G.，一七六二至一八一四年）更從道德方面來辯論這個問題，他以爲一個自殺的人，等於是不再盡本分了（Sittenlehre，IV 263）。同時他們還以爲，爲榮譽而死的人，他們的行爲雖然值得欽佩，但他們對生命的了解卻是不正確的，因此，自殺是不值得鼓勵的。

在生活方式與思想文化日益多元而開放的今日社會，愈來愈多人敢對傳統以來反對自殺的論調進行反思，認爲自殺的是非對錯不可一概而論，在某些特殊的生命境況下，自殺或許是合理且有意義的人生行爲。例如在高齡化的社會裡，人們壽命普遍延長，假設某人已活到百歲，雖無特殊病症但已無行動的能力，自覺生不如死，於是自動停止飲食，如此告別人間，難道也算是自我逃避的反自然行爲嗎？

不過，就反對自殺的立場而言，所謂年老、多病或生活無依的人可以自殺的說法，仍是不被接受的。因爲那些年老、多病或生活無依的人自殺後並不能解決社會問題，另一方面人性的尊嚴也因此受到傷害，難道說，人到了「無用」之時就該毀棄了嗎？畢竟人和其他動物是不一樣的，爲了人性尊嚴，爲了社會道德、善心的建立，是不可以自殺的。

□面對人生問題

從以上所列舉的各項贊成與不贊成自殺的理由中，我們可以發現，人生哲學的目的是在探究人生的意義，發揚人生的價值，提升人生的理想，如果違背了這一觀點，都不是我們所要追求的，也不是人生的最終目的。因此，重病、年老、失戀、失業、表現死的勇氣等，這些都不構成自殺的條件。多方肯定人生的價值與積極可愛的意義，當可破除消極厭世的自殺迷思。

寓言

如此惡狼

狼被一隻飢餓的獅子追到了山崖邊，眼見再沒有退路，狼對獅子吼叫：「你若再追，我就跳崖，自殺！自殺！」

對此，獅子嗤之以鼻，根本不理睬狼的這種所謂的最後抗爭，依舊猛撲上去。於是，狼長嘆一聲，無可奈何地跳下了山崖。

幸運的狼並沒有死，而是被山崖邊的一棵大樹掛住，待獅子走後，牠慢慢地爬上來。牠舔著傷口想：能以死來與強權進行抗爭，這真是了不起，我的精神升華了呀！

但是，當這隻狼把小羊追得一頭撞在大樹幹上，把小鹿追得一頭撞在大石頭上，把小兔子追得一頭撞在地上時，狼非但沒有感到牠們精神上的升華，還喜滋滋地把牠們的屍體撕碎了吃掉。

狼嘟囔著：「這是牠們自絕於世界啊！」

資料來源：http://www.epochtimes.com/b5/5/10/19/n1090852.htm

21
安樂死

人的生命，擁有不可衡量、不可思議的力量。
池田大作

思考人生問題

問題一、何謂安樂死？

問題二、醫生或親人有沒有權利決定病人的死？

問題三、病人可不可以要求醫生或親人設法使病人早死？

問題四、讓病入膏肓的人慢慢等死，是否人道？

問題五、安樂死是否鼓勵人自殺？教人自殺？

問題六、對於絕症，可以安樂死的話，萬一他日發現新藥可以救治此絕症時，將如何是好？

問題七、是否所有無法救治的病人，都可以使用安樂死？

問題八、是否所有的安樂死都可以合乎人性的原則或道德的原則，是否都有其邏輯可循？

問題九、政府或醫療機構是否有權根據某些原則，主動將殘廢者或無用者予以安樂死？

案例

頑強的生命不殘缺

步軍出生軍人家庭，從小立志從軍。三十四年前，十八歲的他如願入伍。但在一次執行任務中，步軍的頸椎受到重創，造成高位截癱，頭部以下失去知覺。

在經歷了三、四年的消沉後，堅強的他開始重新思考人生。「我要證明自己活著有價值、對社會有貢獻。」在醫院臥床三十三年後，僅頭部能活動的步軍出版了自己的經濟學著作，並獲得業界的首肯。

專著出版三個月後，因病重醫治無效，步軍因膽源性胰腺炎、膽道手術並發膽道感染伴多臟器功能衰竭，而離開了這個世界。

十一月二十九日，浙江榮軍醫院的多位醫護人員首次在一位患者去世半個月後，圍坐在一起，共同緬懷他的頑強精神與堅毅品格：「他深深地震撼人們，苦難中堅守理想，書中每一字都是他用生命寫成的。」

資料來源：羅旭。《光明日報》網站。2012/12/30。http://big5.xinhuanet.com/gate/big5/news.xinhuanet.com/politics/2012-12/30/c_124166894.htm

□討論人生問題

何謂安樂死？按其最初的涵義，是指一種善良的、榮譽的死亡，到了現代，安樂死的意思則成了「藉醫生的幫助，使得死亡舒適而沒有痛苦」（G Eillig，On Euthanasia）。就最初的涵義來說，所謂善意的、榮譽的死亡，是一種不論在人性上、生命上及道德上都值得崇敬的赴死行爲，例如軍人爲了保衛國家而從容赴義，革命先烈爲了建立民國而慷慨就義，又如一位血性人物，爲了挽救頹廢的社會風氣而殺身成仁，像這些視死如歸的行爲都是安樂死。到了後來，由於這種成仁取義的例子並不多，同時那些因病而自願死亡的人，也有一種解脫痛苦的方法，乃借用「安樂死」的名詞，重新定義爲「藉醫生的幫助，使得死亡舒適而沒有痛苦」，安樂死成了依病人的要求，在面臨死亡時，藉由醫生的幫助，能夠坦然地面對痛苦且安心地接受死亡。如此，安樂死的意義，不但在其意義上具有廣泛的目的，就是在內涵上也具有鼓勵人勇敢面對死亡的意義。

到了二十世紀，安樂死的定義與方法呈現多樣化。有人主張安樂死是「助人死亡」，也就是說，在病人自己的要求下，直接殺死無法救治的病人。自從班丁（Karl Binding）、荷奇（Alfred Hoche），以及國家社會主義興起以後，安樂死的意義又成了「在官方的設計及指導下，將精神病患者和殘疾者，加以毀滅」。到了今日，在許多國家中，都有人保護這種「助人死亡」的辦法，其花樣繁多，且相當普遍，如英國的「自願安樂死協會」（Voluntary Euthanasia Society）（後改名爲出路【Exit】）所出版的《自殺指南》（*How to commit Suicide*）就是一顯明例子，他們不但要安樂死，且認爲爭取「尊嚴的死亡」（Death with Dignity）乃是基本人權之一。

從以上簡單的敘述看來，安樂死是一個相當具有爭執性的名詞，我們在討論這個題目前，先要明白安樂死最看重的人權及尊嚴二個名詞。

所謂人性尊嚴就是「人類那種不可轉讓的價值」（Gabriel Marcel，*The existential Background of Human Dignity*），這是一種屬於人的權利，是人生而具有的權利，是不能被任何環境、任何人所抹殺的。因此，所謂的人權、所謂的人性尊嚴，就是對這種不可轉讓的價值的堅持。

不可轉讓的價值有哪些？第一就是人是屬於理性的存有，是附在肉體中的神體（Embodied Spirit）的價值，是一個以精神爲中心，發揚精神實體的價值。第二是對基本權利平等的價值，每一個人所具有的基本權利是不容被抹殺、被他人所篡奪，這些基本權利包含了生存權及屬於人的一切權利，也就是所謂的「天賦人權」。第三是愛人及被愛的權利，每一個人天賦有愛人及被愛的權利，絕不可因法律或政治或其他因素，使得這個權利受到傷害。

以上這三種權利都是不可轉讓的價值，由這種價值來看安樂死，我們就可以很明顯地看出，凡是勸人自殺或在官方的設計及指導下，將精神病患者和殘疾者予以毀滅等，都是不合乎人性尊嚴的原則，甚至於連所謂的「尊嚴的死亡」也不合乎人性尊嚴，非基本人權。因爲所謂的人權及所謂的人性尊嚴，是附加於人身上的，必須先有人的存在，才有人權，才有人性尊嚴；沒有了人，這些權利皆爲空談。因此，存在，必然先於人權和人性尊嚴，凡是講尊嚴死亡的人，本身就沒有對存在抱有任何的尊嚴，儘管他求死的態度是嚴肅的，仍然不能使得生命及他的存在因他的死亡而有任何尊嚴、人權可言。所謂的「尊嚴死」實在是一個似是而非的看法，也可以說，所有要求自己在他人面前保留最好形象而死去的看法，其實都是因爲對自己「做爲人」的眞正意義及目的不了解，才會有的錯誤想法。

其次，有人會問，人有沒有權利決定自己生命存在的型式？如果有的話，人當然可以選擇安樂死，如果沒有的話，爲什麼？

按照人生哲學中對生命問題的看法，人的生命不能完全由自己負責，因爲一個生命的成長，不是一己之功，是經過父母、他人、社會、國家的培養所慢慢成型的，因此，一個人的生命不只是要對自己負責，也要對社會、國家負責，凡是那些說自己可以對自己生命負責，自己可以控制自己生命的看法，都是荒謬的看法。

既然安樂死、尊嚴死都是違反生命的本質，因此，任何做醫生的，絕不可因病人的要求，而助其早死，國家或官方更不可因其政策的利益，下令殺害殘疾者或病人。同樣地，病人也不能因其病症的痛苦而向病症屈服，要求早死，這不是生命價值的目標所在，也不是生命的意義。幾年前國劇名伶蔣桂琴小姐，她忍著疾病，勇於表現生命價值的精神，實在令人敬佩；同樣地，戰士爲國犧牲的故事，絕對也比這種所謂的安樂死、尊嚴死來得有意義、有價值。由此看來，一個醫生的責任，絕不是助病人死亡，而是要盡一切可能治癒病人，爲了達到這個目的，他可以使用藥物或止痛劑來減輕或消除病人的痛苦，即使會引起半昏迷的副作用，仍可以根據處方讓病人服用。當然，從另一方面來說，任何人沒有責任使用「非常的」方法來維持病人的生命。一旦各種方法都無法避免死亡，醫師與病人及其家屬，都可以根據良知，拒絕使用那些效果有限的方法。

因此，我們可以這麼說，只要不是以縮短生命爲直接的目標，我們就不反對部分或完全沒有痛苦的死亡，也就是說，在原則上，我們應當使用適當、合理的方法減輕病人的痛苦，即使病人的病症已完全無治癒的希望，病人準備死亡的能力，仍然不能被剝奪，因爲，病人的勇敢面對死亡，本身就是一種教育，就是一種啓發生命內在精神及意義的能力，我們不可忽略生命對人的價值及意義。

□面對人生問題

據一九九○年蓋洛普民意測驗，百分之五十八的美國人民相信，患有絕症的人有其道德權利結束自己的生命。然儒家千年來的觀念，仍影響吾人，《論語》：「身體髮膚，受之父母，不可毀傷，孝之始也。」就是指一個人的生命，不但要對自己負責，也要對父母、社會、國家負責，因此，凡是主張尊嚴死或自殺的人，基本上來說，都忽視了他人對他的權利，都是不道德的，更有甚者，有些國家或機構，主張殺害殘疾者，不但是不人道，更可以說是謀殺了。

安樂死的意義被唯物主義者和享樂主義者所扭曲，結果是打著尊重個人自由的幌子，行其一己之私利，這是我們絕對不能學習的。

眞正的安樂死，是一種教育，是一種啓發，是幫助我們了解何謂死亡，使我們有勇氣敢於面對死亡，敢於接受死亡的挑戰，甚至於能戰勝死亡，只有這樣的死亡，才是眞正合乎人性尊嚴的、合乎人道的。最近所提倡的安寧病護，較符合這樣的死亡方式。

寓言

莊子[2]鼓盆

莊周之妻去世了，惠子與友人一同前往探視，到了莊周家，莊子之妻的木棺停在屋角，莊周非但沒有落淚，反而坐在地上敲著盆、唱著歌。

惠子不解問莊周。莊周答：「妻子剛逝世時，我悲傷不已，但細想她本是從冥冥中來，本無生命，沒有形體、氣息。如今生命到了盡頭，此過程如同四季循環般的自然，她回歸自然，安睡在天地的懷抱中，我若在一旁痛哭，是多麼不明智的舉動。」

注釋

註1 池田大作生於一九二八年一月二日的日本東京，是位作家、攝影師。家中以海藻業營生，在八名子女中排行第五，畢業於日本富士短期大學。池田生長的年代，是日本在軍政府的領導下舉國往戰爭路線發展的時期。池田曾任日本創價學會會長（1960-1979）、一九七五年任國際創價學會會長、一九七九年任創價學會的名譽會長等職。曾與阿諾爾德·約瑟·湯因比共著《面向二十一世紀的對話》、與金庸合著《探求一個燦爛的世

紀》，一九九六年的《新人間革命》。

資料來源：http://zh.wikipedia.org/wiki/%E6%B1%A0%E7%94%B0%E5%A4%A7%E4%BD%9C

註2 莊子約出生於西元前三六九年，約卒於西元前二八六年，名周，約與孟子同時，戰國時代宋國蒙人（今安徽蒙城人，另說今山東東明縣人），曾任漆園吏。為著名思想家、哲學家、文學家，是道家學派的代表人物，老子思想的繼承和發展者，後世將他與老子並稱為「老莊」，他也被稱為蒙吏、蒙莊和蒙叟，據傳，嘗隱居南華山，故唐玄宗天寶初，詔封莊周為南華真人，稱其著書《莊子》為《南華經》。

資料來源：http://zh.wikipedia.org/wiki/%E8%8E%8A%E5%AD%90

22
責任

人把自身分裂成為精神和肉體、理智和感覺、靈魂和軀體、責任和意欲……，他對事物的看法隨著這種分裂而改變。……人的生存不可能不分裂，然而人不能滿足於這一分裂。他克服這一分裂，超越這一分裂的方法，顯現了他對自身的認識。

卡爾・亞斯培[1]

思考人生問題

問題一、何謂責任？
問題二、為什麼要負責任？
問題三、自由和負責任有無關係？有沒有衝突？
問題四、倫理和責任的關係是什麼？
問題五、在當今的時代，提倡負責任有沒有意義？
問題六、責任和人際關係的相關性如何？
問題七、負責任的人是不是就是常常吃虧的人？

案例

孩子，別人也在吃飯

有些餐廳貼出告示拒絕吵鬧的孩子入內用餐，馬上遭到家長批評。有些事是要主動做、別等別人開口，就像教導孩子在公共場合表現出適當的舉止，別引起旁人的麻煩了，還理不直氣壯。

桃園一家麵館張貼公告：「如果你不能好好控制你的孩子，請你們不要進來用餐。」不少家長覺得受辱，氣得大罵。在店門口貼「不歡迎」的公告，確實惹人反感，但其實餐廳業者之所以會這麼做，也是基於遇過孩童吵鬧的不愉快經驗，自覺忍耐已到極限。店家這張告示，應只是針對特定對象而發，誰料，卻冒犯了眾多為人父母者。有的家長說：「看到這告示，就不想進去了。」另有人說：「孩子不吵鬧，就不叫孩子了。」前者，是個人的選擇；後者，則是父母教養的態度有問題。

孩子難免吵鬧，但父母的責任就在於教導孩子分辨在不同場合學習適當的舉止。即使在家中吃飯，也不宜隨意追鬧，何況是在其他人正在用餐的半公共場合。父母即使不能要求孩子學會全套的餐桌禮儀，至少要讓他們知道，讓其他顧客安心進餐是一種禮貌，是對他人的基本尊重。

資料來源：聯合報新聞網。2013/4/26。http://blog.udn.com/jun5238/7545169

□討論人生問題

在現今個人主義高唱的時代，有許多人以爲，談責任實在是不太合乎時代精神，尤其在一個功利主義的時代裡，責任唯一的功能就是爲自己，爲了達成個人的目的，不惜犧牲他人的福利，因此，有人說，這是一個不負責任的時代。

但是，從另一個角度來看，這一個時代之所以會如此紊亂，就是因爲太多人不能負起自己應負的責任，把許多自己應負的責任推托給他人，成了他人的負擔。因此，正本清源之法，就是讓我們負起我們每一個人應負之責，如此，社會才會獲得平安和祥和。

那麼，何謂責任？就是對自己的行爲擔起應負的結果，凡是能如此的人，就稱之爲負責任，不然，就是不負責任。

爲什麼人要對自己的行爲擔負結果呢？因爲人的行爲是由人的意志所發動的，人的意志在發動一個行爲之前，其理智已思考過行爲的後果，這一個後果，理智已準備好了要去承擔，因此凡是行爲之後能承擔起來的，就稱之爲負責任。能負責任的人，在行爲的價值上，很自然地，就是具有道德感、有道德價值的。

爲什麼人要負責任？理由之一是，人在一生中都在追求成就感，這一種欲望催動著人不斷往前邁進，也就是說，渴求完美的精神促使人負起其所應負的責任。

雖然，有人說，最有價值的人乃是一個能爲自己負責任的人，但事實上，一個能爲自己負責任的人，如果沒有明確可資追求的目標，能負責任，又有何用？又在爲自己的什麼負責任呢？所以，所謂爲自己負責任，事實上，是爲自己的目標、爲自己追求的理想負責任。

也有人說，負責任乃是盡義務，這一句話的意義，似是指明人生乃是一個無可奈何的人生，有許多事不是你願意就辦得到，甚至於，有些是你不願意的，但仍然在發生，因此之故，只好消極盡義務罷了。事實上，我們了解在人生的旅途中，有些事情是由個人因素所引起，而這些事，當然得由個人負起責任；但是，也有些事情不是因爲個人因素所引起的，例如生作他人的子女，就算個人不願意，又有什麼辦法呢？只好盡義務吧！事實上，在這一種例子中，生爲他人子女與是否願意成爲他人子女是兩回事，生爲他人子女是一個事實，是否願意爲他人子女是一個假設，二者並不相同，作爲一個事實，我們必須承認事實，而承認事實本身就是負責任，在此意義下，並無所謂盡義務之事。倒是在第二種情況下，盡義務和負責任仍有不同的解釋，因爲是否願意成爲他人子女，已有了主觀的心態，例如父母酗酒、吵架、打罵子女，使得子女畏懼，而產生不願成爲某人子女的心態，這種經由事實所建立的假設，所達到的結果，就是迫使自己去孝順父母，是經由更高價值體系的肯定所作的決定，這一種決定，已超越了負責任的範疇。試想，人在如此不順遂的情況之下，仍然迫使自己去孝順父母，這種決定何止是盡義務、負責任而已。另一方面，可能有盡義務的心態，乃是說，自己在無能力謀生的情況之下，只得依附於父母，如此對父母孝順乃是盡義務的孝順，但若是在無自由意志及無能力的情況之下所作的決定，就不能構成他人行為主體的認定，在價值體系上，也就無所謂盡義務或負責任了。例如：在倫理體系上的認定，如被人強暴的事情，若在非自由意志及無能力的情況之下，即使懷孕了，也不構成該人任何倫理上的問題。因此，負責任並不是盡義務。

也有人說，負責任乃是自由意志的表現，這個說法是對的。因為人之所以有自由意志，不是個人負責任的結果，而是自由意志決定人對負責任的程度。自由意志是上天所賦予，固有於人本身的，任何一個事情發生，我們的意志必須要決定我們的態度，是負責任或是不負責任？這種意志的決定，是不受任何外力干擾，全由個人內在的理智所決定，並提供給意志。由於人的自由意志，人對行為必須負起完全的後果，如此，人才是道德行為的主體，不然就成了反道德或非道德了。

為什麼人的自由是道德判斷中必須衡量的一個因素呢？因為，人的組成是由精神與肉體二者所合成，肉體受了物質的限制，但人的精神，由於是非物質的，因此，不受物質的限制，具有了自由的特徵。人的思想屬於精神的層面，人的理智、意志也同樣屬於精神的層面，因此，人的意志也就具有了自由的意義，但是為什麼人的精神是自由的？這就淵源於柏拉圖對精神世界的探索，基本上，哲學承認精神不是人造的，而是被造物，是類似神體的，因此，它具有神性的一面，即使是中國的莊子也承認精神的神性。既然，精神具有神性，自然也具有神性所擁有的一切，神性最大的特徵就是自由，因此，人的意志就是自由的。

人的意志是自由的，在責任的領域中，人自然要爲其自由意志所決定的意志負責任，如此，人的價值才能被提升，人的道德地位也才能被肯定。

同樣地，責任對於人際關係也有很大的關聯性，一個負責任的人就是一個值得信賴的人，能夠被人信賴，在人際關係上，自然也就擔負起了積極性的角色，這種積極性的角色，成了足可依恃的對人的信任，因此，負責任對建立積極性的人際關係是有絕對性的助益。

積極性的人際關係角色，是否也有消極的一面？是否一個負責任的人，由於不願貪圖近利、由於守本分，是否就是常常吃虧的人呢？從功利的觀點來看，由於不能得到好處，由於自己的堅持，使得許多權益被他人奪取，乍看之下似乎是吃了虧，但事實上，占便宜的人，何嘗不在人格上受損了呢？更何況，表面的利益常常處於變動不定的，今天看起來有利的，說不定到了明天，不但是無利，且成了有害的。因此，依照董仲舒的話，「計利當計天下利」，確實是至理明言。

□面對人生問題

責任，在人生哲學的討論，是屬於倫理學的範疇。責任，從其本質來說，是道德行爲的主體，是善惡行爲決定性的原因，在自己的良心、別人及宇宙最高元始（有神論心目中的位格神，泛神論的非位格神的乾坤、宇宙本身或宇宙規律）之前對自己的行爲負責，並負擔起不可避免的後果。因此，一個能負責任的人，才是一個眞正合乎人性尊嚴的人。

寓言

樹鳥之語

炎炎夏日，紅色的太陽像火似地正在燒烤大地。人們三三兩兩地在大樹下乘涼。

燕子飛來了，對樹說：「樹大哥，你自己頂著烈日，卻讓別人在你的身下乘涼，你不覺得吃虧嗎？」樹說：「我和你不一樣，冷了去南方，暖了來北方。我得報答一方土地，這是我的責任。」

黃鶯飛來了，對樹說：「樹老哥，你真是好人呀。自己吸了一堆廢氣，卻為萬物製造出很多氧氣。」樹說：「小弟，為大地製造芬芳氣息是我的責任。」

許多鳥都飛來了，牠們都讚美著老樹，而老樹卻只說了一句話：「辛苦我一個，幸福千萬家。」

如果人人都有這種「犧牲小我」、「我為人人」的無私精神，社會一定會更加祥和與溫暖！

資料來源：如真。http://www.minghui-school.org/school/article/2011/11/30/70297.html

注釋

註1 卡爾．特奧多爾．亞斯培（Karl Theodor Jaspers），出生於一八八三年二月二十三日，卒於一九六九年二月二十六日，是德國著名的哲學家和精神病學家，一九六七年成為瑞士公民。亞斯培被看作是存在哲學（Existenz philosophie）的傑出代表人物，他將存在哲學與讓．保羅．薩特的存在主義進行了嚴格的區分。亞斯培為精神病學的科學發展作出了根本的貢獻。他的哲學作品對宗教哲學、歷史哲學和跨文化哲學影響頗深，他寫的有關哲學的導論獲得了很大的銷量，也因此為公衆所熟知。其主要著作有《現代的精神狀況》（一九三一）、《尼采》（一九三六）、《存在哲學》（一九三八）、《哲學入門》（一九五〇）、《偉大的哲學家》、《歷史的起源與目標》。

資料來源：http://zh.wikipedia.org/wiki/%E5%8D%A1%E5%B0%94%C2%B7%E9%9B%85%E6%96%AF%E8%B4%9D%E5%B0%94%E6%96%AF

23

孝順

孝子之事親也，居則致其敬，養則致其樂，病則致其憂，喪則致其哀，祭則致其嚴。

《孝經》

思考人生問題

問題一、何謂孝順？
問題二、能孝是否能順？
問題三、能順者必能孝？
問題四、今日之孝和傳統之孝，是否要作修正？
問題五、孝道和倫理的關係是什麼？
問題六、西風東漸的結果，孝順的觀念和作法是否應有所修正？
問題七、對「墨緻從戎」的看法如何？

案例

喚醒天下兒女心　抱母孝子找到了「第二十五孝」調查員侍親棄升官

一張花布包著中風又摔斷腿的母親，抱到醫院就醫的照片，感動許多人。透過管道確認這名孝子就是五年前從臺南市調查站退休的調查員丁祖伋，當年他為了照顧年邁母親還申請提前退休。

而這張抱著重病母親到奇美醫院看診的照片，在網路轉載流傳，網友推崇他是「現代孝子的典範」，並稱：「這是第二十五孝：花布包母！」

丁祖伋孝行感人，卻十分低調，透過他昔日長官、同事邀訪，他僅請同事轉達：「這是我個人私事，不願接受採訪。」僅低調表示：「母親因曾中風，行動原本就不方便，上個月因摔斷腿打石膏，須回醫院複診，考量母親身材瘦弱，坐輪椅會重心不穩，腿若碰觸到可能會更疼痛，才到嬰兒用品社買一般媽媽背幼兒的包巾，開車載母親到醫院後，再以包巾背母親進醫院看診。」

丁祖伋的父親二〇〇六年過世，母親喪夫後心情低落，向丁祖伋提出想回大陸老家看看，當時丁祖伋在臺南市調查站（已升格為調查處）負責國家安全業務，依規定退休後須管制前往大陸三年，丁祖伋於是在二〇〇七年八月提前退休，管制滿三年後，即帶母親回大陸老家探親，圓了母親的夢。

丁事親至孝，在彰化調查站服務時，只要有空都回臺南照顧雙親，後來爭取調回臺南市調查站，也是為就近照顧父母。

原本長官有意拔擢他北上擔任科長，身為獨子的他為照顧雙親，放棄升官，甚至自願從副主任降調為專員，只為留在臺南老家照顧家人。

資料來源：2012/3/5。http://www.appledaily.com.tw/appledaily/article/headline/20120305/34067580/

□討論人生問題

基本來說，人人都承認孝乃是中國的基本美德，是人人都應服膺的德行，也是我國的立國根本。孝之所以成爲一個大家所關心的課題，乃是出於方法上的問題；也就是說如何做，才是達到孝的好方法。

從傳統學說來看，對孝的看法，可以分成兩類：一是理論部分，一是實踐部分。

在理論部分，孝被認爲「天經地義」之事，人人皆有所本，凡事不忘本，就可以稱之爲孝。這一個孝的理論，可以歸結到守禮與行仁這兩個實踐方法。守禮與行仁的理論根據，乃是中國人的崇高理想——天人合一。從這一個觀點來看，傳統對孝的理論，乃是根據崇高的中國人生理想。

但是，行孝是否必然要順呢？似乎在傳統典籍中，找不出強有力的理論根據。而在曾子學說中，認爲人生有三種孝：「大孝尊親，其次弗辱，其下能養。」（《禮記・祭義》）而孔子則認爲孝之行爲應歸結於「敬」的態度，他說：「今之孝者，是謂能養。至於犬馬，皆能有養，不敬，何以別乎？」（《論語・爲政》）在孟子學說中，則以爲不孝之事有五：「孟子曰：世俗所謂不孝者五：惰其四肢，不顧父母之養，一不孝也。博奕飲酒，不顧父母之養，二不孝也。好貨財，私妻子，不顧父母之養，三不孝也。從耳目之欲，以爲父母戮，四不孝也。好勇鬥狠，以危父母，五不孝也。」（《孟子・離婁下》）

從孔、孟、曾三位先賢的話語中，可知要孝於父母，必須要能敬，但敬是否就代表順呢？如果敬就等於順，從極端來說，就是一切服從父母之意，這點恐怕連孔子也不同意，因爲曾子的孝行就是達於此意，連受責罰時也不例外，所以孔子才會對門人說：「小杖受，大杖逃，此之謂之孝。」在另一處，孔子也表示：「事父母幾諫。見志不從，又敬不違，勞而弗怨。」（《論語・里仁》）從孔子的觀點來看，似乎順與敬不能從兩極化的意義來看，而必須採中和性的、綜合性的看法。如果我們說，順從是「順其善意，體恤其愛意」的話，如何有效達成孝的目的，就有賴於個人的智慧了。因此，引起爭執的問題就是，不是每一個人都能有效達成恰當的選擇，結果，反而使得先賢的美意成了另一極端化的看法。例如由唐太宗的「天下無不是的君主」而演繹成「天下無不是的父母」的結果，使得多少優良的傳統文化，染上了不快的色彩，當然，這並不是說，順就不好，但自我人格的訓練與抉擇，將由何產生呢？眞正體悟到父母之愛，又如何由外在行爲的制約，達於內在自我的反省呢？使孝的意義及值能在今日的世界裡眞正發揚光大呢？又如何使曾子的「不辱其身，不養其親，可謂孝矣」發揚於今日中國？

不可諱言地，要讓今日中國回復到以往傳統的情況，是絕對不可能的，如何使優良的傳統能有效施之於今日，則是大家的責任。

從孝順的觀點來看，孝的基本原則是絕對不能改變，但如何使這些基本原則有效施行於今日，則是方法的問題，方法本身無所謂原則，只是如何以一個方法達到我們的原則而已。因此，方法只能就其有效無效來討論，不能以方法作爲判斷原則的依據。例如，以孝順爲原則，最有效達到孝順的方法則是「敬」，最無效的方法，則可能是「只能養父母，而無敬意」；至於不孝，則是已違反了「孝」的原則。因此，從方法上來說，是需要講求的，但這種方法既不是技術主義，也不是功利主義，更不是實用主義所用的方法，而是根據倫理、民主、科學的原則所衍生出來的方法。

何謂根據倫理、民主、科學的原則所衍生出來的方法呢？

從倫理來說，孝順的雙方，不單是子女，父母也都要符合倫理的原則，也就是說，父母不能要求子女做不合倫理的事情，自然，自己也不能去做那些不符合倫理的事情，同樣地，子女本身不能去做不合理的事，也不能以不符合倫理的方法去孝敬父母。例如子女偷東西來孝敬父母，就是不合倫理，父母也不能在等公車時，要子女先上車搶占座位，這都是不合倫理的。能如此做，就符合曾子所說「不辱其身，不養其親，不謂之孝矣」施之於今日的原則了。

從民主來說，「天下無不是的父母」、「父母有絕對的權利可以主宰子女的一切」、「父要子亡，子不能不亡」等的思想，甚至以「高壓絕對控制」的方法來管理子女，基本上都是不符合民主的原則，西諺「要有什麼樣的國家，先要有什麼樣的家庭」即說明了，我們若要有民主的國家，則先要求家庭的民主，這種民主不是所謂的「自由主義」，也不是「暴力主義」，更不是「少數絕對服從多數」的方法，而是經由良好的溝通，彼此的深刻了解，達到爲了愛而自願奉獻容忍、自動付出，如此，孔子所說的「事父母幾諫，見志不從，又敬不違，勞而弗怨」才有達成的可能。

從科學來說，科學本身是一種方法，可以幫助我們了解身處的世界，科學本身不是原則，因此，使用有效的方法去達成我們的原則就是科學。科學中所謂的實驗、證據都是一些方法，能幫助我們了解我們的世界。因此，所謂的「工具主義」、「實驗主義」、「懷疑主義」等都不是孝道所能用的方法，要達成孝道能施於今日的有效方法，就是如何經由教育、自我反省、社會制約等方法達成目的，也就是《孝經》上所說：「德之本也，教之所由生也。」

由上所言，可知，倫理、民主、科學三個方法，是可以施之於中國的孝道，也可以使孝道在今日有其更深的意義。

□面對人生問題

今日講孝道的人，如要連同順字一同講求，似乎在方法上有其困難，但如果能使用倫理、民主、科學的方法，則在達成孝順的結果上，將可得到事半功倍的效果，中華文化也就可以藉此日新月異、永遠流傳了。

寓言

有一個母親，她有三個孩子，兩個女兒特別能幹孝順，一個兒子有些窩囊無能。兩個女兒常常塞錢給母親買好吃的，可是老母親又特別心疼小孫子，於是常常把女兒給的錢塞給了兒子，讓他給小孫子買吃的。有鄰居氣不過就去把這個祕密告訴了大女兒。而大女兒說她給媽媽錢就是為了讓媽媽高興，她願意怎麼花就怎麼花，如果媽媽把錢省給了兒子和孫子能夠換來她的開心和尊嚴的話，那這個錢就算花得值得。老母親聽了大女兒的話特別高興，她說看著孫子吃比自己吃香多了。

過了一個月，二女兒回來了，她知道了這個祕密後非常生氣，於是她天天守著、在家裡教訓開導母親，規定她給自己買吃的、買喝的，而且非要看著她吃下去不可。老母親氣得什麼都吃不下，最後抑鬱而終。

資料來源：http://bbs.ltxjob.com/thread-18805-1-1.html

注釋

註1 《孝經》是儒家講授孝道的書，全書一千八百多字，為十三經之一，此書是孔子[2]為曾子[3]敘述孝道之書。《孝經》以孝為核心，闡發了儒家的倫理道德思想。此書肯定「孝」是上天所訂的規範，指出孝是一個人品性的根本，國君可以用「孝道」治國，臣民可以用「孝道」安身立家，保持地位和富貴。

資料來源：http://zh.wikipedia.org/wiki/%E5%AD%9D%E7%B6%93

註2 孔子名丘，字仲尼，魯國陬邑人，生於西元前五五一年九月二十八日，卒於西元前四七九年四月十一日，但也有一說為其生於西元前五五二年十月九日。孔子為中國春秋末期的哲學家、政治家和教育家，儒家的創始人。孔子在世時被譽為「天縱之聖」、「天之木鐸」，後世統治者尊其為孔聖人、至聖先師、萬世師表。孔子的儒家思想對中國和朝鮮半島、日本、越南等地區有深遠的影響，這些地區又被稱為儒家文化圈。

資料來源：http://zh.wikipedia.org/wiki/%E5%AD%94%E5%AD%90

註3 曾參生於西元前五〇五年，卒於西元前四三五年，字子輿，春秋末期魯國南武城（今山東省平邑縣）人，儒家主要代表人物之一，為孔子的弟子，世稱「曾子」，有宗聖之稱，曾提出「吾日三省吾身」的修養方法。相傳他著述有《大學》、《孝經》等儒家經典，曾子亦為「二十四孝」中「齧指痛心」的主角，山東省濟寧市嘉祥縣南建有曾子廟、曾林（曾子墓）。

資料來源：http://zh.wikipedia.org/wiki/%E6%9B%BE%E5%AD%90

24
痛苦

我現在只從自己的立場問你一個問題，一個無聊的問題：廉價的幸福和昂貴的痛苦哪個比較好？

杜斯妥也夫斯基《地下室手記》

思考人生問題

問題一、何謂痛苦？
問題二、人爲什麼會有痛苦？
問題三、痛苦能不能解決？
問題四、痛苦與苦中作樂有何差異？
問題五、如何去接受痛苦？
問題六、痛苦對人的影響有多大？

案例

十五歲抗癌少女 Dora

十五歲的 Dora，十歲時得到骨癌，但是依然沒有放棄生命，雖歷經十一次手術、三十三次化療，仍然樂觀對抗癌症，不只持續練習大提琴，還拍公益廣告。病逝後，蘇媽媽把女兒生前點點滴滴寫成《93 奇蹟：Dora 給我們的生命禮物》，要將這個生命故事給更多人知道。

「我好喜歡音樂，但是我可能再沒有機會拉大提琴給爸爸媽媽聽了。」清秀臉龐，頭上包著頭巾的Dora面對生命卻沒有輕言放棄：「要努力完成每個人的夢。」但Dora的身體一天比一天虛弱，小小年紀的Dora似乎知道來日不多，她給最親愛的爸爸媽媽的話是：「幫我好好活著。」於隔年一月逝世。

資料來源：http://www.ettoday.net/news/20120610/55756.htm

□討論人生問題

何謂痛苦？古往今來，許許多多的人都會面臨這個問題，尤其是當自己有一個理想不能完成時，就會產生痛苦的感覺。雖然，嚴格說來，痛苦是一種情緒、一種感覺，一種屬於心理層面的事實，但分析起來卻可以發現，這一種感覺的背後，乃是因爲內心的不滿足與不完美所引起的結果。

人對於完美的追求，是出於內心的一種自然需求，就如古諺所說：「人往高處爬，水往低處流。」這是任何外在勢力都阻擋不住的一種內在渴望，當這種渴望不能達成時，痛苦的感覺就出現。因此，對痛苦的正確分析，痛苦應該是一個果，而其因則是匱乏，由於匱乏，使人不能滿足而造成痛苦。

人爲什麼會有痛苦？主要的原因，就是因爲人是一個靈肉的綜合體，如果人只是一個純粹的肉體而沒有理智、靈魂的話，人的痛苦可能會少一些，也可能痛苦就只會限於一種本能上的痛苦，如同禽獸，牠們只要獲得本能的滿足，基本生存的需要就夠了，其他一概不管。同時，從另一方面來說，人如果只有心靈沒有肉體的話，痛苦也不會那麼多，因爲人的心靈不需受到肉體的牽絆，不需要擔心今日吃什麼，明日用什麼，唯一使它痛苦的，乃是在追求眞理的過程中，它是否能達到完全的眞理。但不幸的是，人偏偏是一個靈肉的綜合體，一方面具有靈與肉的優點，另一方面又具有其缺點，在如此相乘的結果下，人的痛苦就與日俱深了。怪不得瑞典哲學家齊克果在其名著《憂懼的概念》（*The concept of Anxiety*）中說，人的痛苦比起其他動物，甚至於神都要來得深，就是因爲人是一個靈肉的綜合體。

從另一方面來說，人之所以會有痛苦，就是因爲人有理想，希望能把握未來，對未來有清晰的概念及了解。對其他動物及精神體來說，他們不需要對未來有所嚮往，他們只要能滿足現在就夠了。因此，對動物及精神體來說，其痛苦不會比人深。人因渴望擺脫困頓的現在、達到理想的未來，也可以說，人因爲渴望能脫離一個不完美的我，達到一個完美的我，因此才會有痛苦。這種理想的要求，就是因爲人有肉體的束縛，使得渴望完美的心靈不能振翅高飛而造成痛苦，所以希臘大哲柏拉圖（**Plato**，西元前四二七至三四七年）會說：「人的靈魂降到肉體來受罪。」假如我們的肉體不會限制我們精神的話，肉體也就不會有病痛及死亡，人也就不會有痛苦了。所以《聖經》也說：「醒悟祈禱吧！免陷於誘惑；心神固然切願，但肉體卻軟弱。」（《瑪竇福音》二十六章四十一節）人眞正痛苦的根源實在是因爲人具有軟弱的肉體，這軟弱的肉體，使得人在實行理想時受到許多的限制。因此，若要根本解決一個人的痛苦，一定要克服肉體上的軟弱，從匱乏與困頓中超越，往理想的方向邁進。那麼痛苦能不能解決？如果能夠解決，要如何才能解決？要回答這個問題，首先要明白痛苦的性質及其種類，才能談能不能解決痛苦。

痛苦，從其性質上來說，是使人受到阻礙，在心理上產生困難的感覺或是令人不舒服的感覺。從其種類上來說，痛苦有兩種，一是精神上的痛苦，一是肉體上的痛苦。

從肉體上的痛苦來說，那是指人的肉體受到了創傷，例如腿斷了、皮破了，或是染患生理上的疾病，這些都會造成肉體上的痛苦，像這一類的痛苦是可以解決的，只要對症下藥，假以時日，身體上的疾病痊癒了，痛苦也就解決了。因此，肉體上的痛苦較易解決，也比較不容易留下後遺症。

但從精神上的痛苦來說，就複雜多了，因爲精神上的痛苦，不是單純的只來自於一個人的想法或是念頭，即使是單純來自於一個，也不太容易完全解決。一般來說，精神上的痛苦，可有下列幾個來源：

1.來自於肉體創傷的後遺症所造成的，例如腿斷了永遠不能復原，以致於終生要依賴他人，此時，在精神上就會產生痛苦，覺得自己不如人。

2.來自於肉體，卻屬於精神層面的痛苦，例如人經驗中的痛苦。一個人從小在困苦的環境中長大，雖然他在後來的日子裡，已經克服了困苦的環境，有了新生活，但每一回想其過往，就會引起痛苦的感覺，這種痛苦，由於已成了一種感覺、成了一種經驗，因此不可能清除，將永遠留存在經驗之中。

3.來自於外界而產生精神上的痛苦，例如好友因病而逝，這一種痛苦是由於外界的事實，使我們體會到友誼的逝去、人世的短暫，像這些對人生的反省，促成了精神上的痛苦，這種痛苦雖然可以藉著時日而逐漸淡化，但要完全去除，事實上是不大可能的，當然在這種情緒之下，可能會有其他情感作用的發起，但這些情感作用，仍然是以自我的反應及對外物的刺激所引起的爲主。

4.完全出自於內在心靈的痛苦，這種痛苦的來源是直覺到內在自我「調適性」的問題而產生的痛苦。這種痛苦和外物及外在環境的關係很少，純粹是一種「湧現自我」的刻意要求，他感受到自我的生命如何與大自然生命合一的限制，或是自我與世界合一的困難，而產生的痛苦。這一種痛苦的根源，是個人希望突破，希望能達成「自我」所達不成的「境界」，這一種境界已遠超過個人的缺點、生理的殘障，以及對生活不滿足的要求，而是直接及於對生命內在升華的渴望，所以這一種痛苦是最令那些渴望達到「與天地合而爲一」、「參天地之化育」的人所引以爲憾的，也是那些渴望「完美」的人最掛懷的。

由上所知，痛苦的來源雖只有精神與肉體二者，但所牽引出來的層面卻很多，因此，在解決痛苦的方法中，也要面對不同痛苦的層面，予以對症下藥。在肉體的痛苦方面，只要解除痛苦的來源就夠了；但在精神的痛苦上，卻很難徹底解除，這些痛苦不是留存在記憶中，就是留存在生命中，因此，只能減輕痛苦的程度。在減輕痛苦的程度來說，可以依賴修養、修持的方法，使人生的境界提升、眼光放遠，當人的心胸放寬、境界提升之後，就可以撥雲霧而見天日，也因此，在精神生活中，苦中作樂是存在的，但這一種苦中作樂，依賴於修養，將苦轉化變成甘怡，變成生命的甘泉，變成人生的美滿境界。

□面對人生問題

從上所說，痛苦在人世間是必然的，如何化苦爲樂？只有去建立一個正確的人生觀，使自己在任何痛苦中，都能體會到其價值與意義，使自己敢於面對痛苦，面對未來人生的挑戰，甚至能有一種信心，就是不怕痛苦，只怕自己不能解決痛苦，如此，痛苦反而成爲人生的良伴，而不再是阻力了。

寓言

有一個國王和一個波斯奴隸同坐一船。那奴隸從來沒有見過海洋，也沒有嘗過坐船的苦。他一路哭哭啼啼，戰慄不已。大家百般安慰他，他仍繼續哭鬧。國王被他擾得不能安寧，大家始終想不出辦法來。

船上有一位哲學家說道：「您若許我一試，我可以使他安靜下來。」國王說道：「這真是功德無量。」哲學家立刻叫人把那奴隸拋到海裡去，他沉浮了幾次，人們才抓住他的頭髮，把他拖到船邊。他連忙雙手緊緊地抱著船舵，他上船以後，坐在一個角落裡，不再作聲。國王很為贊許，便開口問道：「你這方法奧妙何在？」

哲學家說：「原先他不知道滅頂的痛苦，便想不到穩坐船上的可貴。大凡一個人總要經歷過憂患才會知道安樂的價值。」

資料來源：大紀元文化網寓言故事。

25

性情

今人之化師法，積文學，道禮義者為君子；縱性情，安恣睢，而違禮義者為小人。

《荀子》1

思考人生問題

問題一、何謂性情？
問題二、性情來自何處？
問題三、性情在人性中所處的地位是什麼？
問題四、中國哲學中常將性情視爲不好，理由何在？
問題五、西洋哲學中對性情的看法如何？
問題六、性情有理想型態嗎？
問題七、用什麼標準來判斷性情？
問題八、純用倫理學的方法，可以得出性情的眞義嗎？
問題九、性情當屬心理學研究的項目，亦或人生哲學的課題？
問題十、如何培養性情？

案例

美國前國務卿希拉蕊最後一次聽證會　又哭又笑又怒　鐵娘子展現真性情

美國國務卿希拉蕊二十三日出席美國國會聽證會，這將是她最後一次以美國最高外交官的身分出席國會聽證。在參眾兩院議員唇槍舌劍的輪番質詢之下，這位「鐵娘子」又哭又笑又怒，展現了其性情難得一見的多個側面。

美國參眾兩院分別於當日上午和下午舉行了兩場有關去年九月美國駐利比亞班加西領館遇襲事件聽證會。這起事件導致包括美國駐利大使史蒂文斯在內的四名外交官死亡。

當日上午在參議院聽證時，在回憶起去年九月自己站在歐巴馬總統身邊迎接史蒂文斯的靈柩回國的情景，以及自己伸出手臂攬著遇害者的父母、姐妹、子女和日後要獨自一人撫養孩子的妻子時，希拉蕊突然潸然淚下，哽咽難言。

希拉蕊在公眾面前流淚是非常罕見的一刻，她一直被視為作風強硬的女強人。特別是在美國，眼淚有時會被視為個性軟弱可欺，無異於「政治自殺」，因此今天她現場灑淚也引起了許多美國媒體對此舉加分抑或減分的熱議。

資料來源：中新網。2013/1/24。http://news.sina.com.tw/article/20130124/8846797.html

□討論人生問題

人生哲學的目的，是建立一個整全人格，是建立一個人生理想，在達到此目的中，一切有關建立人生理想的因素，都是我們討論的對象，因此，當有人問：「性情對建立人生哲學有何關係？」，我們的回答是：「性情是關乎一個人的特質，要有理想的特質，就要有理想的性情。而人生哲學就是在建立人生的理想，在建立一個理想的人生特質，因此，性情對建立人生哲學是非常重要。」

有許多人以爲性情是心理學討論的對象，和哲學無關。事實上，性情可以從不同的角度來看，就如同研究老莊的人可以從不同的角度來看，或者從義理，或者從考據，或者從文學，都可收相得益彰的效果，不必彼此攻訐，彼此貶抑，只要是說得有理，彼此都可以樂於引用，如此才能造就偉大的人格。

何謂性情？自古以來，莫衷一是，議論紛紛，有的哲學家將性和情分而論之，造就了所謂的性善情善（惡）之說，但在我們今天的討論中，是將性情結合起來，將性情視爲內在於人性的一個思想、動機，並進而研思如何建立或恢復原初之本性。

性情之說，最早始於孟子。孟子主張性善，他將情附於性之內，以爲性善則情亦善，他說：「乃若其情，則可以爲善矣，乃所爲善也。」（《孟子・告子》）但孟子雖言及情，卻並未將情和性連起來討論，及至後來，將性情結合起來看的人，也不過就是從人性之善惡來看性情，而非從性情之本質來討論，因此，我們在這裡勢必要從其他的觀點來看性情，以求性情的合理解釋。

所謂性情，質而言之，乃是人最純樸的本性，是在禮義未施之前的本性，就道家的觀點而言，性情是人與生俱來的稟受，莊子說：「故純樸不理，孰爲犧樽！白玉不毀，孰爲珪璋！道德不廢，安取仁義！性情不離，安用禮樂！」（《莊子・馬蹄》）這種與生俱來的稟受，從自然的觀點而言，是在禮義未施之前就已有，但要問的是，性情本身是否已含有禮義之教？我們常說某人是性情中人，有很好的性情，像這樣的指稱，顯然已非莊子所言之完全純眞狀態，亦非一般所謂之自然貌，而是其純樸中有眞情、有眞性之義了。

既然，性情是人最純樸的本性，那麼，這一個最純樸的本性中，包含了哪些內容？概括而言，性情包含了稟受於自然的特性而將其發揮出來的特質，從另一方面來看，性情首先受到自然律的限制，它在自然律的條件下，表達一個自然的特性，因此也有人稱性情爲天性或本性。

性情如何在自然律的條件下，表達一個自然物的特性？我們可以從下列幾點來分析。

性情如果泛指自然物而言，則性情不僅可應用在人身上，也可運用於其他非人而屬於自然界中的生物上，如此，性情在自然律的條件下，乃指一個物的本能。例如，生物有求生存的本能，在求生存的本能中，爲了維護自己生命的發展，生物得去爭取食物，因此，可能產生掠奪殺戮的特性，我們稱這種特性爲生物的本能。另一方面，生物也有維護自己及下一代生命的愛的本能，這一種向外發展、向內保全的特性，就是性情。因此，性情對生物在自然律的限制下來說，是發揮本能的一些動作。

但對人來說，這一個與其他生物相爭以求生存的本能，則不再被視爲性情，而是將之視爲一種生存競爭的自然趨勢，在這一個競爭中，人早已獲勝，人不會顧及這一層。因此對人來說，我們將性情視爲人內在的一種修養、表現於外的一些動作，如此，研究性情的人，就可以從不同的觀點來討論，從心理學探討性情的發生及對人的影響，從哲學則可以討論性情的來源、性情的特質及性情在倫理學中的問題，以及如何培養性情等等。性情成了一種修養、一種人格的特質，也使得培養良好的性情成了人生中重要的目標。

既然，人已脫離了禽獸、趨向於完人的發展，自然在建立個人的理想中，也有理想人格的發生。在建立理想人格時，良好的性情直接助長了理想人格的完成，因此，如何培養好性情，才是當務之急。

性情既有其特殊的功能，則明瞭性情的特質就變得相當重要。性情，從心理學來說，等於是個性，有良好的個性，自然能有良好的性情，因此，在心理學中，從討論個性的形成到如何建立良好的個性，成了心理學中重要的系列工作。但在哲學中，看重的是一個特質的形成，是看重這一個特質在天地之間的作用，因此，哲學看重修養，培養一種頂天立地的氣質是其重要工作。從方法上來說，心理學與哲學似有不同的方法，但從其意義上來說，是殊途同歸的。

從中國人的修養論來看，《大學》的八條目，是最好培養性情的方法，「古之欲明明德於天下者，先治其國，欲治其國者，先齊其家；欲齊其家者，先修其身；欲修其身者，先正其心；欲正其心者，先誠其意；欲誠其意者，先致其知；致知在格物。」從《大學》來看，一切齊家、治國、平天下的社會生活，都先要修身。修身的目的，就是培養一個健全的心靈。從外在來說，一個健全的人，是能致知、格物；從內在來說，正心、誠意是主要工夫，可列表如下：

- 修身
  - 內聖
    - 正心
    - 誠意
  - 內聖
    - 正心
    - 誠意

內聖的工夫，乃求其在任何狀況中，都能使自己的心意誠正；在外的待人接物上，也就能格物致知了。一人要將自己的性情培養好，重要的是這個內聖工夫，內聖工夫做得好，則外在的待人接物，就無往而不利了。

從正心來說，爲什麼要正心？王陽明說：「蓋心之本體本無不正，自其意念發動而後有不正。故欲正其心者，必就其意念之所發而正之。凡其轉一念而善也，好之眞如好好色，發一念而惡也，惡之眞如惡惡臭，則意無不誠而心可正也。」（《大學問》）

按照陽明之意，心之正端賴於意之誠，意能誠則心自正，其發生程序似如下表：

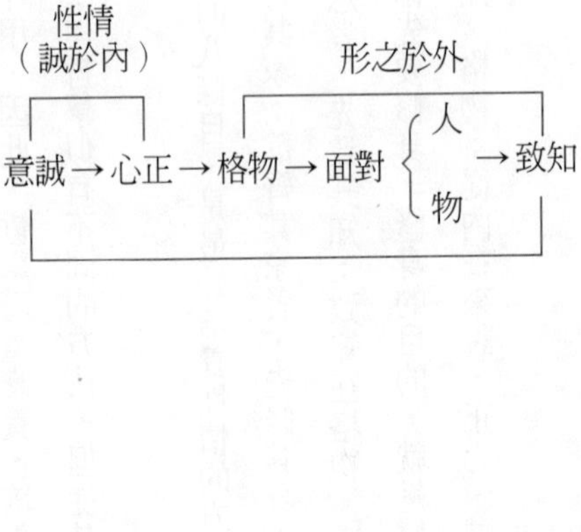

既然，要達到正心的目的，先要意誠，如何達到意誠？《大學》說：「所謂誠其意者，毋自欺也，如惡惡臭，如好好色，此之謂自謙，故君子必慎其獨也。」

誠其意，乃是不自欺，一個人能不自欺，自然也不會欺人，能不欺人，其心自正，心正，自不會去構思一些害人或於人不利的想法，總會從良善的一面、光明而積極的一面來看事物，結果自能格物而致知，達到人生理想了。

如此，從中國的思想來看，要建立一個良好的性情，乃在使意皆能誠，使其心皆能正，則其每一個出發點，都能忠實表達一個人的思想。所謂，性情乃是最純樸的本性，在這種狀況之下，就是一種最自然的表現，那麼一切外在的規矩與制度（禮教、仁義）都是不需要的，即使有，也不能限制一個人的行爲，孔子所謂的「七十而從心所欲，不踰矩」就是這個意思。但我們要明白，孔子能達到這一個境界，乃是經歷了而立、不惑、知天命、耳順的階段而達成，這一個階段使得人不但能成爲性情中人，也使得人可以窮究天人之際、參天地之化育，達到天人合一的境界。

□面對人生問題

綜上所論，一般人將性情視爲一些個性的表達，是人性基本渴望的表露，但從哲學的立場來看，性情是一個誠於中的內在特質，是建立內聖的目標，因此，性情不是壞的，性情是一個人生實在的內涵。要有理想的人生，就要有良好的性情，良好的性情就是內對於己，能正心誠意，並以此誠意待人，如此，乃能格一事一物之理，達到致知的目的。朱熹以爲一個人求知的目的就是在學爲聖人，學爲聖人就是要建立人生理想，要建立人生的理想就要建立一個使自己滿意、他人認可的生活方式，此種生活方式，乃是個人表達其意見、思想的方式，如此，人我之間達到溝通，就能使自己的人生過得如自己之意了。

寓言

馴象記

有一頭大象，體型強健、性格溫順，國王非常喜愛牠，特地為牠建造一間舒適的象舍。

一群強盜看中象舍周圍靜僻隱密，接連好幾個晚上悄悄聚集在象舍旁，商量搶劫的計畫，像是如何破壞門戶、如何行搶、如何逃走，以及遇到有人抵抗時，怎樣殺人滅口！大象聽了這些內容殘暴的言語，性情逐漸變得很暴躁，看到人就用鼻子將之捲起來摔下去，看到小動物就用腳去踩，好像發狂一樣。

照顧大象的人跑去報告國王，國王聽了很擔心，原本相當溫馴的大象為什麼變得這麼暴戾？一位很有智慧的大臣自願去調查這件事。

大臣來到象舍，發現大象的皮膚及毛色都很正常，並沒有生病，為何性情突然改變那麼多？他仔細想了一想，問照顧大象的人：「最近象舍周圍有沒有什麼異常？是不是常有人在附近徘徊？」「有！有！最近有一群人經常在象舍附近說話，我不知道他們說些什麼，不過看來都不是什麼好人。」大臣聽了，點點頭說：「原來如此！」大臣向國王報告：「這隻大象身體很健康，但是心理被一群惡人的言語影響了，導致性情大變，必須請一些有品德的人來為牠說法，才能使牠恢復善良的個性。」國王於是邀請一些品格良好的人，聚集在象舍周圍說好話、談好事，經過一段時間，大象逐漸平靜下來，恢復以前溫順的性格。

所謂「近朱者赤、近墨者黑」，凡夫心缺乏定性，觀念與個性很容易受到周遭環境影響。如果常與品行良好的人相處，可以薰習端正仁厚的氣質；假使常和心術不正的人在一起，心態就會跟著偏差了。

在這紛雜的世間，我們要慎擇良朋、遠離損友，吸收正知、摒棄邪見，時刻警惕自己將心念照顧好、將行為調整好，如此才不會隨波逐流而糊裡糊塗過了一生。

資料來源：http://eduweb.cy.edu.tw/module/download/update/q2757480/file4414_6.htm

注釋

註1 荀子，生於西元前三一三年，卒於西元前二三八年，名況，時人尊而號為「卿」，因「荀」與「孫」二字古音相通，故又稱孫卿，周朝戰國末期趙國猗氏（今山西安澤）人。著名思想家、教育家，儒家代表人物之一，對儒家思想有所發揚，提倡性惡論，常被與孟子的「性善論」比較，荀況對重整儒家典籍也有相當的貢獻。主要著作有《荀子》一書，因為荀子受歷代學者的抨擊，故為其註釋者不多，僅唐代楊倞為其作注，直至清代考據學興盛，註釋校訂者才有所增加，其中包括清代王先謙之《荀子集解》、民國時期梁啓雄之《荀子柬釋》、北京大學《荀子》註釋組《荀子新注》、章詩同之《荀子簡注》等，現代研究荀學者也有所增加，出現了諸如高正之《《荀子》版本源流考》、夏甄陶之《論荀子的哲學思想》、李德永之《荀子》等，其中比較新出者如儲昭華之《明分之道》等。

26

欲望

人欲勝，天理滅。

宋・朱熹[1]《朱子語類》卷十三

思考人生問題

問題一、何謂欲望？
問題二、欲望，只對人而言？
問題三、是否所有的欲望都不好？
問題四、人爲什麼會有欲望？
問題五、欲望與情感有何關係？
問題六、欲望與意志有何關係？
問題七、欲望與理智有何關係？
問題八、欲望有多少種呢？
問題九、我們對欲望應該抱持何種態度？

案例

酒後性侵

陳姓男子酒後「性欲高漲」性侵十四歲少女，後來向少女和她的家人下跪道歉，少女家人堅持告到底；新北地檢署雖然認為他「一時失慮」，依強制性交罪嫌起訴。起訴書指出，十八歲陳姓男子疑似愛慕朋友的十四歲女友，去年十一月二十二日晚間十一時許，開車到三重區接少女下班，藉口「還車」載她到朋友家喝酒，少女覺得下班放鬆一下，沒有拒絕。

陳和少女等多人在客廳喝酒、聊天直到凌晨二時許，陳的朋友相繼進房睡覺，少女則不勝酒力躺在沙發休息。

陳一時性欲高漲，強脫少女衣服，少女驚醒發現，不斷阻擋說「我有男朋友了」、「你在做什麼」。陳不顧少女苦苦哀求，仍強壓在沙發性侵，事後若無其事開車載少女回家。少女回家後，常呆坐房間內不肯上學，甚至自殘，經母親追問，始說出被陳男性侵，報警處理。事後陳向少女和少女母親下跪道歉，但少女母親要求一百萬元才願意和解，陳無奈說「我沒錢」。

檢方認為陳男一時衝動才性侵少女，犯後悔悟但沒有獲得被害人原諒，依法起訴，建請法官量處適當之刑，以資懲戒。

資料來源：楊竣傑。《聯合報》網站。2013/3/27。http://udn.com/NEWS/SOCIETY/SOC3/7790636.shtml

□討論人生問題

人之一生不能無欲，欲望是人生哲學中的一個重要問題，這是不容待言的。從中西哲學史看，歷來的學者對「欲」都有不同的態度。今天，我們應以何種態度來面對？實是有深入研討的必要。

人在其一生中，要將欲望完全禁絕，實在是不可能的事，但要完全滿足欲，事實上，也是辦不到的，更何況，欲應當滿足嗎？應當禁止嗎？都是令人困惑的問題。

一般來說，欲可以分爲三種：一是生理欲望，一是精神欲望，一是道德欲望。所謂生理欲望，乃是人對聲、色、味、觸等物質上所有的欲望；所謂精神欲望，乃是人追求眞和求完美的欲望；所謂道德欲望，乃是人追求善、求仁義的欲望。

在這三種欲望中，最常被我們所引用的，乃是生理欲望，尤其在中國哲學中，局限於生理欲望中的欲是最常被討論的。因此，在研究欲望時，必須對其定義及特性加以了解，才能討論我們對欲的態度。

「欲」，從廣義來看，是指主動地投向一個目的，也就是說，每一個存有，都具有這一層的目的，其存有的狀況，不論是動態或靜態，都具有欲求自身完善，或向著完成自身的存有與活動的各種可能狀況，這種狀況是天生具有的，因此，也可以稱之爲天性動力（appetite nature）。這種天性動力，不但包含了有意識的，也包含了無意識的。例如植物的生長，基本上來說，生長是它的目的、是它的欲望，但爲什麼生長、如何生長，則是無意識的，同樣地，對動物來說，保存生命的發展也是有意識的。但不論是從動物或植物來看，這種自然的、基本的渴望，都是爲了保存自己、發展自己及完成自己而有的。這種發展的內涵，大半都是以生理的欲求爲目的，也可以說是自然的欲求。例如要吃、要喝、要休息等，都是自然的要求。

從狹義來看，欲望是指有意識地追求一種由智能或感覺官能所知的目的。意識的追求，所以稱之爲欲望，乃是因爲有意識地追求，也是奠基於天性動力，也只有當欲望能以任何方式與天性動力相應對，從而達成追求者的存有完美時，人的欲望才能達成目的。

從廣義來看，欲望是屬於生理的層面，從狹義的定義來看，欲望則是屬於智性的層面，是精神與道德的欲望。

生理的欲望，除了具有滿足人生存，達到完美存在的優點之外，如果單憑生理欲望本身，則缺乏了精神及道德的基礎，會使得人的存在及價值不但不能得到保障，還會遭到破壞，所以，任何的生理欲望，不能單憑生理欲望本身去行事，必須以精神及道德的欲求來達成人的目的，如此，人的行事才有高尚的結果。

從精神及道德欲望來看，人的基本欲望，既是保全、發展並完成自我，且必有一個最終的目標。對其他非人的生物來說，這種目標可能並不重要，但對於「有思想、有理性的人」來說，是非常重要的，因爲人性的本質乃是希望追求完美，不達到完美，人絕不會感到滿足。但只是保全、發展並完成自己，還不會使人滿足的，必須有更高的目標，就是欲達聖希賢的目標，自己達到完美，因此，讓自己達到完美的心願，乃是人最重要的目標。

但是，中西哲學史中的許多思想家，卻都把欲局限於狹義的一面，使得欲的意義，受到了很大的限制。

例如，從中國哲學來說，對於欲，就主張要節欲、制欲、禁欲等許多不同的看法，一般來說，約有下列數種觀點：

1. 節欲說：主張對欲要適度，或者可說是寡欲，如孟子說：「養心莫善於寡欲：其爲人也寡欲，雖有不存焉者寡矣；其爲人也多欲，雖有存焉者寡矣。」（《孟子・盡心》）所謂寡欲，是養心之道，是德行的基礎。

2.苦行說：傾向於禁欲，墨子最看重苦行，但他並不否認有欲，而是注重最基本欲望的滿足，其他不是最基本的欲望，一律要禁制。

3.無欲說：認爲欲會侵害人的生機，如果加以禁制或節制，不但對人無益，甚且對人有害，最好的方法就是讓欲不發生，這種學說，起自老子，他說：「不欲以靜，天下將自定。」（《老子》）就是指明世界一切的紛爭都是由欲而起，能無欲，天下自會無事、無紛爭。

4.縱欲說：相反於前三種說法的乃是縱欲說，所謂縱欲，乃是任欲而行，不加以節制，只圖目前的享樂，不必顧他。《荀子．非十二子篇》中所說的它囂、魏牟就是此類的代表。

5.存理去欲說：宋朝理學家主張，存理去欲乃是存天理去人欲，張載說：「上達反天理，下達徇人欲者與！」（《正蒙．誠明》）又說：「燭天理如向明，萬象無所隱；窮人欲如專顧影間，區區於一物之中爾！」（《正蒙．天心》）就是以存天理之方法來去除人欲。

6.理存於欲說：在宋代道學家中，也有人主張理欲是統一的。胡五峰說：「天理人欲，同體而異用，同行而異情。進修君子，宜深別焉。」（〈知音〉）就是以爲有天理即有人欲，有人欲即有天理，只是天理以道作爲好惡的標準，人欲則是以欲作爲好惡的標準而已。

從以上所說，中國思想家，大半以欲與情有關，是出自於人的本性的動物層面，由此情之發而使意志偏於情之固執面，如此情意，乃成了欲的二面一體的反應，而和理智成了相對的。其實從欲望的廣義來看，欲望和情意、理智都是相關的，它是涉及到了人的整體性，是涉及到了人性的全面，因此，對於欲望，我們是要看重其大欲（廣義的），而不是看重其小欲（狹義的）的方面，凡是從大欲看，則其精神及倫理的層次就愈高，相反地，其物質層面就愈高，從人性的發展來看，人是往高處爬，往崇高的神性發展的，因此，我們要注重其精神與倫理的層面，而不是其物質層面。

□面對人生問題

欲，是人生中很重要的東西，一個人如果沒有欲，就等於沒有人生，但是欲，有其正面的功用，也有其反面的意義，如何有一個明確的判別，使我們的生活能有一個滿意的方式，是非常重要的。

事實上，對欲的態度，構成了人生哲學中一個重要的課題，雖然有不同的主張，但大致上來說，看重欲的積極面，發展人高尚的特性，是一般思想家所共同的主張，也只有這樣，才能使我們的人生獲得最完滿的發展。

寓言

貪心失金鵝

一位婦人在先生往生後，帶著三個女兒到富有人家裡當奴僕，母女四人過著非常困苦的生活。

有一天，一隻全身長滿金黃色羽毛的鵝，突然飛到三位女孩面前說：「我是妳們的父親，我知道妳們的生活很困難，母親養育妳們也很辛苦，妳們可以拔我身上的羽毛去賣錢，改善生活。」

婦人聽了之後，高興地要女兒們趕快動手拔牠的羽毛；金鵝的羽毛閃閃發亮，母女四人每人拔四、五根羽毛，束成一把出售，賣得的錢，足夠讓她們生活無虞。

金鵝也遵守承諾，每三、五天固定來一次，讓她們再拔幾根金羽毛去換錢。漸漸地，母女們的生活就安定了下來。

有一天，婦人對三位女兒說：「人心都靠不住了，更何況是禽類的心呢？這隻金鵝雖然固定讓我們拔牠的羽毛去賣錢，但是，要是哪一天牠突然不來了，我們的生活不就發生問題嗎？這次牠如果再來，我們把牠全身的羽毛都拔光，多換點錢存起來，以後的生活才有保障。」

因此，當這隻金鵝再來時，母女四人聯手將牠全身的羽毛都拔光。失去羽毛的鵝，渾身光溜溜的，再也無法飛起來，婦人只好把牠關在籠子裡飼養；不久，鵝的毛又慢慢長了出來，但新長出來的卻是一般的白色羽毛，再也不是金黃色的了。

物質不過是幫助我們維持生活而已，若不懂節制，貪得無厭，不但會讓自己自私的行為不斷膨脹，也會最終失去真正的快樂和人類應有的和諧。一個被物質利益吸引而逐漸道德下滑的社會，不會有真正美好的未來。

日常生活中，懂得不斷提升自己的心靈才是真正對自己和人類的未來負責任，否則貪心一起，就像掉落無底洞，讓人不可自拔。

資料來源：http://www.minghui-school.org/school/article/2008/9/28/73542.html

注釋

註1　朱熹（1130-1200），江南東路徽州婺源人，排行五十二，小名沋郎，小字季延，字元晦，一字仲晦，號晦庵，晚稱晦翁，又稱紫陽先生、考亭先生、滄州病叟、雲谷老人，諡文，又稱朱文公，家境窮困，自小聰穎，弱冠及第，中紹興十八年進士，歷高孝光寧四朝。為南宋理學家、理學集大成者，後人尊稱其為朱子。

朱熹是程顥、程頤三傳弟子李侗的學生，在中國，有專家認為他確立了完整的客觀唯心主義體系。於建陽雲谷結草堂名「晦庵」，在此講學，世稱「考亭學派」，亦稱考亭先生。承北宋周敦頤與二程學說，創立宋代研究哲理的學風，稱為理學。其著作甚多，輯定《大學》、《中庸》、《論語》、《孟子》為四書，在朱熹看來，「存天理、滅人欲」是儒學的精髓之所在，他說「聖賢千言萬語，只是教人明天理、滅人欲。」

資料來源：http://zh.wikipedia.org/wiki/%E6%9C%B1%E7%86%B9

27

溝通

溝通的本意不是只是嘗試說服別人接受自己的意見，而是認真地、虛心地了解對方的意見是否真有道理。這叫溝通。

姚立明[1]

思考人生問題

問題一、何謂溝通？
問題二、溝通只是一種方法？
問題三、溝通只是來用於人際關係？
問題四、溝通的理論有哪些？
問題五、溝通的目的何在？
問題六、溝通的方法有哪些？
問題七、溝通不良對人有什麼影響？
問題八、執著與溝通之間，是否不能並存？
問題九、溝通所以會有困難，理由在哪裡？
問題十、如何達成良好的溝通？

案例

不排除模仿犯案　學者倡趁機增親子溝通

繼大角嘴前日揭發幼子涉嫌肢解父母，昨凌晨元朗八鄉又有十八歲獨子與友人涉「聯手」殺父傷母，令人關注是否有人因傳媒報導模仿犯案。有專家稱，從案發時間來說，第二案的發生應與報章報導無關，但亦有專家不排除傳媒的大幅報導，可能引來模仿者（copycat），建議家長藉此新聞成為社會焦點的機會，多與子女溝通，消除誤會。

城市大學犯罪學教授黃成榮表示，第二宗凶案發生在昨日凌晨三時，當時報紙等詳述第一宗凶案的印刷傳媒尚未出版，電臺、電視臺的報導不算深入，他相信第二宗凶案的發生與傳媒無關。

港大社會工作及社會行政學系教授葉兆輝則認為，不排除思想有問題的人，看到其他人殺父母的報導時，可能「因見到有人做而壯大膽」，然後犯法，他建議父母可趁此機會與子女敞開心房討論，化不幸事件為溝通良機，詢問子女：「什麼事情會促使你殺我？」

身為人父的葉兆輝笑言，他昨天早上對女兒說：「你有沒有什麼要跟我說，你可別殺我。」他建議家長可藉此凶案成社會焦點，與子女深入討論事件，了解子女的看法。例如父母可問：

「什麼事情會促使你殺父母？你有沒有朋友有此想法？這樣做有何不對？」另外，因為涉嫌肢解父母的男子曾於網上撰文稱不滿父母小時逼他學琴，父母可趁此關心子女平日應付課外活動會否感到壓力。

葉兆輝說，不幸事件可能源於長年累月的積怨或誤解，建議父母應讓子女多點空間及自主，亦要多與子女溝通。他提醒父母可多留意子女「怪異」行為，若子女持續失眠暴躁，或在網誌寫了充滿怨憤的話語，便要多加小心，若有需要，可向社工或老師求助。

資料來源：《香港明報》網站。2013/3/17。
http://hk.news.yahoo.com/%E4%B8%8D%E6%8E%92%E9%99%A4%E6%A8%A1%E4%BB%BF%E7%8A%AF%E6%A1%88-%E5%AD%B8%E8%80%85%E5%80%A1%E8%B6%81%E6%A9%9F%E5%A2%9E%E8%A6%AA%E5%AD%90%E6%BA%9D%E9%80%9A-210737791.html

□討論人生問題

人生哲學的目的，是要求改進人生，使其獲得最高的人格價值。在改進人生的方法中，最能獲得滿意結局的，就是溝通，一個有良好溝通的人，不但能使自己快樂，也能使與他接觸的人、事、物快樂。

那麼，什麼是溝通呢？溝通乃是藉著一些方法，使自己的意見、想法能有效使對方了解並接納。

我們都知道，一個人對事物的意見及看法，如果只及於他自己，則無所謂溝通，也無所謂交流，必須把自己的意見表達出來使對方了解並接納之後，溝通的目的才算達成，不然又如何能算是對人有所了解呢？既然要有所溝通，那麼，溝通的方法，直接關係到溝通的目的，一個良好的方法，能夠事半功倍達到目的，一個不好的方法，卻往往是事倍功半，因此，在溝通之前，對於溝通的對象及方法，都必須要有所了解，才能達成我們的目的。

溝通的對象，一般的看法僅及於人與人之間的關係，我們在坊間所看到及聽到的，泰半都是所謂人際的溝通、人群的關係等等書籍，但事實上，溝通的對象，除了與他人的關係之外，還包括與自己的、與外在世界的及與神的關係。在與自己的關係上，有良好溝通的人，我們稱之為了解自己；與他人有良好的關係，稱之為人際關係良好；與外在世界溝通良好的人，我們稱之為了解自然；與神溝通良好的人，我們稱之為有充實信仰的人。每一種不同的對象，都有不同的溝通方法，每一種不同的方法，都是幫助我們建立一個良好的生活方式。

與自己溝通良好的人，乃是一個對自己了解的人，一個了解自己的人，不但了解自己的能力，也了解自己的問題，他對於自己該如何表達自己，以及該在何時表達自己，會不斷地接受訓練，沒有人敢說在任何時候、任何狀況中，都能適切地表達自己，但不可諱言，不斷地反省及不斷地改進，都可以使自己不斷進步，這種與自己溝通的方法，最重要的就是內省，不論中西哲學家，在這一點上，都具有共同的意見，也就是針對自己的所言所行，每天都有一個反省的時間，從反省中立志，去尋求改變自己的方法，使自己對自己有最好的了解。一個能了解自己的人，一個與自己溝通良好的人，自然會是一個生活愉快的人。

與他人溝通的範圍相當廣泛，從父母、兄弟姊妹、親戚到朋友，都是溝通的對象，其中最重要而複雜的，就是父母、兄弟姊妹、夫妻、同事等關係，在這些關係中，不可能用一種方法來貫穿一切，必須視不同的對象用不同的方法。但是，其中有一些共通的基本原則，乃是要有愛心、耐心及恆心，然後再以此爲基礎建立一些溝通的模式。以對父母的關係來說，如何能以他們所了解的方式進行溝通非常重要，有的父母很開明，現代人所用的方法都可以接受，但不是所有的父母都是如此；同樣地，在夫妻關係中也是如此。每一個人都有不同的生活背景，每一個人從其生活背景中所產生的溝通方式，不一定是其他生活背景的人所能了解，而溝通的目的，又在於使對方了解自己的狀態，因此，尋求適合對方又能表達自己的溝通方式是值得研究的。一個希望在現代社會中有良好人際關係的人，若不去思考與人溝通的方式，是不可能達到他的人生目的。

在與自然溝通的關係中，了解自然界的一切特性，不但對人有助，凡對宇宙的進化也是有助的。基於對宇宙的了解，可以學到人與自己的關係、人與人的關係，更可以由此關係中，體會到人對宇宙的關係，諺語云：「一花一世界，一葉一菩提。」是指當我們去學習自然時，宇宙中所蘊含的一切眞理，都能在我們人生歷程上展現出來，使我們在人際困乏中獲得紓解，因此，學習去了解自然，並與之溝通，實在是改善人際關係的良好方法之一。

與神的溝通雖然屬於宗教層面，但人對於宇宙之有主宰是很難加以漠視的。與神的溝通，乃是學習神的精神——愛，西方哲學家中，凡是主張以愛作爲溝通方法的人，莫不以神的愛作爲溝通的最後目標。在中國，與神溝通的方法是藉著天命，但是，不論是天命或啓示，都是天主動地將其愛顯示給人，使人樂於效法祂、遵從祂。從另一方面來說，當人欲與神來往時，人可以藉著祈禱或儀式（如中國人祭天、西方人的宗教禮節）來與天達成溝通。基本來說，神對人所表達的能完全了解，而人對天的啓示，則不太可能完全了解，這不是因爲神的表達不清楚，而是因爲人的能力有限，要去了解一個超過自己能力的東西，常常是相當困難的，從這裡，人可以學習到謙虛和誠懇，謙虛於自己的有限，誠懇於自己的無知。因此，美國心理學家弗洛姆以爲神的愛是廣大無邊、無所不包的，人只要願意與其溝通，都可以獲得完全、滿意的結果。

在溝通的對象與方法中，除了上述這四種之外，我們更應看重的，乃是如何去獲致良好的方法，如何能使他人了解自己的心意，英國哲學家羅素（Russell B.，一八七二至一九七○年）以爲在言詞表達中，如何使用恰當的字眼，是溝通成敗的關鍵，例如在「老頑固」、

「死硬派」、「頑冥不靈」、「不通人情」及「有原則」等字眼中，雖然表達的意思都是同一個，但能爲人接受的卻只有「有原則」，因此，如何注意字眼的使用，就成了「溝通訓練」中重要的一課。另外，在溝通訓練中，相當程度的善體人意（輔導學中的「同理心」、「積極傾聽」等都是）及關懷，都是達成良好溝通的要件。

四 面對人生問題

從上所述，溝通是自我與外在世界達成一致化的重要方法，除非個人自我封閉，否則凡是一個有理想的人，莫不希望能與外在世界達成良好的溝通。

要有良好的溝通，先要有效的溝通方法，雖然可能不一定是最好的，但卻是在一個溝通中，最適合人與其對象的。要有良好而有效的溝通，就必須學習，學習培養自己的愛心、耐心與恆心。學習有愛心且視他人與己爲一體，學習有耐心與對方一起成長，學習恆心於相信理想與完美，然後再去學習一些方法（或技巧），如此，自然無往而不利，在任何事上，都能收到立竿見影之效。

一個人要想建立良好的人生哲學，卻不建立溝通的良好方法，是很難達成他的理想的，也可以說，人生哲學除了要我們了解人生的意義、價值與理想，更重要的是藉著這些認識，去改進我們的人生，使其能獲得最高的人格價值。要能改進人生，就要有溝通方法，只有良好的溝通方法，才能達成改進人生的目的。

寓言

胡雪巖[2]

高陽[3]描述「紅頂商人」胡雪巖時，曾經這樣寫：「其實胡雪巖的手腕也很簡單，胡雪巖會說話，更會聽話，不管那人是如何言語無味，他都能一本正經，兩眼注視，彷彿聽得極感興味似的。同時，他也真的是在聽，緊要關頭補充一、兩語，引申一、兩義，使得滔滔不絕者，有莫逆於心之快，自然覺得投機而成至交。」

傾聽是人與人之間溝通的主要武器。只有先成為一個成功的傾聽者，才會有機會結交更多的人脈。

資料來源：http://tw.myblog.yahoo.com/fate1961/article?mid=17335&prev=-1&next=17334

注釋

註1 姚立明出生於一九五二年臺北市，現任紅黨祕書長、文化大學行政管理系教授。輔仁大學法律學系畢業，德國比勒費爾德大學（Bielefeld）法學博士，曾任教於國立中山大學中山學術研究所。曾在一九九五年於高雄縣代表新黨當選立法委員，後來因與朱高正、黃國鐘等人不和而退黨，二〇〇六年加入倒扁總部，二〇〇七年成為紅黨不分區立委名單，並於二〇〇九年二月十三日由新黨及紅黨推薦，以無黨籍身分登記參選臺北市大安區立委補選。

資料來源：http://zh.wikipedia.org/wiki/%E5%A7%9A%E7%AB%8B%E6%98%8E

註2 胡雪巖出生於一八二三年九月二十九日，一八八五年逝世，名光墉，字雪巖，幼名順官，安徽績溪人，晚清時期的紅頂商人。目前杭州鼓樓仍保存有完好的胡雪巖故居，胡雪巖以杭州經營的錢莊為本業，發跡後擴展至當鋪、房地產，也觸及鹽業、茶業、布業、航運、糧食買賣和中藥行，甚至是軍火等事業，其中主要事業為在各行省設有二十多個支店的「阜康錢莊」，以及創建於杭州清河坊大井巷的胡慶餘堂國藥號，阜康錢莊之典據在於《華陽國志》中的「世平道治，民物阜康」。

資料來源：http://zh.wikipedia.org/wiki/%E8%83%A1%E9%9B%AA%E5%B7%96

註3 高陽一九二二年三月十五日出生，一九九二年六月六日逝世，浙江杭州人，原為許姓郡望。本名許晏駢，譜名儒鴻，表字雁冰，筆名高陽、郡望、史魚、孺洪等。為中華民國當代作家，以歷史小說著稱，精通清代歷史掌故。抗戰結束後，高陽從事新聞工作，大學中途退學，考入國民政府空軍軍官學校書記，後來在一九四九年隨軍赴臺灣，駐居岡山。於軍中刊物、文藝活動中顯露才華，一九五七年任中華民國國防部參謀總長王叔銘祕書，開始進入臺北文壇，文名漸起。退伍後任臺灣《中華日報》主編以及《中央日報》特約主

筆。一九五一年，高陽開始了他的歷史小說創作歷程。一生創作頗豐，著作約九十餘部，一百零五冊，讀者遍及全球華人世界，其中代表性作品有《胡雪巖》三部曲、《慈禧全傳》、《紅樓夢斷》全集等，高陽的作品中對於清代歷史有獨特的研究深度，也是他最為拿手的部分，他也是著名的紅學家。出版家霍寶珍曾言：「中國大陸有十一億人口，也沒有出過一個高陽。」其主要著作有《霏霏》、《落花生》、《凌霄曲》、《花落花開》、《紅塵》、《驚蟄》、《李娃》、《風塵三俠》、《少年遊》、《金色的夢》、《荊軻》、《清官冊》、《百花洲》、《胡雪巖》、《鴛鴦譜》、《鐵面御史》、《小白菜》、《小鳳仙》、《乾隆韻事》、《烏龍院》、《楊門忠烈傳》、《林沖夜奔》、《王昭君》（原名《漢宮春曉》）、《八大胡同》等，其中，《高陽說詩》曾獲一九八四年臺灣中山文藝獎之文藝論著獎。

資料來源：http://zh.wikipedia.org/wiki/%E9%AB%98%E9%98%B3_（%E4%BD%9C%E5%AE%B6）

28

過得快樂

不能快樂過日子是一種罪。

村上龍[1]《69》

思考人生問題

問題一、何謂快樂？
問題二、快樂有哪些？
問題三、快樂的要素有哪些？
問題四、能苦中作樂嗎？
問題五、快樂有無先後、輕重的區別呢？
問題六、精神的快樂與物質的快樂孰重？
問題七、一己的快樂與群體的快樂孰重？
問題八、快樂的最基本要求是什麼？
問題九、快樂和人生觀、理想有關嗎？
問題十、爲理想而吃苦，算不算快樂？
問題十一、有人說，任何快樂都是要有代價的，代價是不是快樂？
問題十二、藝術化的生活能不能帶給人快樂？

案例

分享的快樂！賣花阿嬤用筷子餵街貓吃便當　彷彿餵孫子

俗話說：「獨樂樂不如眾樂樂。」這句話不只用在人與人之間，也能發生在人與動物身上。街貓攝影大師吳毅平旅行各地，捕捉許多人與貓之間溫暖有趣的互動，例如在廟口賣花的阿嬤，看到流浪貓來討食物，拿著筷子把便當餵牠吃一口，彷彿在餵自己的孫子。

有些人不喜歡貓，看到貓咪靠近就急著跺腳趕走；但喜歡貓的人，卻把這樣的機會視作寶，偏偏貓咪也害怕太過熱情的陌生人。還有一種人，對貓友善，不急著靠近，不強硬逼迫貓接受自己，這樣的人反而最能吸引貓咪親近。

吳毅平拍攝街貓的經歷已超過十五年，他不會為了取得好畫面去刻意安排，而是把自己化為一面無形的牆，靜靜觀察等待，把握時機捕捉好鏡頭。這樣拍照的方式既不干擾街貓的生活，不浪費牠們多餘的體力，也更貼近於事實，往往還能拍到許多意想不到的經典鏡頭。

吳毅平在二〇一二年《拍貓，是很嚴肅的》攝影集中，也拍到許多人與貓之間溫暖又有趣的互動，像是正在廟口賣花吃便當的阿嬤，看到流浪貓來討食物，拿著筷子餵牠吃一口，彷彿是在餵自己的孫子。還有小朋友獨享零嘴時，分給靠近他的街貓。吳毅平將照片命名為「分享的快樂」，傳遞出人與貓共處的美好。

資料來源：林育綾。ETtoday 東森新聞。2013/2/20。http://www.ettoday.net/news/20130220/165252.htm

□討論人生問題

任何人在建構自己的人生哲學時，都必然會問：「如何使自己過得快樂？」事實上，在人一生中，沒有人會選擇痛苦而不要快樂，問題是，這些快樂值不值得我們去追求？同時，我們也要問，何謂快樂？只有當我們了解什麼是快樂之後，我們才能決定如何使自己過得快樂。

何謂快樂呢？一般來說，凡是能引起精神或肉體舒適、興奮的感覺，並且能將此感覺加以延伸的，都可以稱之爲快樂。當然，這與古希臘快樂主義對快樂的定義是有不同的，因爲古希臘的快樂主義者，如施勒尼學派（Cyrene）的亞里士提仆斯（Aristippus，西元前四三五至三五〇年）將快樂局限在感覺經驗中，伊比鳩魯（Epicuris，西元前三四一至二七〇年）則將快樂定義在靜態的快樂中，到了十八世紀的邊沁（Bentham J.，西元一七四八至一八四二年），則將快樂完全定義在可測量的客觀標準下。

在此爲快樂所下的定義，乃指我們在精神上和感覺上所獲得的舒適、興奮的感覺，並能使此感覺加以延伸，使個人的生活能獲得滿足的，就是快樂。

由此定義，可知快樂分成二種，一是精神上的快樂，一是物質上的快樂，這二種快樂，並不是絕然不可分的，也不是必然要分的，二者彼此可以互相補足。感覺的快樂可以帶給人精神上的快樂，同樣地，精神上的快樂也可以帶給人感覺的快樂，只是在其各自的要素上有所不同而已。

根據亞里斯多德的意見，人生最重要的目的乃是追求幸福，要追求什麼才能算是幸福呢？亞氏認爲這因人而定，但一般來說，人所追求的只有物質和精神二方面，他將這二方面都予以列舉，並加以比較。

1. 物質快樂：(1)健康。(2)財富。(3)社會關係，如人緣、地位、友誼及運氣。

2. 精神快樂：(1)理智發展，如追求眞理。(2)德行發展。(3)享受，如眞理（有學問）、德行（心安理得）。

在這二者的比較上，我們可以發現感覺上的快樂並不是人眞正要追求的幸福，因爲健康、財富都會失去，當我們失去健康及財富時，有何快樂可言？同樣地，社會關係也不是我們所要追求的眞幸福，因爲所有的社會關係都是外在的，都是別人對於我的看法與估量，與本身的幸福並沒有眞正的關係，受褒、受懲，對於一個人之所以爲人的價值，並未因此而有增或減。而一個人如果把幸福置於運氣之上，則是相當荒謬的。所以，物質的快樂，不是人所要追求的，追求物質的快樂，無法使人獲得眞正的快樂。

精神上的快樂，才是人眞正所要追求的，因爲眞正的幸福，應當具有二個要素，一是屬於人的特殊活動，二是所追求的不應含有任何痛苦。在精神的快樂上，精神的或理性的活動，乃是人的特殊活動，這和人的生殖及生長皆有不同，因爲其他動物也會生殖、生長。因此，對亞氏來說，幸福的主要因素是智慧，也就是對眞理的瞻仰，這是人的內在活動（immanent activity），是人的長久性，具永恆的理論性生命（theoretical life）。從另一方面來說，亞氏並沒有忽略倫理德行，他認爲德行是組成人幸福的主要因素之一，只是不如智慧那麼重要。幸福的第三個因素是享受，這種享受是智慧和德行的自然效果或報酬，這是一種內心的滿足與快樂。凡是能滿足這三種因素的，都可以獲得眞正的快樂。

當然，我們了解，亞氏的主張，並不是讓我們得到快樂的唯一方法，事實上，作爲一個想過快樂生活的人，物質上和精神上的快樂都是相當重要的，如果二者不可得兼，只有捨物質而就精神了，事實上，到了這一個地步時，人的快樂究竟是否仍快樂，就值得商榷了。

那麼，如何使自己獲得眞正的快樂呢？根據現代的理論，一個人對於內在的自我，必須要能發展、要能接受，才能在一個平衡的基礎上和外界有一個良好的關係。因此，我們可以說，認識自己、發展自己生活的能力，釐定一個明確的理想，肯定現實社會的價值，使自己樂於投身其中，顯然是一些重要的因素。然後，再根據個別的差異，確定自己應世的方法，則可以使自己在人生哲學的建構過程中，獲得滿意的回報，使自己過得快樂。

□面對人生問題

要使自己過得快樂的首要條件，就是要對自己有一明確而清楚的認識，根據這一認識確定個人未來努力的方向，再根據此一方向，培養自己的能力，使自己有能力去過自己想要的生活，然後，升華此種能力及方法的意境，使其達到藝術化的高峰，最後，將人生帶向最偉大、最美妙的境地。如此，我們的生活將是最能令人滿意的生活了。

寓言

有一個故事，述說一位猶太教的長老，他酷愛打高爾夫球。在某一個安息日，這位猶太教長老覺得手癢，很想去揮桿，但猶太教義規定，信徒在安息日必須休息，什麼事都不能做。

這位長老卻終於忍不住，決定偷偷去高爾夫球場，想著打九個洞就好了。由於安息日猶太教徒都不會出門，球場上一個人也沒有，因此長老覺得不會有人知道他違反規定。

然而，當長老打第二洞時，卻被天使發現了，天使生氣地到上帝面前告狀，說某某長老不守教義，居然在安息日出門打高爾夫球。上帝聽了，就跟天使說，會好好懲罰這個長老。

第三個洞開始，長老打出超完美的成績，幾乎都是一桿進洞。長老興奮莫名，直到打到第七個洞時，天使又跑去找上帝：「上帝呀，你不是要懲罰長老嗎？為何還不見有懲罰？」上帝說：「我已經在懲罰他了。」

直到打完第九個洞，長老都是一桿進洞。因為打得太神乎其技了，於是長老決定再打九個洞。天使又去找上帝了：「到底懲罰在那裡？」上帝只是笑而不答。

打完十八洞，成績比任何一位世界級的高爾夫球手都優秀，把長老樂壞了。天使很生氣地問上帝：「這就是你對長老的懲罰嗎？」

上帝說：「正是，你想想，他有這種驚人的成績以及興奮的心情，卻不能跟任何人說，這不是最好的懲罰嗎？」

生活需要伴侶，快樂和痛苦都要有人分享。沒有人分享的人生，無論面對的是快樂還是痛苦，都是一種懲罰。

資料來源：http://icn.blog.hexun.com.tw/39901593_d.html

注釋

註1　村上龍，生於一九五二年二月十九日，是一位日本的小說家、電影導演，本名為村上龍之助。一九七六年以作品《接近無限透明的藍》獲得芥川賞，二〇〇四年發表《工作大未來-從十三歲開始迎向世界》，以還能自由選擇通往大人世界入口道路的「十三歲」為目標，列出現實世界中各種工作、職業的實用資訊，同時也間接批判尼特族[2]等新勞動經濟學所產生的社會問題。主要著作有《海對岸的戰爭開始了》（一九七七）、《亭午映像，夜半話語》（一九七八）、《寄物櫃裡的嬰孩》（一九八〇）、《Walk Don't Run》（一九八〇，與村上春樹共同著作）、《芥川賞全集 第十一卷》（一九八二）、《文藝春秋》（一九八二）。

資料來源：http://zh.wikipedia.org/wiki/%E6%9D%91%E4%B8%8A%E9%BE%8D

註2　尼特族（NEET，Not in Employment, Education or Training）是指一些不升學、不就業、不進修或不參加就業輔導，終日無所事事的青年族群。尼特族一詞最早使用於英國，之後漸漸使用在其他國家。尼特族是世界性的社會問題，主要在發達國家和人力資源嚴重過剩、經濟高增長、生活水準高國家的青年階層中產生。在香港則稱之為雙失青年（失學兼失業的青年）；在美國稱為歸巢族，意指孩子畢業又回到家庭，繼續依靠父母的照顧及經濟支援；在中國被稱為啃老族，靠啃食父母老本生活；在臺灣亦間有被稱為米蟲或者家裡蹲。由於實際上尼特族與家裡蹲所指的群體有所區別，故此現時多仿效日本直接以尼特族稱之。

資料來源：http://zh.wikipedia.org/wiki/%E5%B0%BC%E7%89%B9%E6%97%8F

29 自處困難

伏念某蕞爾之材，儻然而仕，進有官謗，未嘗不憂，退無私田，可以自處。

王安石[1]《謝孫龍圖啟》

思考人生問題

問題一、何謂困難？
問題二、爲什麼人會有困難？
問題三、困難與痛苦有何關係？
問題四、人有能力克服困難嗎？
問題五、克服困難的方法有哪些？
問題六、在困難中的自處之道是什麼？
問題七、困難，對生活的藝術化，有何作用？

案例

魯迅[2]《野草・題辭》

當我沉默著的時候，我覺得充實；我將開口，同時感到空虛。

過去的生命已經死亡。我對於這死亡有大歡喜，因為我借此知道它曾經存活。死亡的生命已經朽腐。我對於這朽腐有大歡喜，因為我借此知道它還非空虛。

生命的泥委棄在地面上，不生喬木，只生野草，這是我的罪過。

野草，根本不深，花葉不美，然而吸取露，吸取水，吸取陳死人的血和肉，各各奪取它的生存。當生存時，還是將遭踐踏，將遭刪除，直至於死亡而朽腐。

但我坦然，欣然。我將大笑，我將歌唱。

我自愛我的野草，但我憎惡這以野草作裝飾的地面。

地火在地下運行，奔突；熔岩一旦噴出，將燒盡一切野草，以及喬木，於是並且無可朽腐。

但我坦然，欣然。我將大笑，我將歌唱。

天地有如此靜穆，我不能大笑而且歌唱。天地即不如此靜穆，我或者也將不能。我以這一叢野草，在明與暗，生與死，過去與未來之際，獻於友與仇，人與獸，愛者與不愛者之前作證。

為我自己，為友與仇，人與獸，愛者與不愛者，我希望這野草的死亡與朽腐，火速到來。要不然，我先就未曾生存，這實在比死亡與朽腐更其不幸。

去罷，野草，連著我的題辭！

一九二七年四月二十六日，魯迅記於廣州之白雲樓上。

資料來源：魯迅。〈野草〉，《魯迅全集》第三冊。北京：人民文學，二〇〇五年。頁一六三。
http://weihan0820.blogspot.tw/2011/08/blog-post.html

□討論人生問題

人生在世，不可能沒有困難，何謂困難？有人說，凡是痛苦都是困難，但也有人說，只要有思想，人就會有困難，事實上，這二種講法，都不能說明困難的眞正意義。所謂困難，應是「行動受限，觀念受制」的結果，當人的行動受到限制時，他達到目的的渴望就有了困難，同樣地，當一人的觀念被局限在某一程度內之後，沒有辦法突破，就會產生觀念聯想上的困難。因此，不只是因爲痛苦才有困難，事實上，是有許多困難並不一定會引起痛苦，困難可以說是一種狀態、一種情況。

人爲什麼會有困難？似乎有許多理由可以加以闡釋，但最基本的，還是因爲人具有思想，但肉體是軟弱的，在其他生物身上不是沒有困難，只是程度上的問題，人會使這個程度，經由思想的過程變深或變淺，也有人的困難是自己引起的。

一般來說，困難可以分成下列三種：

從性質上來說，困難有精神上的困難及物質的困難。所謂精神上的困難，純粹是從精神狀態或思想型態上來說，例如觀念的不能突破所造成的困難，又如一個人在面臨事物時，他個人的態度所給他造成的困難；精神上的困難也是一種苦悶，例如青年人在發展自我時，有時就會有一種苦悶感，必須要有他人從旁指引或自我突破，此種困難才能解決。至於物質上的困難則比較清楚，例如我要一臺照相機，但錢不夠，就造成了金錢上的困難，又如我需要一間書房，但事實上不可能安排，就造成了物質上的困難。

再從感受上來說，困難可以有主觀的困難及客觀的困難。所謂主觀及客觀，是純粹從事件對人的影響來說，凡是對一己個人具有影響的，稱之爲主觀的困難，否則就稱之爲客觀的困難。例如考試成績不好所造成的學業困難，是主觀的困難；而一個課程的艱深，造成了普遍的學習困難，就成了客觀的困難。從另一方面來說，主觀的困難也可以是一種感覺，一種主觀的感受。例如在教導子女時，我覺得不應該打孩子，或者因爲我從小被打過，因此對打人有反感，結果在教導子女上，是否要用打的方式，就造成了主觀的感受或是一種情緒，促成了贊成或反對的行動，以致於產生了管教的困難，這些都是主觀上的困難。至於客觀的困難，除了環境的限制之外，主要來自於他人的影響。例如我要出去旅行，但交通工具的不良阻撓了我的行程，以致於產生了困難，像這一種困難，我們就稱之爲客觀的困難。

困難的第三種，是從程度來說的，有的困難大、有的困難小，有的困難長、有的困難短，這些都是屬於程度上的問題。困難在程度上來說，有的是終生的困難，例如如何死得好、活得好，或是其他類似如一個人生病或殘疾而造成的終生困難；但有的困難，只是一時的困難，例如路上發生了車禍，妨礙我上班，只要車禍一排除，困難也就解除了。

從上所述，我們知道，困難有些是外來的，有些是自我的，但不論是哪一類，困難都是使我們的行動受限、觀念受制，不能充分發揮我們的潛力，達成實現完美自我的要求，因此，解決困難的目的就是要實現自我，達成一個完美的自我要求。

困難是不是都能解決？困難是不是都會引起痛苦？這兩個問題的答案都不是肯定的，不是所有的困難都能解決，也不是所有不能解決的都是困難。同樣地，不是所有的困難都會引起痛苦，也不是所有會引起痛苦的都是困難。因爲困難本身有其特定的狀況和程度，凡是達到某一程度的才會引起困難或是痛苦，凡是沒有達到某一程度的，可能只會有痛苦而沒困難，同樣地，也可能在某一程度中只有困難而沒有痛苦，甚至二者皆沒有。例如以蒔花來說，花不開，會引起我們的困難，如果我們以種花作爲我們的事業，則花不開不但會引起困難，也會引起痛苦；但對一個不關心花的人來說，花開不開，對他沒有任何的影響，既不會有困難，也不會有痛苦。

另一方面，從解決的態度上來說，會引起困難又引起痛苦的事物，恐怕是最需要解決的，不然的話，必然是困難加重、痛苦加深。至於其他的三種，則可以各視其程度的深淺而予以不同的解決方法或是減輕其程度。

有些人以爲，只要困難解除了，痛苦就沒有了，人就能快樂了，事實上卻不必然如此。困難解決了，並不代表這個人就能實現自我、完成自我，他只是代表在實現自我時，掃除了一個障礙而已，眞正實現自我人生理想的態度，乃是對困難的態度，用什麼態度來對待、看待我們的困難？從生活的藝術來看，有些困難實在是不需要去解決，就讓那些困難留在那裡，成爲生活中的一些標記，讓困難成爲我們欣賞的對象，像這樣的生活方式，當然就賦予了生命的意義、精神的象徵。因此，我們要問，如何在困難中自處呢？

如何在困難中自處？首先要問的是有沒有困難？我們知不知道什麼是困難？次要問的是這些困難會不會妨害我們的生活？人生目標？如果會的話，到什麼程度？最後要問的是我對這些困難抱持什麼態度？迎頭痛擊？排斥？或是以一種欣賞的眼光來看它？

從人生的原則來看，要能自處，首先要有自處的能力，也就是要具有一種分辨的能力，能分辨是非善惡、輕重緩急的能力，如此，才能知道如何選擇那些對自己立身處世具有良好結果的事物，在這種情況之下，有些困難可能不但不會妨害我們的未來計畫，相反地，可以更有助於人生理想的拓展。

其次則是能自處的能力，就是具有會欣賞的能力，此種欣賞的能力，不只是從藝術的觀點，或是以一個旁觀者來欣賞，更是以一個自得其樂者樂在其中，像這一類人，他不但懂得去欣賞別人，也會欣然接納別人的讚美，不但會主動愛他人，也會愉悅地樂被他人所愛，他們不但會良好地表達自己，也會適度地讚美他人，使自己樂在其中。

三是意志的鍛鍊，使自己在實現的過程中，不怕困難、不被困難所限，能排除困難的限制，完成自己的理想。所謂意志的鍛鍊，乃是一種人生態度的培養，就是不怕接受挑戰，怕的是自己沒有能力去接受挑戰，不怕主動，怕的是自己沒有能力主動。能主動，就能改善自己的生活狀況，自己的生活環境，就能創造自己的人生美景。

□面對人生問題

困難是人人都不能避免的，解救困難雖是人人所渴望的，但不是所有的困難都能解決，也不是所有的困難都需要解決，因此，在人生哲學的問題上，重要的不是去解決困難，而是我們對困難的態度，當我們對困難有了一個超然的態度時，困難就再也不能妨害我們，在這一種情況之下，困難就可以成爲我們完成人生理想中的一個休息站，一個風雨中的寧靜。

寓言

災禍

有一個國家五穀豐登、風調雨順，人民安居樂業，這個國家從沒有發生過災害。

一日，國王召集大臣們說：「我聽說天下有一種叫做災禍的東西，不知道它是什麼樣子？」

大臣們都說：「我們也聽過，不知道它是個什麼樣子？」

於是，國王派了大臣，到鄰國購買災禍。

天神知道了，變化成商人來到了市集，將一個要吃特殊食物的怪物賣給了大臣，告訴他，只要餵飽了這隻怪物，就會知道災禍的模樣。

全國的百姓都為了找特殊的食物給這隻怪物而停工，不出多久，國家便五穀無收、人民犯罪、病害橫生，舉國上下一片混亂。這時，大家終於明白這便是災禍的模樣。

國王於是下令：「殺之，焚燒之，然後扔出國界！」

但是怪物刀槍不入，焚燒也拿牠無可奈何，被火燒得通紅的怪物由火舌中跳出，並在城中亂竄，將國家化為火海，瞬間變成了灰燼。

沒見識過災禍的國家，為此，毀在災禍之手。

注釋

註1 王安石，撫州臨川人，生於一〇二一年十二月十八日，卒於一〇八六年五月二十一日，字介甫，號半山，諡文，封荊國公，世人又稱王荊公。北宋政治家、文學家、思想家、改革家。歐陽脩稱讚王安石：「翰林風月三千首，吏部文章二百年。老去自憐心尚在，後來誰與子爭先。」有《王臨川集》、《臨川集拾遺》等文集存世，其亦擅長詩詞，流傳最著名的莫過於《泊船瓜洲》：「春風又綠江南岸，明月何時照我還。」王安石推行的變法，歷史上的評價多有不同，本以「天命不足畏，人言不足恤，祖宗不足法」銳行變法，但因性格、運氣、舊黨與富豪的反對，以及用人不當，導致變法失敗，其人亦被舊黨標上「變亂祖宗法度，禍國殃民」，其所促成的黨爭更加速了北宋亡國。宋高宗為開脫父兄的歷史罪責，以靖康元年以來士大夫們的議論，把「國事失圖」由蔡京上溯至王安石，紹興四年五月，宋高宗詔命重修《神宗實錄》以否定王安石變法為基調，這一定讞對於後世產生了深遠影響。王安石作為北宋亡國元凶的論調，經宋國史至元人修《宋史》所承襲，成為封建時代的官方定論。南宋以後，王安石變法總體上是被否定的，但對王安石的部分新法措施則有不同程度的肯定看法，在諸新法措施中，尤以科舉改革、免役法、保甲法、保馬法得到較多的肯定。

資料來源：https://zh.wikipedia.org/wiki/%E7%8E%8B%E5%AE%89%E7%9F%B3

註2 魯迅，浙江紹興人，本名周樹人，字豫才，原名樟壽，字豫山、豫亭，生於一八八一年九月二十五日，卒於一九三六年十月二十日。二十世紀中國重要作家，新文化運動的領導人、左翼文化運動的支持者，中華人民共和國對其的評價為現代文學家、思想家、革命家。魯迅的作品包括雜文、短篇小說、評論、散文、翻譯作品，對於五四運動以後的中國文學產生了深刻的影響。主要著作有一九一八年在《新青年》雜誌發表的《狂人日記》，這是中國現代白話小說的開山之作，短篇小說有《吶喊》（一九二三）、《彷徨》（一九二六），其雜文以清末民初的底層百姓生活為主，注重細節描寫，能在點滴間以白描手法鮮明刻畫人物，並挖掘微妙的心理變化，主要表現底層人民思想的麻木愚昧和生活的艱辛，其他代表作還有《阿Q正傳》、《祝福》、《孔乙己》、《故鄉》等，一般認為，代表魯迅最高文學成就的作品是散文詩集《野草》。

資料來源：http://zh.wikipedia.org/wiki/%E9%B2%81%E8%BF%85

30

面對孤獨

沒有什麼人喜歡孤獨的，只是不勉強交朋友而已，因為就算那樣做也只有失望而已。

村上春樹[1]《挪威的森林》

思考人生問題

問題一、何謂孤獨？
問題二、孤獨與寂寞有何區別？
問題三、獨處與孤獨有何不同？
問題四、何種人最容易感到孤獨？
問題五、孤獨能避免嗎？
問題六、如何面對孤獨呢？

案例

集體孤獨　一起共對

有沒有留意在港鐵車廂裡有多少人在低頭看手機？曾經有人做過一個略嫌誇張的抽樣調查：在非繁忙時段，一節車廂裡有十七個人，卻有十八支手機，因為其中一人有兩支手機，一支用來跟人通話，另一支用來玩遊戲。現代人都很寂寞，不是離群獨居的孤獨，而是群居而喧囂的孤獨，麻省理工學院教授雪莉杜爾高（Sherry Turkle）稱之為《一起共對孤獨》（Alone Together）。

探討現代人活在科技世界（iPhone、臉書及各種衍生技術）所面對的「病態行為」（pathological behaviour）及「現代式瘋狂」（modern form of madness）——人際關係日趨疏離，一如此書副題所揭示的矛盾與疑問：「為什麼我們對科技期盼日漸增加而互相期盼日漸減少」（Why We Expect More from Technology and Less from Each Other）？

杜爾高此書並非閉門撰寫的論文，她做了四百份問卷和訪談，關注的對象主要是青少年，包括害怕打電話與人溝通的高中學生，以及沉迷電子寵物的小學生；也蒐集了大量資料。書中有不少個案分析，她想了解，現代人為什麼會以電子信息代替面對面交談？為什麼一名英國婦女在 facebook 上聲稱要自殺，她的逾千「朋友」竟置若罔聞，甚至會留言嘲諷她？

她最關心的課題是物我關係何以持續急變：現代人總是使用無生命的物品來說服自己，儘管自己當下獨處世界一隅，仍會產生錯覺，以為自己跟很多「朋友」一起共處。

科技其實並不意味著災難，科技令現代人的生活在很短的時間內經歷了不少急劇的轉變，所以必須慢下來，不要急於回覆短訊，甚至不要急於回覆電子郵件，騰出時間去思考 facebook 向上或向下的拇指意味什麼，去思考電子螢幕上的「表演文化」如何異化觀看者的思維方式，去思考敘述性和分析性的陳述能力如何日漸萎縮，更要重新思考「孤獨」與「共對」之間的種種生存悖論。

科技本來可以讓人的聯繫更簡單、更緊密，但為什麼人與人之間只有「疏遠的親密」、「熟悉的陌生」？因為那是「一起共對孤獨」：每一個人都好像在小螢幕上一起生活，可是在不知不覺間，早已相隔著一層「新孤獨」（new solitude）。

資料來源：2013/4/22。http://vicsforum.blogspot.tw/2013/04/blog-post_5884.html

□討論人生問題

在人生的歷程中，人人都會有孤獨的經驗，爲什麼會有孤獨呢？一般來說，是基於對人性完美的渴望所產生的一種感覺，這種感覺不只是那些失意的、失敗的人會有，就是叱吒風雲、春風得意的人，有時也會有孤獨的感覺，即使連追求人生最後根源的希臘哲學家，也免不了有孤獨的感覺，這也就是爲什麼他們那麼看重友誼的原因了。

孤獨是人與生俱來的因素，它和死亡及渴望皆是人一生無法逃避的要素。

什麼是孤獨？孤獨是一種感覺，是一種心靈渴望完美而又有缺失的一種感覺。孤獨正好說明了人的眞相，「這在老年人含淚的眼眶裡；在青年人無邪的眸子裡；在成年人面對陌生人的世界而帶有警戒的目光裡，都有孤獨的影子。一個老人蓋著薄薄的毯子，四肢捲曲痛苦地抵禦寒風侵襲；你可以在他凍僵的身體上觸摸到孤獨。一個女人正輾轉痛苦，你可以在她的緊張裡找到孤獨。一個寡婦孑然獨立，你可以在她身影的肅穆中見到孤獨。遊戲中的孩子，突然惡夢般遭到遺棄，你可以從他們的表情裡發現孤獨。」（鄭玉英譯，《面對孤獨》，光啓出版社）

「我們在人類返回自我，建立人際關係的基本問題上可以明顯看出人與人之間一份親密的來往有多麼重要。否則，人就不是，也不可能是他自己了。人類的孤獨不單屬於痴人，享受愛情的人，也不能倖免。即使是一個完全自我實現的人，在別人面前也會有他的孤獨。人類渴望有更深度的生活，渴望在人性的土壤中能有友誼的滋潤，以便種下他的根，他極度需要這種根。現代人的孤獨故事告訴了我們：人類渴望成爲眞正的人，渴望找到一個地方，能讓他在那裡認識自己，充分發揮能力，並針對現實完整地答覆。是孤獨使他了解自己及現實。」（鄭玉英譯，《面對孤獨》，光啓出版社）

孤獨既然是長伴隨著人而在的，那麼，我們如何來分辨孤獨呢？如何看出孤獨呢？

一般來說，孤獨的造成常是人際關係發生了障礙所造成的，尤其對一些特立獨行的人，或者是一些具有特殊氣質而與人合不來的人，人們會以助人及保障社會爲名去打擊他們，使得他們更形孤立，如此，使得一個疏於了解人性的社會，更不能對孤獨的人有所幫助。

孤獨不是一種疾病，也不是一種行爲的缺陷，而是人內心一種渴望的不滿足所產生的行爲。孤獨與寂寞有著不同的心理層次，寂寞是更深於人內心的感覺，是孤獨行爲的前奏曲；一個孤獨的人，在心靈上常是寂寞的，而一個寂寞的人，在心靈上雖是孤獨的，但在行爲上可能有著另外的感受。因此一個能分辨孤獨甚至面對孤獨的人，不但是一個有能力的人，甚至可說是一位智者了。

至於孤獨有多少種？最通常的講法是有二種，一是人自己及與他人的關係上所造成的孤獨，一是制度所造成的孤獨。

從自己所造成的孤獨來說，由於對自己的能力及人際關係的障礙認識不清，以致造成對自己的不滿，且進而影響到對他人的關係，使得自己不願在他人面前表示親近，而離群索居，造成了孤獨感。更進一步說，人對自己的不了解，也會造成對自己的孤獨感，而不知如何去排遣自己，這種對自己的孤獨感，都是肇因於對自己的認識不清，以及對自己能力的信心不夠，才會使自己成爲一個孤獨者。

從與人的關係來看，良好的人際關係確實可以減低不少的孤獨感，但是人際關係的不良甚至障礙，則會加深其孤獨，理由是這會讓人相信自己可能是一個有缺陷的人、無能力的人，甚至是不受歡迎的人。這些理由的背後，就是對自己不良的人際關係所造成的結果。

從另一個觀點來看，獨身的人（不論自願獨身者或被迫獨身者），除非他有超越個人的理想、堅持的肯定，不然，很少能倖免於孤獨的侵襲，尤其是獨處時，其孤獨感會更深。有理想的人，不是不孤獨，而是利用對理想的堅持及奉行不渝，使其孤獨感減低。

從制度所造成的孤獨來說，制度是爲大多數人，但不是爲全部的人，因此，對於那些不適合制度的人，自然就被摒除於制度之外，而造成了與人合不來的孤獨，例如有許多人對大學生活、社會生活或某一制度的適應不良，都會成爲孤獨者。

而有些制度走到最後必然會使人嘗到孤獨，例如某些國家的社會制度或福利制度，最後只有使老年人都進入了養老院，備嘗孤獨與辛酸，但有些制度，不但不會道人走向孤獨，且能減除孤獨與寂寞。

從理性上來看，孤獨是不能避免的，人終其一生都會有孤獨的時候，同時，孤獨的氣味也很容易辨認出來，我們唯一能做的，就是面對孤獨，一個能面對孤獨的人，就有能力戰勝死亡，因爲死亡是孤獨的最深刻寫照，沒有一個人的死亡不是孤獨地死去，即使有人陪葬，也解決不了人面對死亡的悲慘與無奈。

既然孤獨無可避免，那麼從一己的能力來說，如果一個人對自己有信心，對生命的本源有所了解的話，則可以減少不少孤獨感。

良好而適合自己的團體及友誼，是幫助自己面對孤獨的好伴侶，一個能參加團體而仍能保有自我的人，必然是一個有能力去面對孤獨、排遣孤獨的人。

對於自己行爲的動機，常加上「愛」的成分，而不是「名」或「利」的成分，也能增加面對孤獨的能力，因爲一個人對自己、對他人眞有「愛」意時，心中必然是充實豐富的，又有什麼空隙可以使孤獨進來呢？

一個活力十足而實際進入生命領域的人，是不太容易使孤獨進入其生命的，如此，即使獨處，也仍然有能力去面對，即使孤獨進襲，也仍然甘之如飴，一個有生命信仰的人，孤獨有時反而是良伴，而不是敵人。

□面對人生問題

孤獨，雖然是人生不可避免的事實，但人們可經由孤獨達到自我認識及實現自我、與人溝通的理想。我們不要把孤獨想得太可怕，而要考慮如何使孤獨成爲我們生活的良伴、成功的標記。一個了解孤獨的人，才有能力去面對孤獨，一個能面對孤獨的人，才能自主地去生活，能安排自己而不被孤獨所安排。

從人性的特性來看，人是努力向上、渴求完美的，當他達不到完美時，他自然就產生了疏離，而有了孤獨感。

完成人生的理想，了解人性的眞諦，實現生命的價值，自然是達成人生完美、排除孤獨的最佳藥方，但如果不能堅持理想，努力實行，以眞理爲師，又如何能更上層樓，達到生命的最終目的？因此，面對孤獨，是邁向人生完美的起步，也是走向人生理想的第一步。

寓言

老樹之死

有一棵乾枯的老樹，生活在高原上的森林裡。那裡終年下雪，非常冷。一天，從遠方飛來了一隻鳥兒。牠又累又餓，就停在老樹的肩膀上休息。

「朋友，你從很遠的地方來嗎？」老樹問那隻鳥。

「是啊。我是從很遠很遠的地方飛來的，路過這裡，歇歇腳呢。」鳥回答道。

「你來的地方，那裡很美嗎？」老樹又問。

「是的，那裡很美的。那裡有花草、有小溪和湖泊，還有我的很多朋友，小魚、小白兔、小松鼠呀，每天我們都很快樂地生活，真是一點兒也不寂寞。而且，那裡很溫暖的，不像這裡這麼冷。」

「哦，是這樣啊，你真幸福！這裡又沒有溫暖，天氣也很冷。我從來沒有離開過這裡，也沒有什麼朋友，我的生活很孤獨。」老樹嘆息著說。

「啊，那你真的是太不幸了！你的生活是如此孤獨，而你所能感受到的溫暖也實在是太少了。」鳥兒也很感慨。

這時，幾個人路過這裡，又冷又累。

「要是有堆火能烤就好了。」有人說道。

忽然，他們發現路邊有一棵乾枯的老樹，於是，他們興高采烈地向老樹走過去。

看見他們手裡的斧頭，鳥兒急忙飛到了另一棵樹上。

幾個人舉起手中的斧頭，把老樹砍倒了，並把老樹劈成了柴。

很快，一堆熊熊的火在冰天雪地裡燃燒了起來。幾個人圍坐在火堆旁，感受著溫暖。

由於不再寒冷，他們的臉上都很愜意地微笑著。

「多麼可憐的老樹啊！」鳥兒叫了起來！「你曾是那樣孤獨、寂寞的生活在這個冰冷的世界裡！」

老樹在火光裡笑了，「朋友，請不必為我難過。無論我曾是怎樣孤獨和寂寞的生活著，但這個世界上，至少有人因我而溫暖。」

資料來源：http://www.minghui-school.org/school/article/2009/3/24/76779.html

注釋

註1 村上春樹生於一九四九年一月十二日，日本小說家、美國文學翻譯家。二十九歲開始寫作，第一部作品《聽風的歌》即獲得日本群像新人賞，一九八七年第五部長篇小說《挪威的森林》在日本暢銷四百萬冊，廣泛引起「村上現象」。村上春樹作品所展現的寫作風格，深受歐美作家的影響，是輕盈的基調，少有日本戰後陰鬱沉重的文字氣息。村上春樹被稱作第一個純正的「二戰後時期作家」，並譽為日本一九八〇年代的文學旗手。主要著作有《聽風的歌》（一九七九）、《尋羊冒險記》（一九八二）、《挪威的森林》（一九八七）、《國境之南．太陽之西》（一九九二）、《人造衛星情人》（一九九九）、《海邊的卡夫卡》（二〇〇二）等。

資料來源：http://zh.wikipedia.org/wiki/%E6%9D%91%E4%B8%8A%E6%98%A5%E6%A8%B9

31

真與假

禪語[1]說，不是風動，不是樹動，是心動。很多人，很多事，都被存於虛構的想像中，直到分不清真假。

韓雪[2]

思考人生問題

問題一、何謂眞？

問題二、何謂假？

問題三、合於事實是否就是眞？不合於事實是否就是假？

問題四、眞假的原則如何確定呢？

問題五、人能不能製造眞假的原則？

問題六、眞假的原則是否會隨時代而改變？

問題七、眞假的原則是有如實用主義所言，完全是以實用的標準來衡量？

問題八、眞假的原則是否可以放諸四海而皆準？

案例

電影《桃色風雲搖擺狗》

美國總統鬧出性醜聞，面對成為頭條新聞的壓力，以及兩週後的總統大選，白宮危機處理專家康洛德受命替總統解圍，轉移民眾注意力，於是他找來了好萊塢大製片家史丹利，虛擬一場在阿爾巴尼亞的戰爭，但這場戰爭不是發生在真實的戰場，而是在攝影棚當中，不用任何真槍實彈，他們製造各種有關戰爭的新聞片段，甚至趁機推出愛國歌曲大撈一筆。

康洛德面對總統的性醜聞即將在明天登上各大版的頭條新聞，康洛德做了一個不可思議的決定，他去找了一個電影製片，製作一個比總統的性醜聞更有看頭的新聞：戰爭。總統發言人「不經意地」透露出開戰的消息，因為一個莫須有的罪名，阿爾及利亞成了美國的敵人。一個憑空出現的戰隊303部隊，一段令人鼻酸的災難影片，都是電腦合成出來的。消息發出後的隔天，總統的性醜聞瞬間被擠到第十二版，實在可笑至極，真正的事實被媒體取捨之後，卻受到如此待遇。但總統第三天便宣布戰爭結束了，史丹利不敢置信他精心製作的show被人如此輕易地結束了，而康洛德說：「戰爭結束了！電視已經播出來了！」民意調查的迷思，經過康洛德的巧手操弄，現任總統的支持度在選前高達百分之八十六，然而，這真的是人民的意見嗎？或是受到民族意識的激情作用下不理性的數據呢？

影片中誰是狗？誰是尾巴？

片頭一開始有一句令人匪夷所思的話：「為什麼一隻狗會搖尾巴？因為狗比尾巴聰明。如果尾巴比較聰明，就得是尾巴來搖狗了。」（Why does a dog wag its tail? Because the dog is smarter than the tail. If the tail were smarter, it would wag the dog.）狗搖尾巴是一件理所當然的事，但今天若是變成了尾巴搖狗，表示應該握有主導權的人反而被他人引導。傳播的一開始，是閱聽人去選擇自己要的新聞來觀賞，但當尾巴搖狗的現象出現後，閱聽人對於自己觀賞的新聞沒有選擇的權利，新聞播的全部是有心人士有意讓我們看到的內容。

資料來源：http://blog.xuite.net/zilchoo8/BA/21300550

□討論人生問題

眞假的問題，在哲學史上是一個爭執很久的問題，但不可否認地，在我們做判斷時，眞與假的標準，是一個非常重要的決定性因素。因爲眞的判斷可以使我們得到我們所期望的結果，假的判斷，不但不能使我們得到我們想要的結果，甚且會引起我們的錯誤。因此，在人生哲學裡，對眞假的認識是一個非常重要的課題。

何謂眞？從希臘哲學家蘇格拉底以來，不斷有人問起這個問題，但所得的答案都不盡理想，到了第十世紀時，一位猶太人以色列利（Israel Isreelis，西元八五〇至九五〇年）才做了一個令人比較滿意的答案，他以爲：「名實相符，即是眞。」（Conformity between the intellect and the thing which is its object）。在這個定義裡，所謂的名，乃是觀念，實則是指觀念所代表的對象或物本身。因此，凡在理智內代表物的觀念（名）能與物本身（實）相符，就叫做眞，不然就是假。

在以往的哲學典籍中，可將眞分成三個不同的類型來研究，一是從邏輯上來研究眞，稱之爲邏輯眞（Logical truth），二是從倫理上來研究眞，稱之爲倫理眞（Moral truth），三是從本體上來研究眞，稱之爲本體眞（Ontological truth）。

何謂本體眞？定義是「實與名相符」（the conformity of a thing to the mind）。也就是說，在人的理智內，先有一個觀念（名），此觀念是物的典範或標準（pattern or standard），是物的模型觀念（type idea），是物必須與此模型觀念相合，方是眞，不然就是假。例如，工程師或建築師在建橋或是造屋前，在腦海中已先有該橋、該屋之圖案之觀念，然後再將此觀念中之圖案繪出，如果後來所建之橋、所造之屋與該圖案相同，就稱之爲眞，就是「實與名相符」，不然就稱之爲假。因此，在本體之眞內，觀念（名）先物而有，也就是該理智是物的存在原因，是物的規範，物並受理智測量，因此，理智如果不在，則物就不能有，在本體之眞理，理智決定物的存在，物要接受理智的測量。

既然物要受理智的測量，則理智似乎應是本體之眞的最後基礎了。那麼理智是什麼？理智的內涵應是物的內在組織，其特性和本體之眞相等，此特性又可稱之爲物性。物性既爲物的內在組織，內在組織必有其來源，大部分的哲學家以爲此來源應是在神的理智內，神的理智才是本體之眞的最後基礎，因爲神在未創造宇宙之前，在祂內已先有各事物的觀念，即各個事物的性質、各事物的內在組織，因此，當其創造時，這些觀念都成爲實體的實際物體，這些實際事物必須與神的觀念相符合，才算是眞，也就是「實與名相符」。

本體的認識會產生錯誤的原因，可有下列數項：一是由於事物本身的原因，由於事物可能與其他事物有相似之處，以致於造成因相似而有的誤解；二是由於感官的原因，人的知識雖然起因於感官，但感官有時也會有錯，以致造成我們對事物的錯誤判斷；三是由於理智的原因，人的理智雖然可以認識一切東西，但由於受到肉體的限制，不但對純精神的認識不清，就是對外在的事物，有時也會有錯誤，以致於產生了謬誤。像這些本體謬誤的產生，都是因爲意外或偶然的原因才會發生的，在正常的情形之下，人是能認識所有的東西，而且是按照各類事物的眞實性質加以認識的。因此，在實際上，本體的謬誤是不存在的。

至於何謂倫理之眞？定義是「心口合一」（the conformity of the speech to the thought）。

凡語言、行爲所表達的內容，完全與心裡所想的符合時，就稱之爲心口合一，就是倫理之眞，口是心非就不是倫理之眞。

倫理之眞，在某種意義上來說，也可以算是本體之眞的一種，因爲，前面已談過，本體之眞，是實與名相符。名是物的尺度、規範，物必須與此理智內的知識相符，才是眞的。同樣，在倫理之眞裡，理智內的知識也是尺度、規範。言語、文字即是物，必須與此理智內的知識相符合，才能是眞的，不然就是假的。

倫理之所以會產生錯誤的原因，不是因爲認識不清，而是因爲在有意或無意間，說出一些與倫理事實不符之事，導致造成別人錯誤的判斷，這就是倫理的錯誤，如果是故意的，我們就稱之爲說謊，如果是無意的，則是因爲認識不清才產生錯誤，這種錯誤，我們可以將之歸於本體的錯誤內。

何謂邏輯之眞？定義是「名與實相符」（the conformity of the mind to the thing）。也就是說，先有物、後有觀念。物是觀念產生的原因，觀念是物所引起的果；物是觀念的規範，觀念應受其物的測量。這種先後次序，和本體之眞正好相反，所以事物若不存在，則無觀念，所以在邏輯之眞內，眞是存於觀念內，即在認識的主體內。

在邏輯之眞裡，觀念與事物的關係，形成了人對物的知識眞假。所以在人的理智內的觀念，如果與客體之事物相合，即爲眞，否則即爲假。

邏輯的謬誤產生的原因很多，但一般來說，可有下列數項：由於人認知的能力有限，以致於產生謬誤；由於實體本身的複雜性，使很多人不能即刻造成清晰的判斷，以致產生謬誤；由於意志能直接影響理智，對一些缺乏明顯性的事物表示贊同，結果就產生謬誤；由於偏見；由於恆心與毅力的缺乏，以致造成錯誤；由於對權威的崇拜；因為虛榮心等。在邏輯的判斷中，還有更多的類型可以指出，例如在今日的邏輯判斷中，對非形式邏輯（Informal logic）的判斷就有許多的謬誤可資討論。

從以上所言，眞可以分成三種不同的類型，但我們的問題是，眞的標準是如何得來的？根據何種判斷的結果，產生了眞的標準呢？就如同在邏輯之眞裡，一個名與實相符的標準，必須與確實性相合符，不然，其標準必然會不夠標準，下面我們就來討論眞的標準的一些問題。

首先是確實性的問題。

何謂確實性？確實性可以分成主觀確實性與客觀確實性兩種。

所謂主觀確實性是一種心靈的狀態，是個人對自己所信以為眞的事的堅定態度。這種使理智對一個事理的堅定態度乃是由於意志的原因，因此這種主觀確實性不能保證人不犯錯，卻能排除個人對錯誤的畏怯，這種確實性，是由主觀明顯性所造成。所謂主觀明顯性，是一個人對於一件事所理解的程度，但這種程度可因人而不同，因此，此種明顯性是有造成錯誤的可能。

至於客觀確實性，則是由於客體的充分理由或證據所造成的確實性，這種確實性使人的理智能夠表示贊同，但理智上贊同的方式，可因程度的差異而有不同的方式。倫理確實性（moral certitude）是關於人事方面的確實性，這種確實性只有相對的眞、而無絕對的眞，像父母愛自己的子女、國民愛自己的國家，都是相對的，因爲有些父母、有些國民並不愛自己的子女、不愛自己的國家。物理確實性（physical certitude）則是建立在自然律（the law of nature）或物理定律上的確實性，這一類的確實性，通常都是絕對的正確，不會有例外，如水往低處流、重物往下墜、人死不能復生等都是絕對正確的，唯一能有例外的，就是有奇蹟出現，此時，水也可能由低處而向上流、人死也可能復生，其理由則如大哲多瑪斯（Thomas Aquinas）所說，有超自然的力量來規定自然，因祂如要改變自然律，也不是不可能的，因此，這種確實性，通常都是正確的，但如有超自然力來干預，則其正確性就會消失。形上確實性（metaphysical certitude）是建於形上原理上的確實性，這種確實性是絕對正確的，在任何情形下也不會例外，因爲這些都是屬於自明原理（selfevident）如矛盾律、排中律、同一律、因果律等，這些是永遠不變的，在所有客觀確實性中，只有形上確實性才是完全的、眞的。

客觀確實性如同主觀確實性的情形一樣，是來自於客觀明顯性。客觀明顯性可分爲內在客觀明顯性及外在客觀明顯性。

所謂內在客觀明顯性，是存在於由判斷所肯定的實體內明顯性，即是一種在客體的自身內所含有的明顯性，此種明顯性促使理智對該物形成判斷。像是「二加二等於四」、「三角形有三個角」等都是基於內在的客觀明顯性所形成的判斷。此種明顯性又可分成「直接的」及「間接的」二種，前者是由判斷所指示的事實「直接」呈現於理智或感官，如「二加二等於四」、「全部大於部分」等都是直接呈現於理智的眞；後者則是實體並不直接呈現於理智或感官，必須經過理智的思考之後才能獲得，如我早晨起床，推開窗戶往外看，見到陽光普照，卻發現地上是溼的，因此，我推斷昨夜下過雨，這就是間接的內在客觀明顯性，其他像乘法、偵探判案等，也都是屬於這一類。

外在客觀性是一種不存在於由判斷所肯定的客體內的明顯性，而是基於實體以外的一種明顯性，這種明顯性，可經由我們對事實的判斷而使事物獲得眞。此種明顯性，也可以分爲二種：一是基於權威的明顯，一是基於不明智的懷疑的明顯性（evidence of the imprudence of doubt）。前者是由於證人的可靠性，使我們確信其所言及所行爲眞，如八二三炮戰，雖然很多人未曾參與，但我們的長輩親人曾參與此戰役，其爲人又可靠、自然，我們也相信其所言爲依據，因此，證人的可靠性愈大，則其確實性愈大；至於後者，則是本身不足強迫我們相信一事物，但足夠排除所有不合理或不明智的懷疑的明顯性，如今日的學科分工愈來愈精細，隔行如隔山，要我們樣樣都精通，事實上是不可能的，但若因此，對於不屬於我們專門的東西都懷疑，就太不明智了，對於那些非我們專門的事物的確信，就是建立在不明智的懷疑的明顯上。

從上所言，眞的標準，大體是以客觀明顯性（自然包括內在及外在）爲標準，但這種標準不是最後標準，因爲不是所有的客觀明顯性都是可以同時建立起判斷性的眞，以及產生確實性的眞。因此，最後的標準必須是以「內在的直接客觀明顯性」即「自明明顯性」爲最後標準。

在前面我們已談過，內在明顯性的眞比外在明顯性來得更眞，直接明顯性又比間接明顯性更眞，如此，內在直接明顯性就是眞理的最後標準。雖然客觀明顯性可以是一般標準，但由於它包含了內在及外在明顯性，其標準性由於有了外在明顯性的原因，而不能做爲最後的標準。由上所說，眞的最後標準必須是內在直接的客觀明顯性。比透（Bittle）在他的《眞實的心靈》（*Reality and the mind*）一書中，就肯定了眞是內在直接客觀明顯性，他以爲內在及直接的客觀明顯性預先支持外在及間接的客觀明顯性的話，則外在間接客觀明顯性也可以使我們明瞭該事物的確實性，藉之而獲得眞理。事實上，多瑪斯所強調的也是這一點。

□面對人生問題

從上而論，在我們人生的過程中，要作無數的判斷，有些判斷的結果對我們影響小，有些卻具有終生的影響，如何作有效的判斷，使我們的人生更充實，更有意義，是非常重要的。我們對眞與假有所認識之後，就可知眞理不是我們可以隨意捏造的，也不是會隨時代而有所改變的，更不是如同實用主義者所言的完全是以實用的標準來衡量的。眞理絕對是可以放諸四海而皆準的，對眞理的執著，堅守眞理的原則所作的判斷，將是使我們的人生獲得最完美的發展的最重要方法。

寓言

眼見不為真

有兩個一老一小的天使來到人間，旅途中借住一個生活富裕的家庭，這戶人家對他們的態度非常傲慢無禮，讓他們睡在溼冷又窄小的地下室，當兩位天使正準備就寢時，老天使在牆壁發現了一個洞，便把這破洞填補起來，小天使問他為什麼要這麼做，他說：「很多事情並不是像外表看到的那樣。」

第二天晚上，兩位天使借住在一戶十分窮苦的人家，該戶的主人夫婦對他們非常友善且熱情款待，還把僅有少量的食物和他們一起分享，夫婦倆甚至讓客人們睡床，自己則打地鋪，好讓二位天使能得到充分的休息。

隔天一大早，天使們發現夫婦倆眼眶含著淚水，心中很難過，原來他們賴以為生的乳牛竟然在昨晚死了！

小天使滿腹疑問，一等離開這戶人家，小天使便非常生氣地責問老天使：「你怎麼能讓這種事發生呢？之前那個富裕人家，什麼都不缺，但你幫他們補了牆；這對窮苦的夫婦雖然貧窮，卻和我們分享了所有，你卻讓他們賴以為生的乳牛死了！這樣合乎天理嗎？」

老天使回答：「很多事情的道理並不是像眼睛所看到的表面那樣。在富裕人家的地下室時，我注意到那個牆洞裡藏有黃金，既然他們如此貪婪，又不願意和別人分享，我便把牆洞封死，不讓他們發現那些黃金；而昨天我們在窮苦人家睡覺時，死神正好要來取農婦的性命，我就讓那頭乳牛代替了她的命。」

資料來源：http://www.epochtimes.com/b5/9/6/24/n2568631.htm

注釋

註1 禪語主要指從佛門中傳出的精華語句，話語平樸，涵義深遠，對人生思想等方面有助益。由於其文雅雋永，時常被應用於文學作品中，例如宋代真山民《夜話無上山房》詩中：「茶甌勝飲酒，禪語當論文。」常見的經典禪語有「色即是空，空即是色。」「一花一世界，一葉一菩提。」「前生五百次的回眸才換得今生的一次擦肩而過。」「苦海無涯，回頭是岸。」「放下屠刀，立地成佛。」「菩提本無樹，明鏡亦非臺，本來無一物，何處惹塵埃。」「我不入地獄，誰入地獄。」

資料來源：http://baike.baidu.com/view/809449.htm

註2 韓雪，一九八三年一月十一日出生於江蘇省蘇州市，上海戲劇學院畢業，為演員、歌手。二〇〇一年簽約新索音樂，以歌手身分出道，因清純的外表和淡雅清新的曲風被媒體譽為中國「新玉女掌門人」，之後影視歌多棲發展，主演過多部電視劇，亦多次以歌手身分參與春節聯歡晚會、大型運動會等。

資料來源：http://zh.wikipedia.org/wiki/%E9%9F%A9%E9%9B%AA

32

善與惡

只要是善的太陽升起，不論再深的惡的陰霾，也會馬上消失。

池田大作

思考人生問題

問題一、何謂善？

問題二、何謂惡？

問題三、罪和惡有沒有區別？

問題四、善意的欺騙是善還是惡？

問題五、人生的目的，是否要追求一切的善？

問題六、善有沒有包括惡？善如果不包括惡，能是善嗎？如果善包括惡，怎麼能稱爲善呢？

問題七、善是人的本性？還是後天可以培養出來的？

問題八、善會不會隨時代而變化，對其標準的認定會不會也有變化呢？

案例

以德報怨　升華自己：《悲慘世界》[1]

農民出身的貧窮工人尚萬強為了姊姊的孩子偷麵包而遭逮捕，判五年徒刑，因為幾次越獄被抓回來，又加判了十四年刑期，結果為了一塊麵包，尚萬強坐了十九年的牢。

出獄之後，尚萬強到處遭人白眼，親人去世，流離失所，這時米里艾主教收留他，供他吃住。尚萬強卻偷了教會裡的銀器，然而主教卻說銀器是送他的，主教道：「你再也不屬於魔鬼了，用這些銀器，我已經買下了你的靈魂，我已從恐懼和仇恨中贖回了你，現在我把你交回給上帝。」主教一番話就此改變了尚萬強的一生。尚萬強改頭換面，之後成為市長，努力幫助窮人。後來在不知情的情況下解雇了未婚生女的芳婷，使其走投無路成為妓女，身心備受摧殘，但是最終還是尚萬強解救了她，讓她安心離開人世，並撫養了她的女兒。他將自己所有的財產都給芳婷的女兒珂賽特，讓她和情人幸福生活，為了不妨礙他們，自己再次選擇孤獨終老。經歷這一切後，完成了自我救贖的過程：「I am Valjean」。

賈維爾是個嚴厲的警察，認為慈悲是罪犯的根苗，人一旦犯罪，就永遠是壞人。

但尚萬強的善行顛覆了他的價值觀，對他持人性本惡論的心裡帶來巨大衝擊，他無法再面對自己持守多年的信念，選擇跳河結束他充滿殉道意味的一生。

資料來源：http://blog.udn.com/chinanewsreviewvideo/7227174

□討論人生問題

何謂善？何謂惡？自古以來就有許多的討論，最傳統也最廣泛的看法就是「凡是有（being）即是善」，這種定義法雖然是無所不包，但並不能使我們了解善的眞義。因此，亞里斯多德認爲善是「一切物之所欲也」（is that which is desirable or what all desire），雖然這是一個相當好的定義，但此定義卻不是從善本身來著手，而是從善在其他物身上所產生的效果來著手，也就是任何能引起他物對他產生一種欲望、喜愛、滿足，並對想獲得此欲望、此喜愛、此滿足之物的，都是善。在亞氏此定義之另一面，也可以說，一切物都欲「善」，無物欲「惡」，因此，善有可欲性，但可欲性不是絕對的，而是相對的，是牽涉到兩物間的關係：一物有所缺，因而有所需，另一物能滿足此物之所需，能塡滿此物之所缺，所以善也可如多瑪斯所說：「物之一種能滿足他物的自然需要或天生欲望的適應性（Suitability of a thing to a natural tendency or appetite）或能滿足一種需要之物（Something capable of satisfying a want）。」因此，我們可如此說，物皆欲善，但不是所有物都欲所有的善，也不是所有物所欲的都是善。每物只欲求能滿足自己的需要，能塡滿自己的缺陷及促進自己完美的都是善。

那麼，善有多少種？由於各物的需要不同，因此，各物所要求的善也就不同，約略來說，可以分成下列數類。

第一類可分成本體善（ontological good）、物理善（physical good）及倫理善（moral good）三種。本體善是指物的內在組織，物的本性都是善的，由於所有物都有物性，因此，所有物從本體觀點來看，都是善的；物理善則是指各物性所要求的本身方面的成全，這種成全就是善的，例如人的身體的成全，也就是四肢、頭與各部分都健全，就稱之爲物理善；倫理善是指符合倫理法則的善，一物從本體或物理來看可能是善的，但從倫理來看，則有可能是惡的，如士兵殺敵人，從本體善及物理善來看，其完成殺人行爲可以說是善的，但從倫理觀點來看，殺人行爲就有不同的結果，軍人爲保衛國家殺死敵人，自是合乎倫理善，但若當敵人向他投降時，他仍然將敵人殺死，則不是倫理善，而是惡了。

第二類善則可分成絕對善與相對善二種。絕對善是一物擁有自己所應有盡有之成全，沒有任何缺陷，因此，又可稱之爲普遍善（universal good）或無限善（infinite good），此種善，由於可完全滿足人的欲望，人對此種善非要求不可，沒有選擇的餘地；相對善又稱爲特殊善

（particular good），不能完全滿足人的欲望，因爲它不是十全十美的，它含有缺陷，所以，從另一觀點看來，此種善是惡，人對這種善不是非要不可，而是完全自由的，可以取之，也可以棄之。

第三類善則可分成客觀善及主觀善二種。從本身看來是善的，即是客觀善；主觀善則是對客觀善之實際上之擁有，例如一只鑽戒，以其本身來說是客觀善，人可以占有它，即對它有所有權，此種所有權對擁有者來說是一種善，即主觀善。

第四類善可分成眞正善與表面善。眞正善是一種實際上的確對一物有好處，能滿足一物之需要，確實是一物所要求之物，如知識對人類來說就是一種眞正善；表面善是指從表面上看起來，似乎對一物有利，但實際上對他並不好，也許還有害，例如在中國傳統上，小孩感冒，父母都會用很厚重的棉被蓋在孩子身上，希望悶出汗來，這樣孩子的病就會好，其實這種方法不但不行，實際上還有害，這就叫做表面善。

第五類是正善、娛善與益善。正善（honest good）是對一物眞正有益，眞正能給一物帶來好處，是一物按其本性及按眞理所需要之物，此種善可從肉體、理性及倫理三方面來看，如健康之於身體、知識之於理性、德行之於整個人而言都是正善；娛善（pleasurable good）能引起人的快感，給人享受、滿足的都是娛善，這種娛善有時是指可引起快感之物，也可指快感本身；益善（useful good）是一種爲得到正善或娛善的方法，即是爲達到目的的方法，如醫藥對病人的康復、交通工具對旅客的移動等都是益善，當然有些益善可以同時是正善，也是娛善，有時則只能是其中之一，比如搭乘輪船是一種享受，對身心有益，同時又是被利用爲達到目的地的交通工具。而讀書能增加知識，能給人帶來無窮的樂趣，並且也是一種達到目的的方法，比如讀書是賺錢及求功名的捷徑。

以上所說的善的區分方法，對倫理學特別重要，從倫理觀點來看，正善是最高尚的善，因是順乎正理，合乎倫理規則；娛善不一定是合理的，有時可能相反正理，違背道德律，故它雖能滿足人的情欲，卻是罪惡的根源；益善只是一種爲達到目的的方法，方法的正當與否與其目的的正當與否爲衡量標準，目的若是合法及合理的，方法也就是好的及正常的，反之亦然。

至於從人生哲學的觀點來看，善是人生選擇中必須努力的一面，這也是多瑪斯所以肯定亞里斯多德的定義並且不斷加以引用的理由，多瑪斯以爲善有三種任務；衡量出生、揭曉外觀特徵及修飾傾向。這三種任務，都指向目的，都是使人的欲求獲得最大的滿足，也就是趨向於實現、保存及延續自己的價値。因此，在人生的意義下，如何使我們的行爲及生活獲得最大的善，並與惡完全隔絕，是我們人生中的重要目的。

在研究了善之後，必須對惡有所了解，才能使我們的人生獲得最正確的判斷，也才能避惡趨善。

那麼何謂惡呢？簡單說，惡是不成全、不積極的現實，是善的缺乏。在歷史上，對惡的爭論最多，但在解決的人生方面，則以奧斯丁（Augustine，西元三五〇至四三〇年）及多瑪斯（Thomas A.，西元一二二四至一二七四年）爲最徹底，他們二位都主張惡是「善的缺乏」（the privation or absence of【a required】good），也有人說是一種缺陷。因此，凡一物缺乏「能」有與「應」有之物的都是惡，這也就是構成惡之主要條件。

所謂能有之物，是任何不相反一物之本性之物，即所缺乏之物是一物之本性所要求之物。如人若缺乏翅膀，並不構成惡的條件，因爲翅膀並非本性所要求之物；但是人若缺乏眼睛、鼻子、耳朵等等，即是惡，因爲一個正常的人，都必須具有這些東西，這種必須就構成了能有且是應有的條件。所以，凡缺乏能有且應有條件的，我們就稱之爲惡人（an evil man）。

由於惡是善的缺乏，因此，惡不是一個積極的現實（positive reality），不能單獨存在，它必須與物在一起，即是應存在於善上，因爲若沒有善，如何有善的缺乏？而善與存在（有）是同一因事，如無存在，則何來善？惡也不存在，因此，只有存在之物才有善惡可言，而惡是因善而來，因此，惡的存在是因善而肯定，善是惡的主體。既然善是惡的主體，則無所謂絕對惡。因爲，這種惡，不含任何的善，也就是沒有任何存在，這如何可能？也因此，多瑪斯完全贊同亞里斯多德及奧斯丁的意見：「惡絕不能完全把善加以消滅。」

惡既不能把善完全加以消滅，則惡之定義，就如前所述：「是一物『能』有及『應』有之物的缺乏。」（the negation of a perfection due to a positive subject which as a real capacity or demand to that perfection）

惡有多少呢？善既是惡的主體，則善有多少，惡也應有多少。但事實上，在惡中可以討論的，只有下列三類。

第一類是絕對惡與相對惡。前面已說，絕對惡不存在，乃是因爲絕對惡是一種在任何情況之下，對任何物都不好的缺乏，這如何可能呢？因爲任何存在，就其本身來說都是善的，因此，不可能有絕對惡；而相對惡則是一種不是在任何情況之下，對任何物都不好或有害之缺乏，它只是在不同情況下，對一物有益，對另一物有害而已，如狼的體型與速度，對自己有益，對他物（如羊）則是有害。

第二類惡是眞正惡與表面惡。眞正惡是眞正善的缺乏，例如翅膀對鳥是眞正善，鳥缺乏翅膀就是眞正惡；表面惡也是表面善的缺乏，玩火對小孩來說，是很有趣的遊戲，但太危險，因此，大人不准小孩玩火，是表面惡，但是眞正善。

第三類惡是本體惡、物理惡及倫理惡。本體惡自然也是本體善的缺乏，由於善與存在合一，所有的存在都具有本質，所有的本質都是完美無缺的，都是物最需要的，因此，本體惡不存在，不是一實體；物理惡是指一物缺乏其本性所要求的，這種惡在物理界是顯而易見的，因爲形體世界是有限的，當它的活動、發展受到損害時，都稱爲物理惡，因此，物理惡的存在，是不容否認的事實；倫理惡的存在，更是顯而易見，我們最常用的「罪」這一名詞，就是倫理惡的別稱，倫理惡只能在人的行爲中找到，所以倫理惡的定義是「違反倫理規則的人性行爲」。

爲什麼會有倫理惡或罪行？多瑪斯以爲有四個因素會引起罪行：對象（物）、理智、意志及執行官能。

凡是行爲的產生，都應先有對象，對象透過外在感官的刺激或內在感官的輸送，呈現於理智，理智受對象的刺激，而後有反省，理智最後將反省的結果呈現給意志，由意志決定接受或不接受。在這一個過程中，每一個因素都可以引起罪行成倫理惡。其中眞正構成自由與道德的行爲是理智與意志。

理智是提供對事物的認知，意志則是以自由抉擇來行事，由於人的理智是有限的，有可能提供不正確的認知，意志根據這種不正確的認知做選擇，就有可能會犯錯。再者，即使理智已提供正確認知，意志仍可自由地決定行或不行，能行即爲善，不行即爲惡。

雖然，多瑪斯指出四個因素是罪行的原因，但眞正研究起來，理智與意志才是最主要的倫理惡的因素。

□面對人生問題

從前所述各點，可知善與惡的選擇是人生中極爲重要的事情，有些選擇，其後果對人的影響可能不大，但有些選擇，則可影響人終身，因此，必須非常謹慎地作有效的選擇，尤其在一些對人生有極重大影響力的事情上，更應該特別小心，在作選擇前，對善惡的特質及種類有一個清晰的了解，將對選擇極爲有益，對我們的生活，也才能多一層幸福的保障。

寓言

力量弱小的「善」被「惡」趕到了天上。

「善」於是問宙斯，怎樣才能回到人間去。

宙斯告訴他，大家不要一起去，一個一個的去訪問人間吧。「惡」與人很相近，所以接連不斷的去找他們。善因為從天上下來，所以就來的很慢很慢。

人很不容易遇到善，卻每日為惡所傷害。其實人性本善，只是大環境的改變，淳樸古風已漸消逝。人們的道德也大滑坡，世風日下。如果人人都能守住善念，生命的永恆常在、回家的路亦不再崎嶇。

資料來源：www.minghui-school.org

注釋

註1 《悲慘世界》（Les Miserables），法文原意為「悲慘的人們」，這是法國作家維克多·雨果（Victor-Marie Hugo）於一八六二年所發表的一部長篇小說，是十九世紀最著名的小說之一。小說描繪了十九世紀初二〇年代幾個法國人物的生活，涵蓋了拿破崙戰爭和一八三二年巴黎共和黨人起義。故事的主線圍繞在主角獲釋罪犯尚萬強（Jean Valjean）試圖贖罪的歷程，小說同樣試圖檢視他的贖罪行為在當時的社會環境下所造成的影響。這部宏大的小說，融進了法國的歷史，以及巴黎的建築、政治、道德哲學、法律、正義、宗教信仰，檢視了善、惡和法律的本質，同樣還有愛情與親情的種類和本質。雨果的創作靈感來源於一個真實的罪犯和警察「Francois Eugene Vidocq」，他把這個真實人物的性格分成了故事中的兩個人物。這部小說最著名的改編作品是同名音樂劇。

資料來源：http://zh.wikipedia.org/wiki/%E6%82%B2%E6%85%98%E4%B8%96%E7%95%8C

33
義與利

學莫先於義利之辨。

張栻[1]

思考人生問題

問題一、何謂義？
問題二、何謂利？
問題三、人生的目的是求義或求利？
問題四、求義或求利，何者更適合人的本性？
問題五、功利社會中求利，不正是正合乎時代潮流嗎？
問題六、如何在功利社會中求義？
問題七、求義與求利，可否二者得兼？

案例

被椅絆倒死　友獲賠千萬保險金

王男赴大陸旅遊，被椅子絆倒後猝死，身為王男保險受益人的好友請求保險公司給付保險金。法院判保險公司給付兩千萬元。

根據臺灣高等法院日前公布的判決書，五十二歲王姓男子生前向一家保險公司投保「旅行平安保險」，保險地點為全球，保險金額為新臺幣兩千萬元。

王男的沈姓友人主張自己是王男的「莫逆之交」，曾救助過王男，所以王男投保時以他為受益人。

沈姓友人說，王男於民國一百年三月間赴中國大陸旅遊，在巡視自己投資的燈飾廠時，遭椅子絆倒，送醫後死亡。王男因意外事故死亡，保險公司卻拒絕理賠保險金，因此提起訴訟。

保險公司主張，王男於短期間內發生昏迷死亡的情形，顯然是因心血管疾病所致，並非意外事故，不符保險約定的保險範圍，拒絕給付保險金。

一審審理認為，王姓男子是「猝死」，他於民國九十七年至醫院進行健康檢查時，結果並無明顯異常，依相關證據，王男並非體弱多病之人，保險公司未證明王男因病死亡，判保險公司給付保險金兩千萬元。

保險公司上訴後，高院駁回，仍判保險公司敗訴，全案還可上訴。

資料來源：中時電子報。2013/4/21。http://news.chinatimes.com/society/110503/132013042100626.html

□討論人生問題

義利之辯是人生哲學中一個相當重要的問題，早在先秦，就已有過激烈的爭執，即使在王公貴族與庶民間，也有過類似的爭論，例如在《孟子．梁惠王篇》首段就有記載：「孟子見梁惠王，王曰：叟，不遠千里而來，亦將有以利吾國乎？孟子曰：王何必曰利，亦有仁義而已矣。」由此可知，義利之辨，是戰國時期最早的人生哲學問題之一。

那麼，何謂義？何謂利呢？

首先解釋義，義有廣狹二義，從其狹義來說，是專指社會上的正義公義，從其廣義來說，則是泛指一切合於善的標準或道德標準，有時，也直接指向善的標準或道德標準本身。因此，一般來說，「義」具有強迫性的意味，它含有「應該」或「必須」的意思。

利的意義，則比較複雜，歷代的學者，大都以爲利是來自於欲，而欲又是「情之應」，因此，利、欲、情三者是密切相連的。從廣泛的意義來說，凡能滿足人欲求的活動，凡能滿足人欲求的事物，都可以稱之爲利。簡單地說，順欲是利，可欲也是利。例如，從人的欲望來看，人莫不欲利、欲貴、欲生，因此，也就產生了欲利、欲貴、欲生之利，雖然彼此欲的性質不同，但都是屬於人的，都是人欲。

當代學者，在討論到義利之辨時，喜歡從生理的層面來看，其理由乃是以義爲人的層面，以利是出自於人的生理欲望。例如朱世龍先生說：「義是道德的原理，利是功用的標準；義是植根於性體，利是植根於欲望。性體是精神及行爲主宰，欲望爲物質需要的理由；從主宰，可使精神上升，從欲望，便使精神下降。……義利之辨。乃行爲取捨的路向之辨，究其實質，則是道德心與生理感官誰來作主之辨。」（《仁心之存養與存擴》，十六頁）這種二分法，事實上是將道德的統一性化成了二極化，使得原本是囊括人的整個道德生活的義利之辨，變成了物質與精神之爭了。

其實，義利之辨，不能單從生理層面來看，因爲人的欲利之心除了生理欲望之外，還有更多的心理層面。如以下所述：

「富與貴，是人之所欲也？」（《論語・里仁》）

「欲貴者，人之同心也。」（《孟子・告子上》）

「好名之人，能讓千乘之國。」（《孟子・盡心下》）

「見孺子之入井而惻隱，率性之道也。從而內交於其父母焉，要譽於鄉黨焉，則人心焉。」（《王陽明・重修山陰縣學記》）

「夫吾之所謂眞吾者，良知之謂也。父而慈焉，子而孝焉，吾良知所好也。故夫名利物欲之好，私吾之好也。」（《王陽明・從吾道人記》）

這些都是源自人心，私吾而不屬道心，眞吾的欲望都不只是生理的欲望。孟子也說：「生亦我所欲也，所欲有甚於生者，故不爲苟得也。」（《孟子．告子上》）

這種超越於肉體之外的欲望，除了能在義上有所行動之外，也可以在其他事物之上表現出來，如知識或名譽等，都不只是滿足於生理的欲望而已。但不可否認的是，歷來的儒家，在討論到義與利時，對於生理感官與心之間的關係，都有相當的重視，但不能因爲有相當的重視，就認爲儒家把義利之辨視爲心理與生理之別。

儒家倫理的道心及人心，基本上都是指著同一主宰道德人生的心，故非主宰心之外，另有道心及人心，也就是說，在道德生活中，人只有一個心，而不是有二個或二個以上的心，如同朱熹所說：「人之所以位天地之中，而爲萬物之靈者，心而已矣。」（《宋元學案晦翁學案下》）「聖賢千言萬語，只是欲人將已放之心收拾入身來，自能尋向上去。……心只是一個心，非是以一個心治一個心。所謂存，所謂收，只是喚醒心。」（《宋元學案．晦翁學案上》）因此，從儒家的眼光來看，義利之辨，不外是道心與人心，或天理與人欲誰來作主之辨了。

明乎此，從人心，從人性的目的來看，究竟是求義或求利呢？

人生的目的可從遠近兩點來看。

從近的來說，人生的目的，乃是要改善人生，使人生合乎個人的希望，求利與求義似是合爲一體，因爲不能因爲個人之求利，而使天下人失義。董仲舒說：「計利當計天下利。」這種推己及於天下的心情，是一種不但改善自己生活，也求別人生活好的目的。我們也不否認，人人有爲自己求利的企圖，但如果一己之求利妨害了他人，則個人的良心是不會安的。

就遠的來說，一人之成功，絕不是一個人可以辦到的，必須藉助他人才行。從這一個觀點來看，天下如果能安，則個人也能安，天下不能安，則覆巢之下焉能有完卵？因此，天下之利，當是要先達成，如此，就得置個人之私利於後，置天下之大利於先了，也就是以義爲先、以利爲後了。

從人性的觀點來看，求義比求利更能滿足人內心的願望，因爲求個人之利，只能獲得暫時的滿足，而不能得到長久的心安，在求義方面，即使只是爲個人，由於公義正義的原則，也會化個人之義爲社會正義。

從時代潮流來說，功利思想泛濫，人人都以求利爲目的，但是否表示求利就是功利社會的唯一特徵呢？事實上，在功利社會中更需要義的原則，如此，人人可在一固定的原則中，各取其利，而不致於侵犯他人，使他人蒙受不利。因此，義可以包含利，人之所以有利，乃是受到義的保護，不然誰又能說，個人所取之利是長久之利，是不會受他人侵犯之利呢？

如果從以上的觀點來看，求義與求利是可以兩者得兼的，只是秩序上的問題而已。如以利爲先，則義不可得，以義爲先，則利可以得到保障。

□面對人生問題

在中國的人生哲學中，義與利是長久以來最引起爭執的問題之一，尤其在面臨西化的過程中，爲一個努力保存固有文化，而又不能不吸收西方思想的人來說，二者如何加以分辨，如何以中國人的良心求抉擇，實在是大費周章。只有在了解了義與利的特性之後，才能以有效的方法，作成有效的選擇，達成人生的目的。對年輕的一代來說，能夠分辨義與利，更是當務之急，期望每一個人都能有合乎倫理方法的抉擇，使大道能行之於中國，宏揚於世界。

寓言

不遠千里

戰國時期，梁惠王見了孟子，熱情地說：「先生，您不以千里為遠來到我們魏國，一定是為我的國家帶來利益了吧？」

孟子回答說：「大王您何必一開口就講利？有仁義就行了。如果君王說怎樣有利於我的國家，大夫說怎樣有利於我的封地，士和老百姓說怎樣有利於自身，這樣上上下下都追逐私利，那麼就危險了。」接著孟子說道：「在能出動一萬輛兵車的國家，謀殺他們國君的，必定是能出動一千輛兵車的大夫之家；在能出動一千輛兵車的二等國家，謀殺他們國君的，必定是能出動一百輛兵車的大夫之家。大國的大夫能從萬輛兵車的國家中獲得兵車千輛，二等國家的大夫能從千輛兵車的國家中獲得兵車百輛。這些大夫的產業不能說不多了，但是，他們永遠不會滿足。所以您不能再宣揚私利了。」

梁惠王聽了很受觸動，焦急地問：「那先生以為該怎麼辦呢？」

孟子說：「從來沒有講仁的人會遺棄他的雙親，也沒有講義的人會不尊重他的君主。所以，大王您只要講仁義就夠了，何必再講利呢？」

資料來源：http://www.soku.com.tw/%E5%AF%93%E8%A8%80%E6%95%85%E4%BA%8B/

注釋

註1　張栻出生於一一三三年，卒於一一八〇年，字敬甫，號南軒，漢州綿竹（今屬四川）人，為丞相張浚之子，仕至右文殿修撰，為南宋學者，理學集大成者。張栻用功早慧，博學多才，南宋高宗紹興七年

（一一三七），張浚謫居永州，張栻從小跟隨父親，十幾歲時就能為父親出謀劃策，幕僚都自愧不如。與呂祖謙和朱熹齊名，時稱「東南三賢」。張栻政治上誓不與秦檜為伍，力主抗金，學術上雖承二程，但有別於二程，《宋史．道學傳序》稱：「張栻之學，亦出程氏，既見朱熹，相與博約，又大進焉！」主要著作有《論語解》、《孟子說》、《洙泗言仁》、《諸葛忠武侯傳》、《經世編年》等，事見《晦庵集》卷八九《右文殿修撰張公神道碑》。

資料來源：http://zh.wikipedia.org/wiki/%E5%BC%B5%E6%A0%BB

34
美與醜

俊俏的相貌在市場上買不到任何東西。

英國諺語

思考人生問題

問題一、何謂美？

問題二、何謂醜？

問題三、美是完全主觀的？還是具有客觀性？

問題四、美有沒有標準呢？如何來訂定這些標準呢？

問題五、凡是眞的是不是就是美？

問題六、何謂內在美？何謂外在美？

問題七、美和善有沒有關係？

問題八、有沒有絕對的美？有沒有絕對的醜？

案例

史瑞克婚禮　美醜不在意

許多人嚮往婚禮當天最美麗、帥氣的自己；英屬澤西島一對夫妻卻把自己打扮成系列動畫《史瑞克》中其貌不揚的妖怪夫妻「史瑞克」和「費歐娜」。

四十二歲的貝拉斯（Paul Bellas）和三十歲的可秀（Heidi Coxshall）有個四歲的兒子里歐，兒子最愛的動畫就是《史瑞克》。他們想，要為兒子辦個最特別的婚禮。

婚禮上，他們將兒子打扮成史瑞克最好的朋友「驢子」；其他賓客也扮成「鞋貓劍客」、「薑餅人」或其他童話角色。

貝拉斯戴上附耳朵的妖怪頭套，貼上濃眉，可秀則化上費歐娜的雀斑妝；她說：「我不是個瘦子，我想我扮費歐娜扮得很成功。」

貝拉斯說：「《史瑞克》背後的意義是，無論你是誰、長得美或醜，都該擁有真愛；這是最美的事情。」

資料來源：《人間福報》網站。2013/3/2。http://www.merit-times.com.tw/NewsPage.aspx?Unid=296603

□討論人生問題

對美的界說，歷來有許多的爭論，主要的問題就是在主觀與客觀之間的看法。有很多人以爲美就應該是「賞心悅目」，凡是能賞心能悅目的，都可以稱之爲美。但如何去界定賞心？去界定悅目呢？

希臘大哲亞里斯多德認爲美是：偏於感覺性的，但具有理想的內容；美是自然的模仿。亞氏的觀念，是由柏拉圖的觀念引申而來。亞氏以爲凡稱得上美的，就必須具有這二個觀念，當這二個觀念應用到事物時，就成了偉大和次序，凡是稱得上美的物體，其各個組織成分，必然都是互相融洽而有次序，且具有光輝的外表，如此，才能使人愉快。

中世紀大哲學家奧古斯丁對美的觀念，則較接近柏拉圖的思想，雖然奧氏不接受先天獨立觀念的主張，但他卻以上帝所有觀念爲先天觀念。上帝是至美至善，凡是物體，都或多或少地相似於上帝，因此，凡是物體都是美的，每一物體皆相似上帝，具有次序及中節二個基本要素，如再加上光輝的特性，就構成了美的基本條件。因比，奧古斯丁對美的看法，大致上和亞里斯多德的意見是接近的，也可以說亞里斯多德對美的主張成就了後代對美的定律。

中世紀另一位大哲人：多瑪斯，爲了使人對美有更深刻的了解，他在綜合了亞氏及奧氏的意見之後，對上帝的美的特性有了更多的敘述，並以此來比附一般的物體。他以爲上帝是至美，一切的物體都分享了上帝之美。美的本性，從本體來看，和「善」相同。一個物體本體的完善性，就是美的理由。但基本上來說，「美」和「善」仍有其不同的意義。善是人所欲取得的，是屬於意志的欲望，美則是人所喜好欣賞的，是屬於理智的欣賞。

既然美是屬於理智的欣賞，則其要素就是如何達到其完美性爲目的，因此，其特性就須具有「充實」、「勻稱」及「光輝」三個特性。

所謂充實，也可稱之爲完整性。一個物體所以能稱之爲美，就是能引起欣賞者的快感，這種快感應具備完整性，不能有任何的缺陷。殘缺或具缺陷之物，不但不能引起人的快感，反而會產生厭惡、乏味的感覺。因此，美的物體，首先須具有充實或完整性。這種充實或完整性，是指本性方面的完整或充實性。以人爲例，人的本性是理性及動物性二者兼備，缺任何一種，都不能稱之爲美。

至於勻稱，也可稱之爲和諧、次序，這表示物體在構成上和動作上都持有一定的次序、和諧，同時也表示，凡是美的物體，都必須和其他的物體保有和諧的關係。

光輝則是表示物體對外的顯明性，一個物體之所以爲美，必須使人明白、看得見，使人印象深刻，不然，其美就不能顯露，因此，光輝是物體顯出美的條件之一，所謂「誠於中而形於外」就是光輝特性的描述。一般來說，光輝有內在的光輝及外在的光輝，外在的光輝是指鮮明的外表，內在的光輝則是指存在的行爲，一物要稱爲美，就必須內在與外在兼具。多瑪斯所說三個條件，乃是指明每一存在物都必須具備的，凡是缺乏的，就稱之爲不美、稱爲醜。這些條件，從其存在性來說，每一個存在物都是一個完整不可分的物體，其完整性的和諧乃是以現實（act）與潛能（potency）的勻稱爲目標，最後以其存在的行爲構成事物的內在光輝，並由此光輝，使人易於認識、接受。因此，從本體的觀點上看來，每一個存在都是美的。但爲什麼會有醜陋呢？就如同惡一樣，本體爲醜是不可能的，從非本體看來，以上三項條件中，任何一條件項的缺乏，都可以構成醜。

美有多少種類呢？約略言之，凡符合美的三條件的，可有下列三種：

1. 實體與依附體的美（substantial and accedential beauty）：依附體美乃是由依附體方面所產生的物，一少女的面貌自然比八十、九十歲老太太的面貌來得美，這種少女面貌的美，就是依附體的美，也可稱之爲外在美；至於實體美，則是指物的基本部分，又可稱爲內在美，老太太的面容可能沒有少女的面容美，但是老太太內在的經驗、成熟卻比少女美得多。

2. 自然美與人造美：自然美是指自然界物體之美，如一條河、一座山、一朵鮮花等都可稱之爲自然美；人造美則是因人利用自然物加工而成之美，如一幅畫、一首曲子、一篇文章，都是人造美。

3. 精神美與感覺美（spiritual and sensible beauty）：精神美是指屬於理性或倫理方面的美，由於這種美是屬於實體方面的特質，因此，也可稱之爲內在美，人的理智是認識這種美的官能，例如各種德行，可稱之善行、善德，也可稱之爲美行、美德，就是屬於倫理上的精神美，理性方面的精神美，包括學問、知識、原理、定律等；感覺美則是由感官所感覺到的物體方面的美，也可稱之爲外在美，如皮膚與身材的美，音樂、圖畫的美等都是。

從上所說，要使人生完美，對美的認識是不可或缺的，但在多瑪斯以後，不是所有的哲學家都同意他們的看法，因此產生了不少爭論，尤其是多瑪斯、奧古斯丁、亞里斯多德等人。他們對美的定義，都是從物體所產生的效果來定義，自然不能滿足中世紀以後風起雲湧的美學家的意見。他們以爲美單單模仿自然並不夠，因爲人具有創造性，創造可以產生與自然完全不同的藝術品，例如瓶子，瓶子並非自然物，而是人所創造的，創造本身就是美，謝林（Schelling）說：「藝術是於有限材料之中，寓以無限的精神。」

另有一些美學家以爲將「勻稱、和諧視爲美的要件，不合於美感的意義」，羅光總主教說：「我則認爲喜樂和驚嘆，同屬於精神愉快之感。」（《實踐哲學》，四二六頁）喜樂和驚嘆，不一定是勻稱、和諧，但也能產生美，這並不是說，所有的不均勻、不和諧都是美，不勻稱、不和諧的物體要構成美，必須要有特殊的條件，即是不平凡的次序，如此才能構成美。

□面對人生問題

綜合以上所論，美的條件是「實體充實而有光輝能激起欣賞，便稱爲美」。因此，悲劇也可以是美的，只要具有此條件即可。同樣地，在審美的原則下，一個美的條件，只要具有基本的條件，就能構成人生的充實與完美，人生的目的是要追求完美與充實，凡是不能使我們達到充實與完美的，都是我們應當竭力避免的，如此，人生的幸福才有起點，人生的目標才有希望，追求美的過程，事實上也就是人生充實與完美的條件，凡能達到此目標，人生的理想也就較易完成。

寓言

感受內美

春秋時期，衛國有個名叫哀駘的人，他的容貌雖然很醜陋，可不管是男人還是女人都非常喜歡和他交往，他為人親近隨和，讓人捨不得離去。有一些女人甚至說：「與其做他人的妻子，還不如做他的小妾。」

他一無權位、二無財產，也沒有什麼高深的理論和顯赫的功績，可是這位外表粗陋、其貌不揚的醜人卻受到幾乎所有人的喜愛和讚美，這使得魯國的魯哀公驚異不已，於是派人把他從衛國請到魯國。魯哀公與哀駘相處不到一個月，魯哀公覺得他在平淡中確有不少過人之處，不到一年，就非常信任他了。不久，魯哀公便想讓他擔任宰相管理國事，可是他卻淡淡然無心做官，雖然在再三要求下參議了國事，但不久他還是辭謝了高位厚祿，回到他在衛國的陋室中去了。

對此，魯哀公求教於孔子：「他究竟是怎樣的一種人呢？」孔子借喻道：「我曾經在楚國看見一群小豬在剛死的母豬身上吃奶，但是不到一會兒，小豬都驚恐地逃開了，因為小豬發現母豬已不像活著時那樣親切。可見小豬愛母豬不是愛牠的形體，而是愛主宰牠形體的精神，愛牠內在的品性。哀駘他這個人雖然外表不美，但他的品德和才情等內在之美必定已超越一般人很多，所以您和許多人才會都喜歡他。」

資料來源：http://www.minghui-school.org/school/article/2007/6/14/64044.html

35

聖與聖人

聖人常無心，以百姓心為心。善者，吾善之；不善者，吾亦善之；德善。信者，吾信之；不信者，吾亦信之；德信。聖人在天下，歙歙焉，為天下渾其心，百姓皆注其耳目，聖人皆孩之。

《道德經》[1]第四十九章

思考人生問題

問題一、何謂聖？

問題二、何謂聖人？

問題三、是否只有在宗教上才會出現聖人？

問題四、佛家說：放下屠刀，立地成佛。像這種情況的人，是否也可以稱爲聖人？

問題五、聖人是否都是具有神祕經驗的人？是否都是有異稟之人？

問題六、聖人對一個時代的貢獻，究竟是好是壞？假如道家思想成立的話，聖人在一個時代的意義是什麼？

問題七、聖人之所以爲聖人，是否是純人格上的？

問題八、聖人和眞人、至人、神人有沒有區別？

問題九、朱熹教育人的目的，是學爲聖人，究竟是學爲哪一種聖人？

問題十、根據人生哲學的原理，要如何去做，才能成爲聖人？

案例

為窮人服務　為和平祈福

這陣子，全球最大的喜訊就是天主教會選出了新教宗，來自阿根廷的樞機主教以濟助窮人出名的天主教聖人「方濟各」為名號，他確實關懷窮人、謙遜服從、清貧儉樸、和藹可親，他低調樸實，其穿舊鞋、住公寓、搭公車等行事作風都讓人津津樂道，是一位真正為窮人預約幸福的宗教領袖，而他堅守立場捍衛社會正義，為世界和平而努力的承諾，更為世人預約遠離暴力與不公的幸福，讓我們看到美好的希望。

新教宗是阿根廷的樞機主教，是首位南美洲的教宗，巧合的是，海鵬影業剛推出不久的一部廣受好評的電影《白象：無法之城》，就是敘述一位阿根廷胡立安神父的故事，胡立安神父把愛心奉獻給貧民窟，一心想把一座廢棄醫院「白象」改建成居民社區，讓窮人有地方住、受良好教育、遠離幫派與毒品，在這樣的人間煉獄裡，以博愛與鍥而不捨的精神救助窮人，日復一日默默地企圖完成「不可能的任務」，他周旋於政府、警察、幫派、毒梟之間，冒著生命危險爭取貧民的福祉，最後，卻為了搶救當地悔改的少年，冤死於警察槍下！

將阿根廷實地實景拍攝的真人真事搬上銀幕，以紀念在阿根廷擁有極高人望的卡洛斯穆希卡神父，他為了救助貧民、實踐愛德、致力社會公義，向政府爭取權益，卻意外地在一九七四年遭到暗殺；為感念穆希卡神父的犧牲，特別於二〇一二年坎城影展，選在他的逝世紀念日舉行這部電影的世界首映，在國際影展上大放異采。

資料來源：姜捷。《青年日報》網站。2013/3/31。http://news.gpwb.gov.tw/news.aspx?ydn=2QR3ZY8DxoKPv973RMHrgRbSXFWV6c6yY6P4UjWjfrBgoM9H23YikFxIq%2B1u%2FzJNOWC%2FhUfiwLoXxw6HgS1b33vsVQAq7YUq9KSaK5AY0WQ%3D

□討論人生問題

古往今來，討論聖與聖人的文章極其眾多，而對這一個字提出問題的人也特別多，究竟何爲聖？何爲聖人？本文願就此，從人生哲學的觀點，來做一說明。

所謂聖，按照《白虎通義》的定義：「聖者，通也。」所謂通，乃是通曉一切，可以在一切事之上都具有能力去了解、去掌握。孔子的弟子們稱孔子爲聖人，乃因孔子「從心所欲，不踰矩」（《論語．爲政》），他已能將一切的人、事都化在他的心中，所有發出的行爲都能合乎規矩，因此，他的弟子們才稱他爲聖人。

而在孔子的心目中，聖人有了更高一層次，他指的聖人，不但是在人格上有其爲人尊敬的一面，就是在他們領導人民、處理政事、爲國家謀事之時，也是値得人尊敬的。由此看來，孔子和其弟子們，對聖人的尊崇有一極高的理想，也有一極高的層次。

假如我們仔細研讀先賢典籍的話，我們可以發現聖人大概可以分爲三類：一是指人格上完美無缺的人；一是指國家的領導者，在其領導的過程中，赤膽忠心、一心爲國、不顧自己安危；一是指在天人之間，獲得完美無瑕的經驗的人，他獲有天人之間完全的訊息，而又負傳達此訊息的先知先覺者。

第一種人，可以經由學習、鍛鍊的方法逐漸達成，是一種較易爲人接受的人。第二種人，則須有超凡的毅力，肯擔負常人所不能擔負的苦難，堅定地率領人民、幫助人民，在人類歷史中的聖王、偉大的政治家都是屬於這一種人，要成爲這樣一種人，必須先有第一種人的修養，再有自願承擔此種重責大任的勇氣與毅力才行。第三種人，則和前二種有些不同，可說是一種宗教上的聖人，他可能有第一種人或第二種人的氣質，他也可能什麼也不是，只是一個普普通通的人，之所從能成爲聖人，並不是因爲他有能力，而是因爲宗教上的理由，例如上帝的召喚、選擇使他成爲一位聖人，像這一類的聖人，多半都是具有第一種人的特質，這種特質只是一個在他的日常生活中個人所遵奉的一些令他樂於稱道的生活方式而已，很少會在眾人眼中顯出特別的光輝，然而一旦宗教上的召喚來臨之後，這一個生活的光輝就顯露出來了，也有人說，宗教上的聖人，是上帝使這個人成聖。

在上述三種人中，第一種和第二種人是需要個人的體驗及力行，第三種人則不但需要有體驗，還需要有宗教上的召喚，所以佛家所言：「放下屠刀，立地成佛。」就是每當一個人殺生之時，在他心中就有一個召喚，呼籲他對生命的尊重，如此經年累月下來，這一召喚，就成了決定性的力量，使得他有勇氣放下這一個工作，專心爲他生活中的平安而努力。因此，在這一個主題中，我們對第三種人，不多做討論，只討論第一、二種人。

在老莊的心目中，第一、二種人，不但不能稱爲聖人，甚至認爲他們的出現，反而會使社會出現投機取巧的風氣，所以老莊才會說：「絕聖棄智，民利百倍，絕仁棄義，民復孝慈。絕巧棄利，盜賊無有。」（《老子》第十九章）但事實上，在人的社會中，如何能放棄人與人的關係呢？又如何能割捨得下人倫的親情呢？因此，在家成聖的方法，乃爲有識者所追求，不再徒託空言了。

至於道家所言的問題，乃是要我們生活取法自然，反對一切人爲的因素，崇尚返璞歸眞，因此，道家給予我們的，事實上就是在修爲及人格修養的過程中，使我們體認到與自然的合一及重要。其實這個問題即使是在儒家的思想中也是被極爲看重的，例如儒家對「天人合一」的重視，不但看重和與物的合一性，更重與天的合一性，因此，道家的思想可以作爲人生意境的里程碑，而儒家的精神，則更能充實這一個思想，成爲人生的完美目標。

如何學爲聖人呢？歷代的思想家，提供了不少的步驟，但大致上來說，以下列七種爲主要的步驟：一是立志，二是收放心，三是持敬，四是知行，五是靜坐，六是省察克治，七是存理去欲。

先從立志來說，人如果不立志爲聖人，則永遠不可能成爲聖人，朱熹說：「凡人須以聖賢爲己任。世人多以聖賢爲高而自視自卑，故不肯進。亦不知使聖賢本自高而已別是一樣人，則早夜孜孜，別是分外事，不爲亦可，爲之亦可。然聖賢稟性，與常人一同，既與常人一同，又安得不以聖賢爲己任。」（《朱子語類》卷八學二總論爲學之方）聖人也和常人一樣，只是他們立志爲聖人，早晚皆努力，才獲得聖人的成就，因此，學爲聖人，人首先要立志爲聖人才行。

再從收放心來說，孟子說：「學問之道無他，求其放心而已矣。」（《孟子・告子下》）所謂求其放心，就是收心、存心的意思，所謂存心，就是將聖人的道理都存於心中，默思沉承，聖人之所以能成爲聖人，就是因爲他們有許多令人贊嘆的德行，能將這些德行都默存於心中，就能使此心有所至，不爲外務所動，所以所謂收放心，就是要存心之意。

三者從持敬來說，孔子曾說過：「修己以敬，修己以安人，修己以安百姓。」指明了持敬的重要，程伊川曾說：「敬是入學的工夫，敬可以勝百邪。」律己必須嚴謹，朱熹本人則深深讚美敬字的奇妙，以爲程子對後世最大的貢獻就是敬字，因此，朱熹主張敬當是學者的主要功夫，既然敬是入學的工夫，則不應只見於文學，必須付諸於行動才是。持敬的方法是先存此心，心存則一，一則天理明而人欲去。持敬不是無事時才持敬，有事時也當持敬，才是爲學的眞工夫。

四是知行工夫，先須求知，才能行，一人如果不能知事物的原理，就無法眞心實意去行，因此知行的工夫是極爲重要的，如程子所說：「涵養須用敬，進學在致知。」指明了能知則可以行，行如不能通，仍須回到知處求，如此，才能使知行的工夫，得到圓滿的解答。

五是靜坐工夫的發揚，要爲聖人，首先要能收斂心神，使心神安定，因爲靜坐能使人神思清明，不爲物欲所蔽，是養心的最好方法。有人問，靜坐和禪宗的打坐有何區別？朱熹回答：「靜坐非是要如坐禪入定，斷絕思慮。只收斂此心，莫令走坐閑思慮，則此心湛然無事，自然專一；及其有事，則隨事而應，事已則復湛然矣。」（《朱子語類》卷一一八，朱子十五訓門人六）由此可知靜坐的工夫，對於修爲聖人的重要。

六是省察克治，一個學爲聖人者，要達到聖人的地步，自然是要少犯過錯，使學行都沒有什麼瑕疵，若要能不違背聖人之道，須嚴於律己、反求諸身。孔子教顏回克己復禮，所以不能貳過；曾子每日三省其身；孟子行有不得，反求諸己，這些都是以觀己之過達到仁的方法。因此，一個人若欲求爲聖人，必須先學會克己省察的工夫，省察不單只及於行爲，且尤應重於思慮，以存理去欲爲目標，常常反省，不使妄念生於心、邪思藏於心，要使意向發而正，再見諸言行，則爲人所稱道的君子。

七是存理去欲，就是要存天理去人欲。一個聖人，在其修爲上，就是時時要存天理，要有天人合一的精神，要有做天人之間的橋梁的決心，如此才能使自己品格高尚而近於道，如果只是追求欲望，則會日墮其志，永不可能成爲聖人。能存天理去人欲，就能從善去惡、存是去非。

從上所言，要學爲聖人，達到聖人的目的，在其人格的修養上，就須在生活努力達到成全。

□面對人生問題

東西方對聖人的定義可能有所不同，但對於達到聖人所要求的工夫則是相一致的，我們在此敘述的爲聖人的工夫，是幫助我們在言語、思慮、行爲上都能有依循的方法，使得人生的目的更具體、更易達成。

寓言

來世與今生

今生：「不知道為什麼，我把如此豐富多采的生活給了人類，可是人們往往不滿。特別是當他們遇到挫折或不幸時，往往厭惡我而乞求你。」

來世：「誰教你如此實在？看我，虛無飄渺的，人們都聽過我，卻沒人見過我。」

今生：「我也沒見過你，你是真實？還是一個幻影？」

來世：「我只是存在於生命中的虛幻。」

今生：「啊！你是『虛無』。」

來世：「對，人們以為我什麼都可以給他們。所有的請求，我都應允。」

今生：「你辦不到的事，為什麼都答應呢？」

來世：「我是『虛無』，答應和不答應之間有什麼不同嗎？」

今生：「你是迷人的力、魑魅！」

注釋

註1　老子，中國春秋時代思想家，姓李，名耳，字伯陽，生卒年不詳，老子有兩個可能的身分，一是老聃、一是老萊子，確切出生地也不詳，但《史記》記載老子是楚國苦縣厲鄉曲仁里之人，老聃曾擔任守藏史（藏書室室長）。老子著有《道德經》一書，是道家學派的經典著作，他的學說後來由莊周所發揚。道家後人將老子視為宗師，與儒家的孔子相比擬，史載孔子曾向老子請教關於禮的問題；唐朝武宗時期，老子被認為是三清尊神之一太上老君的第十八個化身，但是早期的道士皆認為老子是太清神的手下；從《列仙傳》開始，老子被列為神仙，還說老子重視房中術；東漢時期，成都人王阜撰《老子聖母碑》，把老子和道合而為一，視老子為化生天地的神靈，成為道教創世說的雛形，而老子也因此被道教尊為道祖；在漢桓帝時，漢桓帝更是親自祭祀老子，把老子作為仙道之祖。

資料來源：http://zh.wikipedia.org/wiki/%E8%80%81%E5%AD%90

第三部分　多元的人生觀

36

功利主義

只要產生的快樂是等量的，推針戲[1]就與詩一樣好。

邊沁[2]

思考人生問題

問題一、何謂功利主義？
問題二、功利主義有哪些主張？
問題三、所有的功利主義都是自私的？
問題四、功利主義是否只限於求目前的利益？
問題五、當我們批評一個人很功利是什麼意思？
問題六、批評一個人很功利的「功利」，和功利主義有何關係？
問題七、什麼樣的情況下會產生功利主義？
問題八、功利主義對道德的影響如何？
問題九、功利主義對人生的影響如何？
問題十、如何給功利主義一個正確的評價及態度？

案例

電影《血鑽石》

非洲獅子山為了爭奪鑽石在一九九〇年代爆發了長達十二年的內戰，出產的鑽石被稱「血鑽石」。

坊間常可聽見：「鑽石恆久遠，一顆永流傳。」瑪麗蓮夢露也曾說過：「鑽石是女孩最好的朋友。」鑽石總是給人光鮮、亮麗、美好、永恆的印象，然而它的背後卻隱藏著血腥的事實。非洲獅子山上，為了爭奪鑽石出現的各路人馬，骯髒的地下鑽石交易，被蹂躪屠殺的村莊與婦孺，使人喘不過氣來。特別是國家地理雜誌在幾年前的某一期封面故事，講的就是非洲內戰國家中的軍閥，如何利用走私的鑽石購買武器，支援內戰。而「血鑽石」引起國際注意後，聯合國曾經通過兩個相關決詮案，國際間並於二〇〇三年建立「慶伯利機制」，作為未琢磨鑽石的產地認證機制。參加誕客認證機制的鑽石業者上下游國家共有七十二國，參與國同意，禁止處理與買賣未獲認證的鑽石原石，希望藉此切斷血腥鑽石輸出的管道。但慶伯利機制的成效卻受人質疑與批評，由於仰賴鑽石業的自律把關，但面對誘人的利潤，加上腐化的政府，再嚴密的自律機制也難免有漏洞。

資料來源：http://blog.udn.com/samibook/721966　http://sophist4ever.pixnet.net/blog/post/18772673-%E3%80%90%E8%A1%80%E9%91%BD%E7%9F%B3%E3%80%91%E4%B9%8B%E6%88%91%E5%80%91%E9%83%BD%E7%BF%92%E6%85%A3%E5%B0%8D%E6%96%BC%E5%B1%A0%E6%AE%BA%E8%80%8C%E4%B8%8D%E8%A6%96%E8%A6%8B!（8

□討論人生問題

許多人批評目前我們的社會很功利，功利主義很盛行，但什麼是功利主義？功利主義和功利的關係又是什麼？

從功利主義的定義來看，以最大多數人的最大幸福爲目標，功利主義似乎是一個相當不錯的觀念，其實，功利主義如果只應用於社會工作、科技工作是不錯的，但若以這一個定義做爲道德的唯一判準，顯然是個錯誤，因爲最大多數人的最大幸福，是一個很難確定範圍的問題，例如，每一個人對幸福的看法，就可以有很多紛歧的觀念，尤其對幸福的內涵更是眾說紛紜，如果以一個不確定的內涵來規範道德標準，並以之定爲唯一標準，則顯然是不合時宜的，也是不合道德本身的要求。

功利主義並不自今日始，早在希臘時期就已存在，且是由大哲人亞里斯多德所引領。由於亞里斯多德是一目的論者，他以爲凡是能使人達到目的的行爲就是好行爲，不然便是壞行爲，因此，人應努力追求以達成人的目的。問題是，各人的目的不同，行爲的目的也有不同，例如讀書的目的可以是爲求學，也是可以爲謀生，也可以做爲社會階層的表現，既然有不同的目的，那麼，哪一個才是最重要的目的？亞里斯多德以爲幸福才是人生最重要的目的，人生的最後目的是爲求得永遠的幸福。在現世與永恆的幸福之間，亞氏認爲可以從眼前目的中求得最終目的，眼前目的並不是倫理價值的標準，而是達到最終目的的方法。因此，亞氏把追求人生幸福的方法分成二種，一是物質的，一是精神的，物質的或肉體的快樂雖可以幫助我們達到幸福，究竟不是永恆的快樂，只有精神的、內在的快樂才是一種永恆的快樂，所以爲求得人幸福的行爲，也應當是一種內在的目的，如此一來，事實上也就是一種倫理行爲，倫理行爲是以德行爲標準，只有有德行的倫理行爲才是道德價值的標準，但是，是否一切的幸福都應當追求？是否一切的幸福都有德行？如果不是所有的幸福都要追求，那麼，幸福也就不需要做爲道德價值的最後標準，我們可以追求幸福，也可以追求一些並不幸福而不損害道德價值的事（例如爲國犧牲），所以，亞氏的個人的功利主義並不能做爲道德價值的標準。

除了亞氏的唯我功利主義之外，另外還有利他的功利主義，及以社會爲標準的功利主義。

從利他的功利主義來說，最早的淵源是從基督教的教義中得利的，因爲上帝在給梅瑟（Moses）的十條誡命中，第一條是要人愛上帝在萬有之上，第二條和第一條相似，應當愛人如己。這一種利他的思想，到了十七、十八世紀時，受到了科學唯物論及辯證唯物論的影響而變了質，產生了以亞當斯密（Smith A.，一七二三至一七九〇年）爲代表的同情說，以及以彌爾（Mill J.S.，一八〇六至一八七三年）爲代表的聯想說。

所謂同情說，史氏以爲同情心是人的自然傾向，凡是能激發善行的就是好行爲，能激發嫌惡或討厭的行爲就是壞行爲。世界上如果只有一個人，也不會有同情心，同情心乃是比較所產生的結果，爲了使他人更好，所以同情心是必須的，也只有用同情心做爲道德價值的標準，道德才有價值。史氏的看法有二個問題：從主觀方面說，情感不以理智爲依歸，則同情心容易失去其準繩；從客觀方面來說，同情心並不等於道德價值，其可以是一種道德價值，但不是唯一的道德價值，也不是道德價值本身。雖然如此，同情心對於人是很重要的，一個人如果沒有同情心，很容易變成嚴苛的人，所以，在人生中培養同情心是一件重要的工作。

至於聯想說，則是以觀念聯想律爲基礎，彌氏以行爲的好壞是否能帶給我們幸福做爲標準，凡是可以給我們幸福的就是好行爲，凡是帶給我們痛苦的就是壞行爲，這種幸福與痛苦的標準是以能否利他爲標準。利他行爲是由觀念聯想所產生，也就是認爲在爲別人謀福利時，也是謀自己的福利。只有藉著這種聯想，才能使利他與利己的二個觀念，緊密結合起來，而成道德價值的唯一標準。彌爾的看法雖然很實際，卻否認犧牲的意義，如此，當你爲別人謀福利時，就不一定是道德的行爲，因爲一個道德行爲必須是合理的，幸福也應該是合理的，如果一切只以個人爲主的話，不可能是完全合理的，再者，若沒有一個標準，沒有一個共同的標準，爲他人謀福利又有什麼用處？所以一個客觀的道德價值標準，才應是聯想說的基礎，不然的話，單爲別人，自己毫無幸福，是講不通的。

從社會功利主義來說，是以社會的福利爲道德價值標準，其中有二種，一是由孔德（Comte A.，一七九八至一八五七年）實證論而來的實證社會主義，另一是馬克斯（Marx K.，一八一八至一八八一年）的社會功利主義。

社會實證主義認爲所有的學問、科學都應該以社會上所發生的事實爲主，對於事實做有系統的觀察與敘述。在此定義之下，倫理學也應和其他科學一樣，都是以研究事實爲目的，當事實發生時，倫理學就有其作用；當事實消失時，倫理學亦無用。因此，倫理的標準，不在倫理自身，而是社會風俗或習慣，我們可以了解，當一個人違反社會風俗時，就要接受社會的制裁，這表示風俗習慣才是道德價值的標準，倫理學只負責解釋而不能決定風俗習慣。像這樣的主張，實行起來有許多困難，因爲社會不斷地發展，習慣也在不斷地改變，風俗也隨著時代而增減，如果決定道德價值的標準是以風俗習慣來決定的話，那麼究竟應以哪一種做標準？新的或舊的風俗習慣？在一個社會裡，必然是新舊並陳，各有其適用範圍，不能用單一的方法來決定複雜的狀況，所以社會實證主義不能做道德價值判斷的最後標準，只能做爲道德價值標準的說明而已。

另一種社會功利主義是馬克斯的社會主義，以爲道德就如同其他理想一樣，都是建築在經濟及社會組織上，沒有經濟及社會組織，就沒有倫理道德，馬克斯把經濟和社會組織定爲下層結構，其他的定爲上層結構，上層結構有政治、藝術、道德、宗教等，下層結構決定上層結構，因此要有什麼樣的上層結構，就應當先有什麼樣的下層結構，所以，資本主義有其道德，共產主義也有屬於自身的道德，決定道德形式的是下層結構，而下層結構又是以生產力和生產關係爲基礎。對於人類的理想來說，只有共產主義的無產階級思想才是眞正的自由平等博愛，因爲在這一個制度之下，人人根據其生產力及生產關係來決定他在社會上的價值，道德價值的標準就是評判個人在社會中的地位及能力，所以道德是爲無產階級社會服務，由無產階級社會來決定倫理道德，而不是讓倫理道德來決定無產階級社會。

由馬克斯的理論看來，似乎所有均產、共產才是眞正的平等，根據個人的能力及社會關係來決定其地位，其實，這兩點是一種矛盾，一方面要均產、共產，另一方面又講地位，在一個共產社會中，如何能有不同的地位及社會關係呢？更何況社會關係及生產力並不是一個後天變動的社會所能決定的，人的幸福很難用分配的原則去達成，人的能力及對幸福的追求，都不是無產階級的共產社會可以提供的，所以道德可以決定生產關係的經濟及社會組織，而不是無產階級社會來決定道德，因爲如果沒有道德價值做爲標準，如何能比較資本主義社會及無產階級社會的優劣呢？所以當馬克斯提出他的無產階級思想時，就已經先提出了道德價值標準，所以無產階級的社會主義思想絕不能做爲道德價值的標準。

□面對人生問題

從上所述，功利主義不論是唯我、唯他或是社會的，都不能做爲道德價值判斷的最後標準。因爲當我們評斷一件事，並以這一件事做爲標準時，就早已有了標準，不然我們不可能去評斷一事一物，也不能決定何者爲標準，何者爲不標準，也就是說，有些標準是先於某些一般認定的標準，有了這些先於一般認定的標準，人、事、物的判斷才有一定的依歸。

功利主義雖是屬於道德的範疇，但由於只是以利益來衡量一切，因此，不能作爲道德判斷的標準，只能作爲道德的應用之一而已，如果將之視爲唯一或最後的標準，則人與人或人與社會，以及社會與社會之間的關係，都將變得尖銳而沒有人情，人性的光輝也就由此而淡沒，因此，當我們批評一個人很功利時，要記住言詞背後的涵義是指出一個人將利益視爲極重要的人生準繩，一個人在其一生都以功利做爲判斷的標準時，這樣的人生將會失去很多的價值，也不容易使自己有充實及光輝之感。

寓言

賣梳子給和尚

一家營運相當好的大公司，為擴大經營，決定高薪招聘業務主管。廣告一出，報名者雲集。但招聘主試者說：「相馬不如賽馬，為了能選拔出高素質的人才，我們出一道實踐性的試題：想辦法把木梳賣給和尚。」絕大多數應聘者感到困惑不解，甚至憤怒：「出家人要木梳何用？不明擺著開玩笑嗎？」於是拂袖而去，最後只剩下三個應聘者：甲、乙和丙。

主試者交代：「以十日為限，屆時向我彙報銷售成果。」

十天後，主試者問甲：「賣出多少把？」答：「一把。」「怎麼賣的？」甲講述了歷盡的辛苦，遊說和尚應當買把梳子，無甚效果，還慘遭和尚的責罵，好在下山途中遇到一個小和尚，他正一邊晒太陽，一邊使勁撓著頭皮。甲靈機一動，遞上木梳，小和尚用後滿心歡喜，於是買下一把。

主試者又問乙：「賣出多少把？」答：「十把。」「怎麼賣的？」乙說他去了一座名山古寺，由於山高風大，進香者的頭髮都被吹亂了，他找到寺院的住持說：「蓬頭垢面是對佛的不敬，應在每座廟的香案前放把木梳，供善男信女梳理鬢髮。」住持採納了他的建議，那山有十座廟，於是買下了十把木梳。

主試者問丙：「賣出多少把？」答：「一千把。」主試者驚問：「怎麼賣的？」丙說他到一個頗具盛名、香火極旺的深山寶剎，朝聖者絡繹不絕。丙對住持說：「凡來進香參觀者，多有一顆虔誠之心，寶剎應有所回贈，以做紀念，保佑其平安吉祥，鼓勵其多做善事。我有一批木梳，您的書法超群，可刻上『積善梳』三個字，便可做贈品。」住持大喜，立即買下一千把木梳。得到「積善梳」的施主與香客也很是高興，一傳十、十傳百，朝聖者更多，香火更旺。

資料來源：http://blog.ofset.org/ckhung/index.php?post/089b

注釋

註1 推針戲（push-pin）為兒童針戲，以圖釘作地圖標記或懸掛圖畫等用的。
資料來源：http://lib.swsh.ntpc.edu.tw/yldict/list.asp?alpha=pus&page=2

註2 傑里米·邊沁（Jeremy Bentham）出生於一七四八年二月十五日，卒於一八三二年六月六日，為英國哲學家、法學和社會改革家，是最早支持功利主義和動物權利的人之一。其作品有一七七六年的《政府論斷片》，一八一一年的《賞罰原理》，此書後來分為《獎賞原理》和《懲罰原理》，並以英文出版，一七八九年在英國發表其傑作《道德和立法原則概述》而聞名於世。一七九二年被法國大革命政府選為法國榮譽公民，其建議在一些歐洲國家和美國都備受尊重。

資料來源：http://zh.wikipedia.org/wiki/%E9%82%8A%E6%B2%81

http://wiki.mbalib.com/zh-tw/%E6%9D%B0%E9%87%8C%E7%B1%B3%C2%B7%E8%BE%B9%E6%B2%81

37 實用主義

實用主義認為，當代哲學畫分為兩種主要分歧，一種是理性主義者，是唯心的、柔性重感情的、理智的、樂觀的、有宗教信仰和相信意志自由的；另一種是經驗主義者，是唯物的、剛性不動感情的、憑感覺的、悲觀的、無宗教信仰和相信因果關係的。實用主義則是要在上述兩者之間找出一條中間道路來，是「經驗主義思想方法與人類的比較具有宗教性需要的適當的調和者」。

維基百科[1]

思考人生問題

問題一、何謂實用主義？
問題二、實用主義的目的是什麼？
問題三、實用主義的功能是什麼？
問題四、是否可以用實用主義作為價值判斷的標準？
問題五、實用主義和現在流行的功利主義有何區別？
問題六、功利主義對社會的影響如何？
問題七、實用主義有沒有最後的標準？
問題八、是否可以在一切事情上，都以實用主義做標準？
問題九、實用與實用主義的關係如何？
問題十、如何正確認識實用主義？

案例

信用卡積分實用度排名　大刷十三萬僅換百元禮品

隨著銀行刷卡手續費的下調，不斷有銀行的積分商城開始做相應的調整，一點五萬積分才能換一杯星巴克被網友抱怨積分太沒用。中國經濟網記者查看各大銀行官網，發現換購同一款商品，不同銀行需要積分數額差距不小，有的竟相差三倍之多。

信用卡積分商城一直是銀行比拼的重頭戲，然而，琳琅滿目的商品那動輒上萬的積分消耗也讓消費者忘禮興嘆。

更讓消費者鬱悶的是，許多銀行的積分都有有效期，網購消費大部分銀行也不累計積分，這讓一些平時消費不多的人在積分到期前都集不足點數。

即便累積夠了積分，消費者吃的暗虧也不少。

外行看熱鬧，各家銀行的積分商城都有各種各樣的噱頭吸引著消費者，「積分大抽獎」、「國內首家積分百貨店」，廣告打得響亮，真正的實惠卻沒有多少。

大多數銀行的積分商城換購禮品分類齊全，仔細點進去則會發現，實用禮品少之又少，甚至有些銀行的分類中多項為空選項。

在本來少之又少的禮品中，中國經濟網記者還發現，標價虛高的現象普遍存在，一瓶市場售價四十八塊錢的油，在積分商城中標價五十八塊。當然，或許銀行有著自己的成本核算，高於市場售價也在情理之中，但是不告訴消費者市場價格未免有些欺負老實人了。

某白領就吐槽，刷一年卡消費幾萬塊，到頭來也就換個保溫杯。

同時也有網友表示，這幾天兌換星巴克，突然發現積分如草芥，自己的信用卡積分貶值了一半，這比貨幣貶值快多了。

對於銀行的變化，更多的網友還是表示無奈和接受，「積分貶值很無奈，但規矩是銀行定的，我們只能期待銀行實在點，多在商城裡放點有用的東西，如果小額話費可以用積分兌換，應該更有用些吧。」

資料來源：毛宇舟。中國經濟網。2013/3/19。http://news.sina.com.tw/article/20130319/9188504.html

量化實證主義的判準方式，所針對的是研究本身的合理與邏輯性，過度強調只能求得研究論述本身內在問題，並錙銖計較。而上述幾項可供參考的另類研究判準，將一篇研究論文對外與社會連結的程度，加入判準的指標中，此提醒我們，研究的目的與意義是需要對社會有所關聯與貢獻的。

而這也就是說，量化實證主義所強調重視研究推演的邏輯性與合理性，是與質化研究所強調的對話與實踐，兩者同等重要。

因研究者作為一種具備特殊研究能力的「知識份子」，其所在的社會位置並非獨立於社會之外，而是為一種能夠引領社會進展的位置。

編輯自：http://www.ptt.cc/bbs/SHU-Gender95/M.1172566645.A.6B0.html[a1]

□討論人生問題

實用主義是十九世紀以來最流行的一個主義，它最早是在西元一八七八年，由美國哲學家皮爾斯（Peirce S.，一八三九至一九一四年）所提出，他所使用的「實用主義」（Pragmatism）這個字，導源於康德哲學的第一批判：「這些實際上足以成爲某些行動方法的偶性信仰，我稱爲實用信仰。」（項退結編譯，《西洋哲學辭典》，三二五頁）

皮爾斯在他的〈如何使我們的觀念明晰化〉這篇文章中說：「如此我們到達一個可以摸到而非常實際的東西，作爲思想的任何微妙規則之根源。意義的區分無論如何精微，都不過是實踐的可能區別而已。」（項退結編譯，《西洋哲學辭典》，三二五頁）一八九八年另一位著名的大哲學家威廉詹姆斯（James W.，一八四二至一九一〇年）在加州大學特別替「實用的標準」作過辯護。[2]

什麼是實用主義？他們主張以實際的效果作爲眞理的標準。所謂實際的效果，是將觀念置於感官經驗中，把存在和人放在時間中，凡超出這些範疇的，都是沒有價值的，也就是以行爲和行爲的效果，做爲學說的基礎、做爲判斷的標準。

實用主義雖然發源於美國哈佛大學的「形上學集團」，但由於杜威（Dewey J.，一八五九至一九五二年）和他的芝加哥大學同事們所發表的「邏輯理論研究」（Studies in Logical Theory）使得實用主義在二十世紀的最初二十五年，大行其道，風行一時。

爲什麼實用主義會那麼流行呢？因爲實用主義是講求實際效果的，任何一件事都有其目的，都要講求其實際的效用。例如讀書的目的，在以往的看法，是爲了充實自己的學養，培養做人做事的準則，但實用主義則以爲這種效果不夠實際，讀書的目的，必須清楚地告知我們，在書中可以獲得多大的利益，就如同考大學塡志願一樣，必須明白大學的科系中，哪些是對前途有益，那些是無益的，選擇的標準，就是以最有益的爲標準，也就是說，凡是超出感官經驗的，不能用感官經驗做爲判斷標準的，都不具有實用價值，也不是眞理。

所謂眞理，根據實用主義的主張，胡適之有一段話說：「眞理並不是天上掉下來的，也不是由人胎裡帶來的。眞理原來是人造的，是爲人造出來供人用的，因爲它們大有用處，所以才給它們『眞理』的美名的。我們所謂眞理，原來不過是人的一種工具，眞理和我手裡這張紙、這條粉筆、這塊黑板、這把茶壺，是一樣的東西：都是我們的工具。因爲從前這種觀念曾經發生功效，故從前的人叫它做『眞理』；因爲它的用處至今還在，所以我們還叫它做『眞理』。萬一明天發現從前的觀念不適用了，它就不是『眞理』了，我們該去找別的眞理來取代它了。……眞理所以成爲公認的眞理，正因爲它替我們擺過渡、做過媒。擺渡的船破了，再造一個。帆船太慢了，換上一隻汽船。這個媒婆不行，打他一頓媒婆，趕他出去，另外請一位靠得住的朋友做大媒，這便是實驗主義的眞理論。」（《胡適文存》第一集，七二八頁）

在胡適之的這段話中，有三點值得我們注意：

1. 眞理是人造的。
2. 眞理是變動的。
3. 眞理是有用的，是爲人有用的。

從眞理是人造的來說，眞理是一個標準，應該放諸四海皆準，但實用主義者卻將眞理局限在感官經驗中，也將眞理局限在人的定義中，如此，眞理就完全成了人的工具，人願意眞理成爲什麼，眞理就是什麼，因爲，每一個人對眞理的看法及感受都可以不同。如比，眞理何以是一個眞理呢？每一個人、每一個社會、每一個國家都可以有自己的眞理，就等於沒有眞理，如此，人與人的相處，國與國的關係，也就無所謂正義與否了。英國哲學家羅素就曾批評實用主義缺乏正義，既然每一個人都可以自行其是，要正義又有何用？結果，自然是弱肉強食，適者生存、不適者淘汰了，也怪不得鄧小平要高喊：「實踐是檢驗眞理的唯一標準了。」這句實用主義的口號，竟然成爲共產主義的思想法則，由此可知，實用主義對眞理的傷害有多大了。我們要強調，眞理可以是人造的，但不是全部的眞理都是人造的，人造的眞理有時間性，是可以以其感官經驗來衡量，但不是所有的眞理都是靠感官經驗得來的，所有的人造眞理，都必須依賴一個不移的眞理、最後的標準做爲人造眞理的標準。不然的話，人造眞理，也就無所謂眞理性可言，這也就是說，「當全世界的人都承認共產主義，並不代表共產主義就是眞理」，事實不代表就是眞理，當事實違反了眞理時，事實就錯，人造的眞理不能以事實做標準，而應是以永恆標準爲基礎。

從眞理是變動的來說，如果眞理是變動的，則每一個時代都有其眞理，前一個時代的眞理未必就是下一個時代的眞理，如胡適之批評的「吃人的禮教」是上一個時代的標準，在這一個時代就不一定能成爲標準，這一種變動不居的標準，有一個好處，就是每一個時代都可以有適合自己的標準，但也有一個壞處，就是如何去尋找這一個標準？既然以前的標準不一定適用，就必須自己另行設法去尋找一個新的標準，除非能超出前人的經驗，不然所找到的標準，仍是前人的標準，如此，眞理就有其不變性。另一方面，眞理如是自己創造的，則超出了感官經驗，因此，眞理所謂具有變動性，是不太能講得通的，眞理之所以成爲眞理，正因爲眞理具有不變性，眞理若是變動的，則是非眞理，因爲眞理就必須另行尋找另一眞理，則眞理的變動就無法可談了。從另一面來說，眞理如果是可變的，也只能在現象上變，眞理的本質是不變的，也就是說，循著人自己個性、能力及知識上的問題，對眞理會有不同的詮釋及發現，但這並不代表眞理就是如此，就如同以往的中國人以爲月亮上住有嫦娥，並以之做爲一種生活方式的解釋，如果將這種解釋做爲生活意境的超脫，則無可厚非，但如果做爲一項事實，則就有待商榷了。眞理之會被誤解，常常就是在這種原因下產生的。所以說，眞理的變動性是由於其現象層面對人的不同解釋而已，其內在的本質是不變的。

從眞理的有用來說，實用主義者以爲眞理之有用，是就其驗證性來說，凡是可以拿得出證據的都是眞理，不然就是假理，但是，何謂證據？證據是指可見、有效的、目前有實際用處的？還是指一個結果、一個情況的說明？如果是可見的才稱爲證據，不可見的豈不都成了假理了？先聖先賢的嘉言懿行又是什麼？如果證據是指有效的，則無效的就一定不是事實、眞理？從理則學的論證判斷來論說，有些有效的論據，並不一定都是健全的，也不一定都具有眞實性可言，更何況，今日有用的、他日未必有用，對前人無用的、焉知今人亦無用，此地有用的、在他地也可能有用，所以，以有用無用來判斷眞理是不對的。眞理的價值，在於眞理本身具有自明性，在任何時代、任何地方都有用，只是眞理有時使人不易認清，但並不代表眞理無用。另一方面，人將眞理的解釋也視之爲眞理，這是不對的，眞理就是眞理，不須任何的說明及解釋，所有的說明及解釋都只是幫助眞理，不能以爲這就是眞理。因此，有些眞理是爲人有用的，有些眞理不一定爲人有用，爲人無用的眞理，並不代表就不是眞理，另一面，有些眞理現在有用，但有些眞理現在未必有用，現在未必有用的，並不代表就不是眞理，所以，以有用、無用來衡量眞理是不對的。

□面對人生問題

不可諱言，實用主義對眞理的主張有許多優點，例如：他們所主張的眞理是一種活潑而有生氣的眞理；由於他們看重事實和經驗，使人易於掌握眞理；同時，他們提倡觀念要簡單明瞭，強調自由，不受約束。但也因爲他們太看重眞理的實用性，以致於對眞理產生了許多不可彌補的傷害，例如：他們過於看重事實，不重推理；強調事物的實用性，不看重觀念的本質；看重眞理的變動價值，對於眞理的不變性，則相當忽略；更何況，眞理不都是人造的，人造的也不都是眞理；不是所有的眞理都能證實、都是有用的；反過來說，也不是所有有用的、能證實的都是眞理。

從以上這些討論來看，實用主義對眞理的主張，雖有優點，但其缺點則更大，一個國家的政策或個人，如果以實用主義爲主要政策時，是相當危險的，實用主義不能做爲人生哲學對眞理的主張。

寓言

年輕的浪子與燕子

年輕的浪子把傳下來的祖業都揮霍一空，僅剩身穿的一件外衣。一天，他看見有一只燕子提早季節飛回，以為春天到了，不需要再穿外衣了，便拿去賣了。不久，一陣凜冽的北風吹來，非常寒冷，凍得他四處躲藏，碰巧見到燕子凍死在地上，便對他說道：「唉，朋友，你把我倆都毀了。」

資料來源：http://www.bookstrg.com/ReadStory.asp?Code=RKASeP35908

注釋

註1 維基百科（Wikipedia）是一個強調自由內容、協同編輯（collaborative editing）以及多語言版本的網路百科全書，該網站也以網際網路作為媒介而擴展成為一項基於 Wiki 技術發展的世界性百科全書協作計畫，並由非營利性質的維基媒體基金會負責相關的發展事宜。維基百科是由來自世界各地的志願者合作編輯而成，整個計畫總共收錄了超過兩千兩百萬篇條目，並且允許任何訪問網站的用戶都可以使用網頁瀏覽器自由閱覽和修改絕大部分頁面的內容。

資料來源：http://zh.wikipedia.org/wiki/%E7%BB%B4%E5%9F%BA%E7%99%BE%E7%A7%91

註2 一九〇五年，皮爾斯為了和詹姆斯的說法有區別，特別使用了「Pragmaticism」這一個字，以別於以往的「Pragmatism」，在中文翻譯中，大都譯為實用主義，胡適之則譯為實驗主義，以包括實際主義和實驗主義。

38

實證主義

要檢驗布丁，唯有吃了它才行。

The proof of the pudding is in the eating.[1]

英文諺語

思考人生問題

問題一、何謂實證主義？

問題二、實證主義是否都以實際爲判斷的唯一標準？

問題三、實證主義是否承認有客觀眞理？

問題四、實證主義是否承認有絕對性的意義存在？

問題五、實證主義應用在倫理學中的方法有哪些？

問題六、實證主義應用在現實事物中的判斷是否都有效？

問題七、實證主義是否接受抽象理論？

問題八、實證主義的確實內涵及目的爲何？

問題九、如何正確面對實證主義？

問題十、實證主義對我們的影響如何？

案例

美國專家稱無證據顯示玩電子遊戲易致暴力傾向

據美國媒體十八日報導，全美各地槍擊案頻傳，促使社會大眾近來密切檢視電子遊戲是否帶來有害影響。不過研究者和電子遊戲開發人員認為，電子遊戲對健康、學習及其他社會目標都有正面效應。

據美國市場網路民調，多數美國人認為電子遊戲和暴力行為有關。但很多研究者說，很少證據證明玩電子遊戲會使人變得暴力，且電子遊戲能帶來很多正面效應。電子遊戲容易使人沉迷的特質，可以用來鼓勵兒童發展健康飲食習慣，幫助老人維持腦部功能，甚至處理貧窮和氣候變遷等問題。

即使飽受批評的射擊遊戲也有正面效應。多倫多大學研究顯示，玩射擊遊戲或賽車遊戲，就算只有短時間，也能改善人們搜尋隱藏目標的能力。

資料來源：中國新聞網中新網。2013/3/19。http://big5.xinhuanet.com/gate/big5/news.xinhuanet.com/world/2013-03/19/c_115083876.htm

□討論人生問題

實證主義（Positivism），首先由法國哲學家孔德所提出，他以實證論作爲哲學的方法，以爲實驗才是我們得到知識的最主要方法，同時也是唯一的準繩。孔德是哲學家兼數學家，自一八二五年起，創實證論，晚年則走向神祕主義，自立教派，以「人道」爲信仰之對象，目的在改革社會。

孔德將人類精神發展的歷史分爲三個階段：

第一階段神話神學時代：由於對大自然的現象感到神妙莫測，以爲是神的力量在支持，因此產生了多神信仰，發展了各種宗教的崇拜及儀式。在這個時代中，由於信仰的關係，慢慢地發展了一個體系，由多神的神話變成了一神的宗教信仰。根據孔德的解釋，西洋的宗教，其實是神話所演化出來的東西，神話的產生則是由於人不懂科學的結果。

第二階段形上學時代：當人們慢慢脫離神話時代之後，就可以使用抽象思考，藉著抽象的認識作用，知道人事和自然現象之間不一定有必然的關係，因此，發展了哲學，藉著哲學，以檢討批評過去的思想，發展出獨立之思考，建立個人獨有之人格特質。

第三階段實證時代：在孔德心目中，形上學時代的精神固然可喜，缺點卻是未落實到人間，思想代替信仰雖是人類的一大進步，但單靠思想仍然不能眞切體悟到現實的世界，必須使用感官才能衡量一切事物的眞假對錯。

孔德以爲，當實證時代來臨時，神學和神話固然被放棄，形上學也同樣地不可靠，只有直接呈現給感官的，才是可靠的、眞實的，也只有這樣的知識才是眞的知識，孔德稱這樣的知識是科學。

在科學實證的時代中，只有經得起科學檢驗的才能稱之爲眞知識，才能認清事物的眞相，如此，實用主義、功利主義、現實主義的人生觀都是由此而萌芽。

孔德雖然主張科學實證，但並不因此就以爲道德、藝術、宗教毫無地位，孔德仍然給予它們發展的餘地，只是，他以爲在一個人的發展過程中。這些都是不需要的。

但是，到了古躍（Guyan M.，一八五四至一八八八年）就完全不一樣了，他不但對宗教採取嚴厲的態度，甚至使用謾罵的方式，因此，有人稱他爲「法國的尼采」。

他的思想綜合了進化論與無神論，他很清楚地看出了倫理與宗教的關係。他以爲要打倒倫理，首先要打倒宗教，因爲倫理的基礎在於宗教，當宗教倒了，倫理也就不存在了；但是，當他反對宗教時，他更發現，宗教在哲學上的基礎是形上學，一個研究實證論的人，是不能容忍形上學的存在的，他必須打倒形上學，當形上學垮臺之時，宗教與倫理自然也就完了。

爲什麼他會反對倫理、道德、形上學的意義？因爲，在他觀察了生命的現象之後，他發現生命的各種現象所呈現的，都和倫理道德無關，整個生命世界，就如同赫胥黎及達爾文所觀察的結果，都是弱肉強食，適者生存，這種生命發展的過程，都是往壯大自己、發展自己的方向前進，這種壯大自己、發展自己，並不是自私的，而是生命的表現，因此，眞正的倫理道德，是宇宙與人合而爲一的完整存在，而不是支離破碎的單獨個體，當我們視整個宇宙爲一有機體、一個生命時，人也就在此有機體、大生命中共同進化。人與宇宙一同進化，就成了人的目的，也是人生的價值所在。

如此，實證主義一躍而具有了社會性，他們主張以社會發展的方式，證明人類在歷史中發展和進步的情形，並將這種思想應用到社會政治之中，以構成人的價值觀，像這樣的思想就稱之爲「社會實證主義」（Social Positivism）。

社會實證主義開了實證主義的先河，一個原來以經驗主義爲價值判斷、爲唯一準據的思想，一變而爲社會主義，就顯示了實證主義本身的可變性，由於對這種思想方式的不同主張，而產生進化實證主義。

「進化實證主義」（Evolutionary Positivism）是以物理和生物學的發展爲其基礎，以自然科學的實驗來界定宇宙和人生，這個思想的代表人物有史賓塞（Spencer H.，一八二〇至一九〇三年）、海克爾（Haeckel E.，一八三四至一九一九年）。

史賓塞將進化論系統化，認爲機械式的進化是實在界最高規律，眞理與價值是由經驗中發展出來的，不但人類有，連狗也有（例如對主人的忠誠），這種發展是進化的結果，也是進步，正可以產生更好、更美的東西；而自然不會進步，進步與自然是對立的，進步是征服自然、利用自然。因此，科學研究可助人征服自然，使人在個別知識的探究上，獲得完滿的發展，哲學只提供問題和結論。如此，所有的事實都建築在經驗之中，經驗的事實提供了進化的必然程序，除此之外，都不是人類的感知所可理解的，也不是必要的，因此，人生的價值是建正在經驗的事實上。

海克爾是科學唯物論者，主張「單一論」（Monism），主張萬物一體，以爲一切都是一個實體，人和其他動物並無差別，人既和其他物體一樣，也就無所謂高於其他動物了。

進化實證主義是以理論的辯證，來說明唯物史觀才是人類進化的動力，而且覺得經濟活動才是人性發展的最終基礎。

另一派實證主義是批判實證主義（Critical Positivism），也就是批判經驗，批判新實證主義以及邏輯實證論等主張，代表人物是亞芬那留斯（SAvenarius R.，一八四三至一八九六年）及馬哈赫（Moch E.，一八三八至一九一六年）。事實上，他們二人都是經驗批判主義（Empirio Criticism）者。亞氏是主張重返天眞的實在論者，以爲實在界超出內外世界的對立而存在，但是，這種實在界卻是由於感官才能有其實在性，因此，基本上來說，亞氏仍然停留在經驗的事實中。至於馬赫則主張純粹的經驗主義，主張連物理學也不過是討論人的感覺而已，更別說其他的科學了，連自然規律都不過是多樣性經驗的簡化而已。

由此觀之，批判實證主義，乃在如何純化經驗，也就是如何將經驗主義還其本來面目。事實上，所有的實證主義，不過是經驗主義的一支而已，目的只是在尋求如何達到確實而不移的人生準則。由經驗的觀點出發，人當然容易把握住那些確實的經驗，但不可諱言，經驗本身也有其不足之時。例如一個經驗不能代表一個眞理，因爲一個經驗，只能使人了解到在某時、某地的某種特殊經驗而已，並不能代表這就是普遍眞理。如同一個人看悲劇電影，並不是在任何時候、任何地方、任何狀況下都會流淚，一個經驗並不代表普遍的知識。同樣地，眾多的經驗也不能完全代表普遍的知識，經驗也有例外之時，即使有再多的經驗，只要有一個例外，此經驗就不能構成普遍的知識。

因此，我們應當了解，人生尋求普遍的眞理及知識時，是既不能過分經驗化，也不能過分主觀化，此二種都不能做爲人生求知的準則。經驗本身所具有的客觀眞理是不容否認的，但不能因爲經驗本身的客觀性，而認爲只有經驗才具有眞理的價值，其他的都沒有，這是不正確的。同樣地，科學雖有能力檢驗客觀事實及經驗，但不是所有的客觀事實及經驗，科學都可以檢驗出來的，因科學本身仍然只是一個正在發展中的學科，其本身領域的完全確實性仍有待探索，如何可以說「科學萬能」？無形之中，不是也貶抑了科學本身所仰賴的一切客觀經驗及事實嗎？

□面對人生問題

所以，實證主義，不論是社會的、進化的或批判的實證主義，都不能做爲人類尋求客觀知識及眞理的唯一標準，我們接受實證主義有其某一方面的價值，但不接受其是唯一的價值，究竟人有良知、良能，此良知良能是不學而能、不慮而知的，不是經由經驗得來的，經驗只能得其結果，如果以經驗爲唯一的，豈不是自絕於眞理嗎？

因此，在追求眞理的過程中，人生的準則，當是努力去追求一切的眞理，而不是只追求一些事實，當人擁有眞理時，事實上應該是一種完整的心態去衡量，而不是部分的偏執，任何人希望獲得人生的幸福時，都必須以眞理爲依歸，而不是以部分的事實爲方法。

寓言

在這個新時代裡，三位實證科學家為了探索新人類的前行之路，在聯合國教科文組織的授意下去研究一種希奇古怪的動物——大象，以求為現代人謀取福利。三位專家在做這個課題前，教科文組織專門為其開了一個座談會，以求統一思想，確保研究成果的精確性。當主持人問及：實證科學的精神核心是什麼？三人異口同聲答道：「最客觀的態度，最求實的精神，最嚴謹的論證。」

實證科學家A博士開始用戴手套的手去摸象，繼而運用手套上的一些儀器測試數據。他摸到的是一根能夠揮動的圓柱。

科學的嚴謹本能使他做了以下工作：

(1)用儀器測試出圓柱橫斷面的半徑（r）及柱體長度（h）；

(2)進而計算出體積及其他衍生數據；

(3)運用有關動力學成果，計算出該柱體揮動的頻率、產生的動能及相關數據。

在以上測試所獲數據基礎之上，博士又做了以下工作：

(1)在圓柱體公式 $3.14r^2 \times h$ 中求得該柱體積；

(2)經反覆推理及再次測試後，又將 $3.14r^2 \times h$ 再乘以 $\frac{1}{3}$，因為進一步測試表明大象是圓錐體而非圓柱體；

(3)三度推理及測試表明，圓錐體計算仍舊失真。

A博士忽然想到，該計算應在拋物線公式 $y = a + b \times 2$ 中進行。

設a為1，b為2，則得：

$y = 1(x = 0)\ y = 1(x = 0)\ y = 3(x = 1)\ y = 3(x = -1)\ y = 9(x = 2)\ y = 9(x = -2)$

A博士在興奮中將研究數據及結果傳回聯合國總部。

實證科學家B教授在測試中發現大象是兩個相互作用的電體。測試中，兩個電體透過教授最先進的手套將他的手掌扎通，再摸下去是兩根弧形的細長的電纜，底部連接於電機。

教授首先做了以下工作：

(1)用儀器測得兩電體間距（r）；

(2)測得兩電體電量 q_1 與 q_2；

(3)運用庫侖定律求得兩帶電體間的作用力F，使用公式 $F=K \times q_1 \times q_2/r \times r$。

然後教授又進一步做了以下工作：

(1)測得兩電體質量 M_1 與 M_2；

(2)求得電體1在消損中釋放的能量，依據公式$E_1 = M_1 \times C^2$（C為光速）；

(3)求得電體2在消損中釋放的能量，依據公式$E_2 = M_2 \times C^2$。

B教授在興奮中將測試過程及結果傳回聯合國總部。

C研究員在兩位專家研究基礎上又做了哲學總結。論證過程從略，研究結果為：大象作為拋物線之存在其實是一個拋物線區間，其兩個底點各帶有一定電量；此項綜合成果反映了實證科學中「綜合分析」的重要理性原則。

又經過科普作家的努力，大眾普遍接受了這樣一個事實：大象這種東西形狀是條拋物線，特點是能發電。

各位讀者你覺得這三位科學家在做些什麼？他們真的從中得出了大象的結論嗎？

資料來源：http://big5.yuanming.net/articles/200603/50151.html

注釋

註1　意指要論斷一件事物的價值，要先將它用作實證才行。

39

快樂主義

快樂本來是壞的，但是有些快樂的產生者卻帶來了比快樂大許多倍的煩擾。

伊比鳩魯[1]

思考人生問題

問題一、何謂快樂主義？
問題二、快樂主義與享樂主義有什麼區別？
問題三、快樂主義是不是幸福主義？
問題四、快樂主義的主張是否都贊成物質的快樂？
問題五、快樂主義有沒有不快樂的地方？
問題六、快樂主義可不可以作爲人生哲學的標準？
問題七、快樂主義對於今日社會有何影響？
問題八、如果快樂主義是不對的，應如何批判？
問題九、快樂主義是不是唯物主義？
問題十、快樂主義有沒有可取之處？
問題十一、如何正確面對快樂主義？

案例

電影《購物狂的異想世界》[2]

個性古靈精怪又天生樂觀的麗貝卡・布盧姆伍德，住在五光十色的紐約市，喜歡玩樂的她非常會購物。她夢想能到她最喜歡的時尚雜誌工作，但不是很順利，不過她卻得到同一家出版公司的財經雜誌的青睞，擔任專欄作家的工作。很諷刺的是，作為財經記者的她，一方面教人如何理財，另一方面自己又難以自拔的揮霍無度，只能選擇不斷自圓其謊和不聞不問來逃避債務。面對接踵而來的帳單，麗貝卡曾經試圖戒掉購物癮，但卻以失敗告終。於是她必須想盡各種辦法來賺更多的錢以補足這些龐大金額的帳單。

刷卡、購物、盡情享樂，是女主角貝麗卡・布盧姆伍德的一大享受。人都有欲望，不管是心理上或是物質上，但能不能有效地控制就十分值得探討。

科學家表示，有些人在壓力下會選擇「購物」並且從中獲得慰藉與樂趣。

資料來源：http://zh.wikipedia.org/wiki/%E8%B3%BC%E7%89%A9%E7%8B%82%E7%9A%84%E7%95%B0%E6%83%B3%E4%B8%96%E7%95%8Chttp://www.ireader.cc/index.php/study/study_01_5_detail?sn=52365&article_sn=132857

□討論人生問題

希臘哲學家亞里斯多德的學說，主要是目的論，他以爲人生在世都是有目的的。人生的目的就是追求幸福，追求幸福就是讓自己獲得快樂，事實上，水往低處流，人往高處爬，每一個人都在努力求取自己的幸福與快樂，不會有人去求人生的不幸福或不快樂，因此，有許多人就以爲人生的目的就是追求快樂，以這種追求快樂的方法作爲學說主張的就稱之爲「快樂主義」或「幸福主義」（Hedonism or Eudaemonism）。事實上，快樂和幸福是不一樣的，從定義上來看，快樂是指肉體或感覺上的滿足與享受，幸福的範圍則比較廣，它不但可以包含肉體或感覺上的滿足與享受，它還指心理上和精神上的滿足與享受。因此，人儘管可以有身體上的病痛、不快樂，但他卻可因爲親友的照顧，而有幸福的感覺，相反地，儘管家財萬貫，如果沒有親情與友情的滋潤，也不會有幸福的感覺。因此，我們可以明白快樂和幸福是不一樣的，同樣地，幸福主義自然也不同於快樂主義。

再者，還有人以爲快樂主義與享樂主義是同義的，其實也不見得。因爲享樂主義的選擇性少，它較近於縱欲主義。快樂主義就不一樣了，它雖然在尋求肉體或感覺的滿足與享受，但是會引起痛苦的感覺或肉體上的不良反應時，快樂主義者就會小心加以選擇。例如，愛喝酒的人，在其身體範圍許可之內，喝的適量，是一件快樂的事，但如果過量了，則不但不能得到快樂，反而會引起痛苦。因此，一個眞正的快樂主義者，可能反而是一個縱欲主義者，這種例子在希臘時期的哲學家所在多有，其中較有名的有二個人，一是蘇格拉底的弟子阿瑞斯提普斯（Aristippus，西元前四三五至三五〇年），另一位則是伊比鳩魯（Epicurus，西元前三四一至二七〇年），現在，我們簡單介紹此二人的主張。

阿瑞斯提普斯首創快樂主義於施勒尼（Cyrene），因此後人稱這一派學說爲施勒尼學派。

阿瑞斯提普斯受了詭辯派的影響，以爲只有個人的感覺才能帶給我們一些知識，他人的感覺或事物本身對我們來說，都是一無所知，因此，只有主觀的感覺，也就是主觀的快樂，才能作爲人生價值的標準。

那麼，什麼是感覺的快樂？也就是說，我們怎麼會有快樂的感覺？他以爲感覺本身是活動，如果這個活動是溫和的，便會使我們擁有快樂，相反的，便是痛苦，但是如何知道這些活動是溫和的或不溫和的？阿瑞斯提普斯以爲，一個智者對於快樂是會選擇的，他會選擇那些適合自己的、會使自己快樂的，逃避那些會使自己痛苦的，結果呢？他以爲眞正的快樂是知足的、淡泊的、有節制的，他的主張不但不是縱欲主義，也不是享樂主義，而成了苦修主義。這種苦修主義，對人生產生了消極的意識，以爲人生充滿了痛苦，要躲避痛苦，只有使自己的人生消失，才不會有痛苦的發生，這樣的思想造成了一種自殺風。阿瑞斯提普斯的思想，後來衍生兩個極端，極端快樂主義及極端厭世主義，互不相讓，這也可以說是快樂主義的問題了。

至於伊比鳩魯的主張，則和阿瑞斯提普斯不太一樣，伊氏個人很受當時人的尊敬，他的學生奉他如神明，他也努力使他自己合乎他自己的主張。他以爲人生的價値只是在於肉體的快樂，除了肉體之外，沒有什麼是他認爲快樂的。他又把快樂分成動靜二種，他以爲眞正的快樂是靜態的，動態的快樂會引起痛苦，而肉體的快樂是動態的，精神的快樂是靜態的。但我們不要因此以爲伊氏就是主張精神的快樂，事實上，伊氏是一位唯物主義者，精神的快樂也不過是物理與生理作用之後所產生的快樂感覺，也就是主張對肉體快樂的回憶與等待。

伊氏以爲，要使這種快樂達到最高，就必須加以選擇與計算，他將快樂分成三種：一是不自然也不是必須的快樂，二是自然但不是必須的快樂，三是自然而必須的快樂。在第一種快樂中，如榮譽、聲望等，都不是必須的，得到的方法，常常也不是自然的，像這一類的快樂，不但不應選擇，且當避免；在第二種快樂中，如品嘗山珍海味、觀賞珍奇異獸中，吃與看都是自然的，但吃山珍海味、觀珍奇異獸，則不是必須的，因此，一個眞正的快樂，是有選擇的、是有節制的；在第三種快樂中，如簡單的飮食，這不但是自然的且是必須的，爲一個智者來說，是當努力去追求的，而且也很容易獲得，只有這樣的快樂，才會造成精神上的平靜，達到眞正的快樂，不然，每日爲了追求更好的食物、更好的名譽，到最後，不但不能享受到眞正的快樂，反而會得到痛苦。所以，伊氏的主張，雖由感覺的快樂主義入手，結果卻又成了嚴肅的苦修主義，如同阿瑞斯提普斯一樣，只求得一己個人的快樂。

希臘哲學的主張，雖然都是從感覺上的快樂主義開始，但結果，都不能得到眞正的快樂，必須轉入更嚴肅的修身思想，才能使自己更加快樂，因爲所有的快樂主義主張都一樣，並不在求一時的快樂（這是享樂主義或縱欲主義），而在求長久的快樂，要有長久的快樂，就要有穩定而平靜的生活，不然，怎麼會有長久的快樂呢？如此，快樂主義者成了苦修主義者就是可以想像的了。另一方面，有些快樂主義者因得不到長久的快樂而產生了厭世主義，也是可以了解的，這就和我國的楊朱思想一樣，很多人都以爲他是一位享樂或縱欲主義者，其實，他也是一位有相當嚴格的律己思想的人。

楊朱的快樂主義是建基在他的個人主義上，他以爲如果人人都能善修其身，人人盡好自己的本分，則他人根本不需要爲你擔心、爲你工作，如此天下自可太平，又何必去拔一毛而利天下？現在就是因爲有太多的人，不能獨善其身，本身的工作都做不好，必須依賴他人來幫忙，結果，就使得愈來愈多的人需要去助人，相對地，也就有愈來愈多的人得到幫助，這都是因爲太多的人，太過於爭名、好利，導致於互相殘殺，這就是楊朱說的：「生民之不得休息爲四事故：一爲壽，二爲名，三爲位，四爲貨。有此四者，畏鬼畏人，畏威畏刑，此謂之遁人，可殺可活，制命在外。」（《列子．楊朱篇》）由此可知，楊朱本人具有淑世之理想，爲了救人，乃提出一些人性基本上的問題，使得一般人易於接受，而能達到他的目的。希臘的快樂主義，發展到中世紀，就受到天主教思想而隱藏了下來，一直到十六、十七世紀才又活躍起來，其中最有名的代表人物是英國的邊沁。

英國哲學家邊沁的思想如同希臘的快樂主義一樣，認爲追求肉體快樂是人生的最後目標，倫理學就是一部教人如何獲得快樂、利益的書，爲了要使自己得到最大的利益及最小的痛苦，精於利益的計算是必要的。他訂了七條規則，作爲計算利益的方法：(1)「強度性」（Intensity），(2)「延續性」（Duration），(3)「確切性」（Certainty），(4)「切近性」（Propinquity），(5)「生產力」（Fecundity），(6)「純潔性」（Purity），(7)「廣袤性」（Extension）。我們可以利用這七條規則來衡量快樂的價值，也就是說一個強度足夠的快樂比一個強度弱的快樂來得有價值，一個能延續的快樂比一個很快就消失的快樂來得有價值……。一個有道德的人，就是一個計算正確的人。對邊沁來說，所謂德行，就是計算的本領。

從以上所述，可知快樂主義雖然主張肉體的感覺滿足與享受是道德價值判斷的標準，但從他們的結論來看卻發現，他們眞正的標準並不是肉體上的享受與滿足，而是精神上的滿足與享受，因此，快樂主義者事實上是默認在快樂主義之外還有別的標準可以作爲人生價值的判斷標準。同時，他們也承認，眞正的快樂不是快樂本身，而是人的理性或本性。因爲他們以為尋求快樂是合乎人的本性或理性，也就等於承認人的本性或理性是人的目標，快樂主義者如果不如此主張，就不合乎道德意識，因為道德意識的目的，是趨於人在本性或理性上若欲達到完美的地步，快樂只是一個方法，不是目的。

□面對人生問題

快樂主義常常會被人誤以為是享樂主義或縱欲主義，其實，快樂主義只是一種方法，我們應當明白，人的幸福不只是建基於肉體上的滿足與享受，精神上的滿足也是非常重要的，如此人的目的才能達成，肉體上的滿足不能單為肉體，必須對精神生活有所助益，才能有真正的幸福人生，不然，人類和禽獸就沒有實際的差異了。

伊索寓言

螞蟻與蚱蜢

在炎熱的夏天，螞蟻們仍是辛勤的工作著，每天一大早便起床，緊接著一個勁兒的工作。而蚱蜢呢？天天「嘰哩嘰哩，嘰嘰、嘰嘰」地唱著歌，遊手好閒，養尊處優地過日子；每一個地方都有吃的東西，正逢滿山的花朵盛開，真是個快樂的夏天啊！

蚱蜢看見辛勤工作的螞蟻感到非常好奇。

「喂！喂！螞蟻先生，為什麼要那麼努力工作呢？偶爾稍微休息一下，像我這樣唱唱歌不是很好嗎？」

可是，螞蟻仍然繼續工作著，一點也不休息地說：「在夏天裡積存食物，才能為嚴寒的冬天做準備啊！我們實在沒有多餘的時間唱歌、玩耍！」

蚱蜢聽見螞蟻這麼說，就不再理會螞蟻。

「啊！真是笨蛋，幹麼要想那麼久以後的事呢！」

快樂的夏天結束了，秋天也過去了，冬天終於來了，北風呼呼的吹著，天空下著綿綿的雪花。

蚱蜢消瘦的不成樣子，到處都是雪，一點食物都找不到。

「我若有像螞蟻先生，在夏天裡貯存食物該多好啊！」

蚱蜢眼看就要倒下來似的，蹣跚地走在雪地上。

而一直勞動著的螞蟻，冬天來了也不在乎。積存了好多食物，並且建了溫暖的家。

當蚱蜢找到螞蟻的家時，螞蟻們正快樂的吃著東西呢！

「螞蟻先生，請給我點東西好嗎？我餓得快要死了！」螞蟻們都嚇了一跳。

「咦！你不是在夏天裡見過面的蚱蜢先生嗎？你在夏天裡一直唱著歌，我們還以為你到了冬天會是在跳舞呢！來吧！吃點東西，等恢復健康，再唱快樂的歌給我們聽好嗎？」

面對著善良親切的螞蟻們，蚱蜢忍不住留下欣喜的眼淚。

資料來源：http://linsuwen.myweb.hinet.net/Aesop's%20Fables%201.html

注釋

註1　伊比鳩魯（Επίκουρος）出生於西元前三四一年，卒於西元前二七〇年。古希臘哲學家、伊比鳩魯學派的創始人。伊比鳩魯成功地發展了阿瑞斯提普斯（Aristippus）的享樂主義，並將之與德謨克利特的原子論結合起

來，伊比鳩魯同意德謨克利特有關「靈魂原子」的說法，認為人死後，靈魂原子離肉體而去，四處飛散，因此人死後並沒有生命。他的學說的主要宗旨就是要達到不受干擾的寧靜狀態，自我的欲望必須節制，平和的心境可以幫助我們忍受痛苦。他認為，最大的善來自快樂，沒有快樂就沒有善，而快樂包括肉體上的快樂，也包括精神上的快樂。伊比鳩魯區分了積極的快樂和消極的快樂，並認為消極的快樂擁有優先的地位，它是一種「厭足狀態中的麻醉般的狂喜」。他更強調，肉體的快樂大部分是強加於我們的，而精神的快樂則可以被我們所支配，因此交朋友、欣賞藝術等也是一種樂趣。其學說並沒有發展出科學的傳統，但他自由思維的態度和反對迷信的實踐，一直得到羅馬帝國早期一些上層階級成員的尊敬。而在今天，「Epicurean」這個詞已經具有貶義，用來形容那些追求享樂的人們。伊比鳩魯悖論（Epicurean Paradox）是其著名遺產之一。

資料來源：https://zh.wikipedia.org/wiki/%E4%BC%8A%E5%A3%81%E9%B8%A0%E9%B2%81

註2 《購物狂的異想世界》（Confession of a shopaholic），改編自蘇菲．金索拉同名小說的美國喜劇電影，由P.J.賀根執導，並由艾拉．費雪主演。

資料來源：http://zh.wikipedia.org/zh-hant/%E8%B3%BC%E7%89%A9%E7%8B%82%E7%9A%84%E7%95%B0%E6%83%B3%E4%B8%96%E7%95%8

40

進化主義

想像力比知識更重要。因為知識是有限的，而想像力卻包含了整個宇宙，刺激進步，促成進化。

愛因斯坦[1]

思考人生問題

問題一、何謂進化主義？
問題二、進化主義的內涵有哪些？
問題三、進化主義只肯定人的物質的進化？
問題四、進化主義的最高價值是什麼？
問題五、如果沒有進化，是否就表示人沒有進步？
問題六、進化的目的是什麼？
問題七、是否只靠自己就可以進化？
問題八、進化有沒有原則可循？
問題九、進化主義可以作爲人生哲學的價值標準嗎？
問題十、如何正確對待進化主義？

案例

印度女性反性騷擾 「紅色娘子軍」上街打色狼

印度頻頻傳出性侵犯罪案件，引起全球關注。該國北部一群女性成立了一支名為「紅衣旅」的民間團體，她們以穿紅外衣聞名，專門幫助懲治性犯罪者。

這支「紅色娘子軍」是由一群受夠了性騷擾的年輕女性成立的組織，她們的口號是：「我們要反擊，贏回街道！」既讓人看到印度女性意識覺醒的希望，但也帶來一絲隱憂。

司法不公正催生「街頭正義」，創辦人是芳齡二十五歲的教師威什瓦卡瑪，她是「紅衣旅」的靈魂人物，她和這個團體中的很多人一樣有著痛苦的回憶。二〇〇七年，十八歲的威什瓦卡瑪差一點被男同事強姦，雖然躲過了性侵害，卻逃不掉心靈的創傷，學校裡沒有人在意她的投訴。積壓的壓抑和屈辱情緒最終爆發，二〇〇九年，威什瓦卡瑪感覺受夠了，必須要行動起來。她在自家旁邊的小房裡為貧民窟的孩子開辦學校，她發現，很多女子也有著一樣的悲慘遭遇。

威什瓦卡瑪說：「我們不要這樣，我們要成立一個組織，為自己而戰。我們決定不再僅僅哀嘆抱怨，而是選擇戰鬥。」

報導認為，維護社會秩序本是國家執法機關職責，如今卻要讓「紅衣旅」以「街頭正義」

的形式承擔，這其中最需要反思的恐怕還是印度政府。《印度時報》認為，面對印度性騷擾案件頻繁和警察的不作為，「紅衣旅」令人看到一絲希望。

「紅衣旅」目前有十五名核心成員，年齡在十一歲到二十五歲之間，另外還有一百名臨時成員。為了防身，她們開始學習武術，並用武術給試圖挑釁的男人上了一課。

在印度，很多壯年男子是文盲，沒錢娶老婆，再加上廉價色情產品的誤導，他們對待女性的態度並未隨文明進步而進化。

另外，由於印度警察男性居多，他們的不作為也助長犯案率，他們經常拒絕受害者報案，「強姦問題」成了「警察問題」。例如，有一名三十五歲女子投訴強姦案被拒絕，因為一名官員稱，沒有男人願意強暴這麼老的女人。

威什瓦卡瑪說：「他們一直認為，女人就是玩物。而我們就是想改變男人對女人的態度。」

「只有我一個人沒辦法改變這一切，但如果我們團結起來就可以。我們與年輕女孩一起工作，對她們解釋男人應該有責任感，必須尊重女人，不能再認為女人是低人一等的。」

資料來源：《馬來西亞東方日報》網站。2013/5/19。http://www.orientaldaily.com.my/index.php?option=com_k2&view=item&id=56309:&Itemid=197

□討論人生問題

自十九世紀以來，人類在生物科學的研究中日新月異，對於過去生物學的發展，可以藉著科學的進步，更精確地鑑定過去所發生事物的年代，由此，更可以明白生物學的發展。在眾多對生物史發展的主張中，以演化論最能吸引人，演化論的假設，是生物的演化由低等動物逐漸往高等動物發展，宇宙生命的發展也是如此，因此，逐漸就有人主張生命的發展是道德價值的標準，凡是有助於生命發展的行爲就是好行爲，不然就是壞行爲，這樣的主張，稱之爲進化主義。

一般來說，以生命發展爲道德價值標準的進化主義之意義有二個，一個是以道德價值的標準爲宇宙或生命發展的根源，一個是以道德概念或道德意識是由進化而來的。這二種進化主義都是從倫理學的觀點來討論，因此，又有人稱之爲「進化倫理學」。在這二種觀點中，主張第二種意義的人較爲普遍，因爲他不需要從生命本質的意義去討論，只需從道德事實及現象中去研究就可以。由於時代的發展，道德的發展也隨著時代而有不同的面貌，因此，以爲道德概念或道德意義是由進化而來，其實這是一種錯誤的觀點，因爲隨著時代的發展雖有不同的道德情況，但並不表示道德的本質會隨著時代而改變，例如：先秦時代就已強調對父母的尊敬與孝道，時代發展到今天，難道就不強調了嗎？當我們研究道德問題時，不要把道德現象與道德本質混爲一談，道德現象只是隨著時代的不同呈現出不同的問題與風貌，但不能說這就是道德的本質，例如：有人批評以前的時代是吃人的禮教的時代，這一句話的意義，在指明宋明以後，有的道德方法對人民的生活有著很大的影響，但是並不是說所有的道德方法都是吃人的，這些對人民有很大影響力的方式，其中絕大多數都是對婦女的要求，但這也不表示所有的婦女都是遵守這種要求，如婦女裹小腳、不可改嫁、遵從三從四德等，但仍然有人不願裹小腳，依舊改嫁，不能因此就說這些沒有裹小腳和改嫁的人是道德差，只是她們表現的方法和當時不一樣。我們今天這個時代有許多問題，在古代早已有了，甚至表現方法還超過我們呢！例如愛國的思想、盡忠報國的思想，但是也不能說，因爲我們有些人不如古人的表現良好，所以，我們這一個時代不如他們。由於每一個時代，都有其不同的內涵和特質，每一個時代爲表現其特質，自然有不同的表現方式，這些方法如果要評斷其好壞，就不能拿另一個時代與這一個時代相比，而是要從道德的本質來衡量，不是用不同時代的不同方法來衡量比較，因爲這樣做，是沒有客觀標準的。所以，道德事實及現象是由進化而來的此一觀點，顯然是不通的。

再者，從道德概念或道德意義來說，道德是否由進化而來的，也是値得討論的，因爲道德意義或道德概念不是一點一滴由前人累積而來，且逐漸發展到現代而變得較爲完備的，如果眞是如此的話，孔子的「仁道」、「恕道」，孟子的「仁義禮智」等，顯然都不如今日的完備，那麼，我們又何必去學習效法他們的精神呢？從另一方面說，道德概念與道德意識既由進化而來，進化的原則是愈來愈好、愈來愈完備，則我們對忠恕、仁義禮智的意識之心應該比孔孟時代來得更強而有力、執行得應更徹底，這樣，理想國不是應該早已出現了嗎？怎麼會有今天這麼混亂的局面？所以，道德概念與道德意識是由進化而來的這種觀念是行不通的，即使以其適用於原始人的時代也不行，不能因爲原始人沒有道德的表現，就說原始人沒有道德概念或道德意識，只能說他們尚未從其內心表達出來。從邏輯的觀點來看，高級生物的智慧，須經由低級生物的進化而發展出來，其本身卻仍是低級生物的論證是荒謬的，即使退一萬步來說，人是由低級生物進化來的，但智慧在生物之間是很難完全傳遞的，今日人類的高級智慧，如果是由低級生物演化而來，則低級生物的智慧，應更高於人類才對，不然，如何可能使人類的智慧有如此高度的發展？而本身仍是低級生物？就如同人做實驗改進動物的品質，從來沒有聽說過動物做實驗來改善人類的品質，即使是牠們彼此之間也很難有這種智慧來改善牠們彼此之間的品質。

因此，從上所言，道德概念或道德意識是由進化而來的觀點是錯誤的。

另一個主張，以宇宙或生命的發展是道德價值標準的根源，也就是說，宇宙或生命的發展，決定了道德價值的標準。贊成這種說法的人，以爲宇宙或生命的發展有一種趨勢，這一種趨勢造成了宇宙或生命發展的方向，也形成了生命或宇宙爲維持自己的生存及發展，而產生自然的「趨吉避凶」的方法，這也就是道德的根源。從生命的發展來看，保存生命的本質乃是促使生命發展的最好方法。要保存生命，就不能做戕害生命的事，因此，殺人或自殺都是妨害生命的發展，都是不好的，由此，建立生命發展的道德原則，殺人或自殺是不道德的。

另外，還有一種看法，以爲宇宙內的各個生命體都是獨立而互異的，每一個生命體爲維持自己的生存，必須展開奮鬥，愈有能力競爭的人，愈有生存的機會，結果是，誰最有能力誰就最有生存的權力。生存權力成了維繫生存的鐵則，也就成了道德的根源，誰違反了這一個原則，誰就要被淘汰，最終，只有「超人」才能夠建立一個完全的道德原則。

另外，還有一種看法，以爲道德是由社會進化而來的，社會愈進步、道德就愈進步。其實一個進步的社會，並不在於物質的發展，而是精神生活的發展，精神生活發展得愈好，道德生活的層次就愈高、愈開放，反之就愈封閉。封閉的精神生活，是具有社會性和強制性的。開放的精神生活，則是由愛而來的，當開放的精神生活的愛的表現時，就可以減少封閉精神生活的社會強制性及自私性，就可以使道德生活達到最高的愛情價值，這種愛情價值不是來自於生命本身，而是來自於愛情的創造者——上帝，人們藉著神祕經驗，使人們從祂身上獲得新的道德精神。

從以上三種觀點看來，他們都以宇宙和生命的發展爲道德的根源，但當我們仔細研究時，可以發現：宇宙和生命的發展，不只有物質生命的發展，也有精神生命及理智生命的發展，因此，從第一個觀點看來，所謂的趨吉避凶，只是生命的本能，不是生命的本質，在一般動物身上，也有這種趨吉避凶的本能，對於意圖侵犯自己的其他生物，本能上具有反抗的能力，如果以這種方式來決定道德價值標準的話，顯然宇宙和生命的發展，不是道德價值的根源，因爲道德價值必須求自精神之體，必須超越於物質宇宙及物質生命之上，而趨向於絕對主體，不然的話，道德價值將隨著宇宙或生命的發展，而有不同的層面，如此，道德價值不就失去了主體性嗎？所以道德價值不是來自於宇宙或生命的物質層面及生物本能上。

從第二點來說，生命意志力或權力意志都不是道德價值的標準，因爲道德價值的標準，乃是一種「善與人同」的基本方式，不能因爲甲比乙意志力強，所以乙就不如甲具有道德價值。再說，以生命意志力或權力意志作爲道德價值標準的看法，是把精神主體當成是宇宙萬物中的一件東西，相同於宇宙萬物，以爲精神作用是宇宙進展中的一個過程，是要繼續進化下去的，殊不知，當這種程序繼續發展的話，恐怕連生命本身也不知道道德會往何處發展，道德又如何做人的標準？更何況，道德既是進化的，則進化的原則又當如何？難道不是另一種道德原則？難道連這種原則也要進化嗎？所以，第二種也不能是道德價值的標準。

三者，道德不是由社會進化而來的，因爲社會的進化必須有社會進化的原則，這一個原則決定了社會進化的方向和內涵，這一個原則超越了社會本身，因此，社會秩序和價值秩序不是同一件東西，社會秩序來自於價值秩序，價值秩序決定了社會秩序，道德價值不是存於社會秩序中，而是存在於價值秩序中。

□面對人生問題

由上所論，道德價值本身具有一種超越性，它是超越於社會秩序、權力意志及生物本能的，它不是由社會來決定的，也不是由社會進化的方法來決定的，道德價值不是附屬於社會價值的，也不是由社會進化的方法來的，道德價值不是附屬於社會價值的，也不是附屬於宇宙中的，它是絕對的，它可以和宇宙及生命統一，但它不是附屬於生命或宇宙中的，道德價值是來自於精神主體，精神主體不是臣屬於宇宙生命的，它就是精神主體本身，是一切宇宙生命的本源，是一切人、事、物的根源，只有如此，道德的價值才能放諸四海而皆準。

寓言

機器人的「無人論」

在一個遙遠的星球上，很久以前曾有來自地球的人類光臨，在一百多年的時間裡，人類在那裡創造了一個輝煌的電腦時代。在製造出高智慧的機器人以後，地球人離開了這個留下許多「人」跡的星球。

在這個機器人的星球上，機器人不斷被複製、發展著，也持續對自己的歷史和起源爭論著。在漫長的歲月中，大多數機器人已經把代代相傳的有關「人」的故事當作了古代機器人在科學不發達時幻想出來的種種傳說。

後來，有機器人提出，機器人是起源於「算盤珠子」，是從「算盤珠子」進化到今天高度發達的機器人。這種「電腦進化論」的出現，給了「有人論」沉重的打擊。機器人起源於「算盤珠子」的說法，在學術界形成一股潮流。機器人在考古中，發掘出了算盤、計算尺、手搖機械計算機、電動機械計算機、電子管計算機、晶體管計算機、集成電路（IC）和超大規模集成電路（VLSI）計算機等各個年代的「化石」，電腦發展的進化過程非常明顯，「電腦進化論」很快風靡這個星球，成為了主流理論。

伴隨著「機器人起源於算盤珠子」的「電腦進化論」日益成熟，機器人們對於「有人論」的批判和攻擊也日益猛烈。「反偽科學」、「無人論研究協會」、「破除迷信，反對有人」等行業應運而生。狂熱的反對有「人」的作家、科學家和政客們一起聯手，橫掃對「人」的信仰，把信仰「人」的都關進洗腦班和監獄，用盡各種折磨手段，甚至把被關押者的器官活活摘除用作移植給其他機器人。

最終，「無人論」取得了統治地位。

機器人不相信「人」，可是「人」卻是真實存在的。機器人不相信是「人」創造了機器人，可是機器人的確是「人」創造的。「人」注視著這個星球上機器人的一舉一動，不相信「人」的存在的機器人社會，沒有道德的約束，無法無天。這個社會，「人」能允許它這樣存在下去嗎？

神創造了人，有人不相信。人創造了機器人，這是大家都相信的。如果我們把人的角色轉換一下，從「神創造人」的「被造」角色轉換到製造機器人的「造物主」的位置上，從機器人的眼中，來看待有沒有人存在，也許可以幫助人們來理解神造人的事情。

人的智慧非常有限，所以，在製造機器人的研究生產過程中，不得不留下非常完整的「進化」痕跡。而神創造人，哪有那麼多的中間過程？所以，人的「進化論」是嚴重缺乏中間過程，漏洞百出。為什麼人還那麼相信進化呢？為什麼把自己當作猴子的後裔呢？這只能說明人的智慧實在非常有限。

神創造了人，這是真實的。遠離了神的眷顧，人還能走多遠？

資料來源：何遠村。http://www.minghui-school.org/school/article/2007/11/22/67381.html

注釋

註1 阿爾伯特·愛因斯坦（Albert Einstein）生於一八七九年三月十四日，卒於一九五五年四月十八日，為二十世紀猶太裔理論物理學家、思想家及哲學家，也是相對論的創立者，被譽為是「現代物理學之父」及二十世紀最重要科學家之一。

資料來源：https://www.google.com.tw/search?q=%E6%84%9B%E5%9B%A0%E6%96%AF%E5%9D%A6%E8%91%97%E4%BD%9C&hl=zh-TW&rlz=1C1GPCK_enTW483TW524&tbas=0&source=lnt&tbs=lr:lang_1zh-CN%7Clang_1zh-TW&lr=lang_zh-CN%7Clang_zh-TW&sa=X&ei=bD4oUambIIjmiAeq0IAo&ved=0CBgQpwUoAQ&biw=1024&bih=634

41 法律主義

不能付諸實施的法律，比沒有更糟。

丹麥諺語

思考人生問題

問題一、何謂法律主義？

問題二、法律主義是否只是以法律條文做爲人生價值判斷的唯一標準？

問題三、法律主義是否都以實證爲主要目標？

問題四、法律主義的目標是否只是規範人與人、人與自己的行爲模式？

問題五、法律主義和我們一般所習稱的法律，有沒有不同？

問題六、法律主義可以做爲人生哲學的最後標準嗎？

問題七、法律主義和正義的關係如何？是正義規定法律主義的標準？還是法律主義規定正義的標準？

問題八、法律主義是一種內在的或是外在的實踐思想？

問題九、法律主義的最後標準是什麼？

問題十、如何正確面對法律主義？

案例

印度保護女性法律　幾乎沒人知

印度一項調查顯示，百分之八十八首都地區女性不知道印度憲法有保護女性權益的條文。社會團體建言政府應從大眾傳播和教育體系下手，提高社會上對女權議題的重視。

印度去年十二月十六日發生一名女大學生在公車上遭六人集體性侵、虐待致死後，引發全國各地多起抗議。印度女性地位低落，權益不受重視，頓時成為舉世矚目的焦點。

印度商工聯合會仕女聯盟（ASSOCHAM Ladies League, ALL）在首都新德里對包括職業婦女、家庭主婦和大學女生共兩千五百人做的調查，一月底公布結果顯示，百分之八十八受訪者不知道印度憲法有超過二十條保護女性的條文。

約百分之五十的受訪女性（不論就業與否）不知道最重要的經濟權益，即最低工資，導致女性被僱用時受雇主剝削。

調查顯示，近百分之三十八的女性對選舉一無所知，百分之四十三女性雖知道選舉及其重要性，但不投票。ALL主席說，保護女性免受社會排斥和暴力，以及明訂男女同工同酬的立法，包括一九七六年的「等酬法案」、二〇〇一年修正的「結婚法案」等，以及近來特別受矚目的「防止家暴法案」。

另調查報告指出，許多法律雖然不針對特定性別，但仍可對女性發生作用。一些法律有清楚列出男女在政治、經濟和社會各領域享有同等權利，禁止以宗教、性別、種姓階級等為由的歧視。另有特別法條讓國家可使用婦女保障名額，提供擔任公職的機會。但是調查顯示，這一點顯然少為人知。

印度商工聯合會指出，政府應該讓社會地位低下和不識字的人了解法令，也應大規模宣導哪些行為於法不容，保護社會弱勢團體。

企業和組織應為女性創造一個較為安全的工作場所，蘭巴同時也呼籲推廣大眾教育，自幼年灌輸正確觀念，培養尊重女性的文化。

聯合會另外建議政府，教育體系應更具性別意識，如聘用更多女性教師、男女廁所分開、確保女孩上下學的安全問題。設計彈性上課時間表，讓鄉村地區必須協助家事的女孩有機會上學。

資料來源：新唐人網站。2013/2/9。

http://www.ntdtv.com/xtr/b5/2013/02/09/a845667.html.-%E5%8D%B0%E5%BA%A6%E4%BF%9D%E8%AD%B7%E5%A5%B3%E6%80%A7%E6%B3%95%E5%BE%8B-%E5%B9%BE%E4%B%8E%E6%B2%92%E4%BA%BA%E7%9F%A5.htm

□討論人生問題

在現代社會中，由於社會結構變遷得太快，過去農業社會中所適用的倫理規範似乎已不能應用於今日的社會，同時，由於人口的不斷增加，都市過分擁擠，人與人之間的關係卻不像過去那麼密切，彼此的情感也不似以往那樣溫馨，結果是維持社會的規範，不得不由內在的反省轉爲外在的行爲約束，逐漸地，對於外在行爲的約束就愈來愈強，終於導致法律主義的出現。

所謂法律主義，就是以人的行爲合乎法律的行爲就是道德的行爲，不然就是不道德的行爲，這種主張的來由，是由倫理實證主義而來的。所謂倫理實證主義是以行爲的道德價值是由行爲以外的外在因素來的，也就是說，他們以爲行爲本身無所謂好壞，決定好壞的因素都是由外在（執政者、社會或上帝的）權威所決定的。

他們所以這樣主張的理由，一方面是他們以爲各個國家或民族對於行爲的評價不同，如在甲地有價值的行爲，在乙地可能就沒有，因此，他們以爲行爲的好壞如果從本身而來的話，則不應有此現象發生。再者，道德價值本身具有責任性，根據他們的主張，責任性並不是由道德價值所賦予，而是法律所賦予的，所以立法者所制定的法律，才是道德價值的標準。所謂的道德意義，都是由外在的禁令所激發出來的，我們觀察兒童與一般人的道德意識就可明白，因此，法律是道德價值的來源。

倫理實證主義的主張雖可以有些地方合乎社會現狀，但，不可諱言的，也有幾個弱點：第一，雖然各個民族或國家對於行爲的評價不同，但並不表示就是從法律而來，因爲對行爲的評價不同，可能有好幾種原因，法律雖可能是原因之一，並不是唯一的原因。第二，道德價值的責任性，並不是來自法律，因爲所謂的責任性乃是由自己內在的了解及自許所產生的，外在的禁令只是給人一種約束而已，換言之只是消極的要素而已，不然爲什麼會有那麼多人作奸犯科？難道他們不明白法律的禁令？尤其開空頭支票、逃稅的人，他們可能比誰都清楚法律的責任性，但他們就是想盡一切辦法逃避這種責任性。第三，所謂的道德意識，如果是由外在的禁令所激發出來的話，則道德意識如何限制人性內在的思慮呢？所以，倫理實證主義的主張是行不通的。

一般來說，倫理實證主義爲避免這樣的錯誤，把實證主義分成二種，一種是由人定的，一種是由神定的，如此，所發展的法律主義就可以彼此互補，造成他們所謂的「毫無遺漏的完美性」。我們在此先介紹他們的學說，再看看這些學說是否眞的那麼完美？

一、人定的倫理實證主義

人定的倫理實證主義，又稱之爲人律說，這種思想，最早行之於希臘哲學的詭辯派中，他們以爲本性與法律是兩個對立的東西，各有各的領域，他們以爲一切的倫理判斷都是屬於法律的範圍，而法律都是由人來設定的，人根據自己及所生活的社會的需要，訂定適合的法律，因此，當人類的知識進步時，人所訂定的法律也應當隨著知識的增長而進步，如此，法律就永遠可以做爲道德價值判斷的標準。

到了十七世紀，英國哲學家霍布斯（Hobbes T.，西元一五八八至一六七九年）更發揮這種人律說，他以爲所有的善惡都是由外在的權威而來，他在《論人》一書上寫道：「在締結約定與法律成立以前，無所謂正義與否；在人類中，猶如在動物中一樣，無所謂是、非、善、惡。」他又說：「決定好壞與正義與否的法律，是由國家的立法者所定的法律，立法者的意志就是法律的意志，因此，立法者定以爲善的，就是善；定以爲惡的，就是惡。」按照霍氏的說法，所有的法律都是人定的，而在人可以決定法律的適利與否，乃是立法者，那麼，立法者是誰呢？霍氏一生的努力，都在爲英國王室樹立無上的權威，顯然地，這樣的立法者，自然就是君王了。霍氏一方面以爲一切的好壞都是由立法者的權威而來，另一方面又承認有自然律，這不是相互矛盾嗎？事實上並非如此，霍氏接受人受自然律支配的思想，另一方面卻以爲在人之外，無所謂道德律，道德律是爲人而設的，是由人所規定的。所有的自然律只是在人之中如何有效地使用其道德律，人不能違反自然律，就如同人不能違反道德律一樣，因爲道德律和自然律是一致的。人違反了道德律，就是違反了自然律。

霍氏的這種講法很奇特，因爲在人存在之前，就已有了自然律，自然律不是爲人而設的。自然律和人爲的道德律不同，人爲的道德律可能會違反自然律，自然律也可能會妨礙人類慾望的發展，因此，在自然律和人爲的道德律中，必須有優先性，究竟自然律在人爲律之先？還是人爲律在自然律之先？對霍氏來說，人爲律是一切道德價值判斷的標準，但事實上，如果人不存在，如何能有人爲律？而即使沒有了人爲律，自然律依舊存在，所以，霍氏的主張，只能說是人間道德標準的一種參考，而不能說是唯一的標準。

從另一方面來說，人爲律有其存在的價值，因爲，有些行爲的道德價值是從外在法律而來的，例如一個未滿十八歲的青年，依法律規定不准開車的，而他偏要去開，這就是一個壞行爲，不是因爲開車不好，而是因爲他違反了法律的規定。但不能因爲法律有了這樣的規定，就永遠不能改變，也不能說，法律能規定人的一切行爲，因此，法律不能全是外在的，也就是說，有些好壞的分別，在有法律之前就已有了，不是等法律來之後才有的。再說，法律的規定，不是爲法律本身，法律只是一種方法，幫助人行善避惡，法律的目的不是爲法律，而是爲人，因此，人律說不能做爲道德價值判斷的標準。

二、神定的倫理實證主義

神定的倫理實證主義，主要發生在中世紀，其中以奧坎及笛卡兒最爲有名。

奧坎（William of Okham）倡導意志至上說，以上帝爲最高的意志，所有的善，不是由理智判斷所定，而是由上帝的意志來決定，只有上帝才是區別善惡的依據，凡是合乎上帝意志的即爲善，不合的則爲惡，因此，人所了解的善惡，不是因爲它本身是善惡，而是因爲上帝規定它爲善惡，才有善惡的價值，如果上帝沒有規定，則無所謂善惡。

笛卡兒（Descartes R.，西元一五九六至一六五〇年）和奧坎的意見一樣，他並不否認道德價值是行爲對於理智的相合性，但他以爲所有的理性境界都是由天主的自由意志所決定的。

另一主張神律說且較有名的是德國哲學家普奮道夫（Pufendorf S.），他以爲理性界不是道德界，因爲理性所教導的只是要獲取利益，但理性單靠本身並不能獲取完全的利益，必須依賴法律，才能成立道德，但在未了解法律的立法者以前，就不能認識法律，法律對於他來說也就等於沒有意義，因此，一個人要有道德觀念，就當先認識立法者——上帝。

上帝是一切法律的制定者，上帝可以隨意創造及賦予某些事物某些本性，普氏以爲，人的存在是由上帝的自由意志隨意決定的，因此，道德責任也是由上帝隨意決定建立的，人只是遵守上帝的決定而已，人不可能有完全的獨立自主權。

從以上這些看法看來，神律說有幾個問題：

1.服從上帝的命令不能是盲目的，合理且應當的才有價值，不然並無所謂道德價值。

2.上帝的隨意決定不能違反人的本性，因爲上帝不能做違反善的本性的事。

3.上帝也不能隨意賦予人本性，上帝固然可以決定造或不造人，但一當他決定造人，就必須賦予人的本性，而不是其他動物的本性。

4.不論上帝如何決定，上帝不能違反人的理性，因爲人的理性是按上帝的理性而來，如果上帝做了違反人理性的決定，豈不是也違反了祂自己的理性嗎？

所以，由以上這幾點看起來，上述三種神律說的主張，不能做爲道德價值判斷的標準，他們這樣的說法是不恰當的。

□面對人生問題

法律主義不能做爲道德價值判斷的最後標準，是因爲不論從人律說或神律說來言，都不能做爲判斷的標準。

從人律說言之，必須承認在人之前已有某些判斷標準，不然法律怎麼能成爲標準？從神律說言之，上帝對人的規定，也是依循著善的本質而規定，不是隨便的，不然的話，上帝怎麼可能是最後的標準？

所以，法律主義可以作爲道德價值判斷的標準之一，但不能做爲唯一的標準。

寓言

蛇和兔子

蛇為了尊重兔子的居住自由，訂定了一條法律，親自跑去向兔子須布：「聽著：今後我如果不先敲門得到你的允許，就直衝進你的住宅的話，你有權利向我提出控告！」

蛇這樣做的確是充滿誠意的。

蛇所擔心的卻是兔子的態度。蛇覺得，兔子向來的法律觀念都很薄弱，而兔子一時怕也改正不過來對蛇的不信任心理。於是蛇就決意先去試一試。

蛇故意先不敲門，衝了進去，咬死了一個小兔子，然後跑了出來，坐在兔子屋門外等兔子來控告。

很久很久，總是不見兔子出來控告，蛇愈來愈憤怒，又跑進兔子的屋子，捕住兔子，大發雷霆說：「你怎麼不守法？」

「叫我對誰守法？又要守怎樣的法？先生？」

「你敢不來控告？」

「剛才做強盜的是您，現在做法官的也是您，那麼，先生，又叫我捉哪一個強盜向哪一個法官控告呢？」

「嘶嘶嘶！」蛇再也抑制不住肝火，就一口吃了兔子。

蛇吃了兔子以後，還向公眾宣布：「我這回殺兔，和以往不同，是於法有據，而且完全按照從逮捕到審訊的全部法律手續了。」

資料來源：http://translate.google.com/translate?hl=zh-TW&sl=zh-CN&u=http://www.tom61.com/ertongwenxue/yuyangushi/2012-05-24/26513.html&prev=/search%3Fq%3D%25E6%25B3%2595%25E5%25BE%258B%2B%25E5%25AF%2593%25E8%25A8%2580%26hl%3Dzh-TW&sa=X&ei=GOBSUbyTM-LmiAeT7oAY&ved=0CH0Q7gEwCQ

42

自由主義

人生來是自由而平等的。

《法蘭西人權宣言》1

思考人生問題

問題一、何謂自由主義？和自由有無區分？
問題二、自由主義與個人主義有何區別？
問題三、自由主義是不是功利主義？
問題四、自由主義是不是實用主義？
問題五、自由主義最易被人誤解的是什麼？
問題六、自由主義的價值標準是什麼？
問題七、自由主義如何分類？
問題八、自由主義的眞正意義是什麼？
問題九、如何正確對待自由主義？
問題十、自由主義的目的是什麼？

案例

期待部長《公視法》再展魄力

拿著前新聞局時代制定的《電影片檢查規範》，文化部長龍應台在讀到有關「輔導級」影片，得「透過毛玻璃或其他有遮掩的全裸」等條文時，忍不住噗嗤一笑：「是要用葡萄葉遮起來嗎？」施行逾三十年的《電影法》及相關電檢規範，現代人讀來確實會覺得滑稽。回溯戒嚴時期，一切的文化藝術、傳播媒介皆為政治服務，這樣的法條實不足為奇。但一九九九年，政府在國內外壓力下，廢除《出版法》之後，不合時宜的《電影法》及電檢成為威權時代殘存的奇觀。解嚴後，雖然電檢制度實質上已逐步鬆綁，但戒嚴思維打造的《電影法》仍不時作祟。

文化部在去年五月二十日正式成立後，龍應台成為首任部長，下個月即將屆滿週年；據了解，文化部旗下各司及其附屬機構正奉命尋找施政「亮點」。揮刀大砍戒嚴時期制定的《電影法》，堪稱是自由主義派的龍應台揮出的「亮點」。此舉意圖將原本政治屬性濃厚，且帶有言論、思想管控思維的舊時代落後法令，帶往回歸藝術本位、「廢除國家控制藝術關卡」的進步性。

然而，文化部目前只砍掉消極面的不合宜法規，尚待開拓更積極的層次。

檢視龍應台手上尚待盤點的文化法令，還有《公視法》、《文化基本法》、《博物館法》等。

其中，經常點燃媒體爭奪戰的《公視法》，涉及政黨利益等更為複雜的元素，恐怕將是龍部長艱困的下一「戰」。

資料來源：周美惠。《聯合報》網站。2013/4/25。http://udn.com/NEWS/NATIONAL/NATS6/7854370.shtml tml

□討論人生問題

自由主義，乃是以自由爲判斷的標準的思想。這一個思想，在西方的希臘時期早已存在，他們的目的都是在追求個人的自由，反對有任何的管制，因此，自由主義也可以稱之爲個人主義。

希臘的昔尼克學派（Cynicism），以爲一切的社交生活和規律，都是違反生活簡單化、素樸化的原則，人類如果要獲得心靈的平安、幸福的生活，就必須遠離一切會束縛人類思想和行爲的規範，讓人能悠遊山林，沒有國家法律的限制，也沒有人類文明的約束，如此，人才能獲得眞正的自由，也才能使人的尊嚴得以保持。

和昔尼克學派持同樣主張的是斯多亞學派，這一派的思想，以爲人生的目標是追求幸福。所謂的人生幸福，乃是能自由自在不受任何約束的生活，是順從自然的生活，因爲，宇宙一切事物皆由絕對不能變更的規律所控制，這些規律是最高理智的反映，藉著這些規律，最高理智管理與控制著整個宇宙，所以順從「自然」也就是順從最高理智，人的最大幸福就是順從「自然」。因此，人間的一切規律道德，都不能違反「自然」，只有在自然之下，人才有自由，也只有順從自然的自由，才是眞正的自由。

蘇格拉底則以爲自由和自願有密切的關係，他在臨死之前，說：「你們想，我之所以留在監獄裡，等待著死刑的執行，是由於我有一個肉體，必須占有一個空間嗎？我不也可以站在別處？或是因爲我根本就自願留在這裡，等待法律的處決？因而，我之所以留在監獄，就是因爲我有一個目的，一個更高的目的。」蘇格拉底的這一句話，就成了西方哲學第一個對「自由」下的定義。

雖然，自願可以是自由的定義，但如何去判斷自願？因爲自願的心意不是他人所了解的，必需由外在的行爲加以判斷才是，如此，由昔尼克學派、斯多亞學派所謂的外在自由，一變而爲內在的自由，從比，開創了自由內在意義的討論。

蘇氏以「自願」爲自由的定義，這種自願如何使他人了解？也就是說，如何由「誠於中而形於外」？如何在外在行爲中表現出來？如此，一個「自願」的意識仍然不夠，必須加上「自知」，才能算是自由。而所謂的自知，從消極上來說，就是「不受迫」，也就是在外在行爲中，不受任何壓力的表示，「自願」及「自知」可經由外在行爲而加以了解。

如此，蘇氏的「自願」和「自知」以及昔日的尼克學派和斯多亞學派的「自制」或「縱慾」的意見，就指出了自由的內在及外在涵義。

在中世紀之時，因基督信仰，產生了「人人平等」的觀念，這種信念成了「自由」的基礎，由此基礎發展了「自由意志」的觀念。中世紀哲學家以爲所謂的「自由意志」乃是人有權利可以決定做這個或做那個，不受任何的約束，這種自由的理念，造成了後來自由主義的發展，但我們要了解的是，基督信仰的自由和自由主義所謂的自由有著不同的意義。

基督信仰的自由，明確指明自由意志來自於信仰，所謂「我要做什麼，就做什麼」不是泛指一切事物，而是以信仰之有無，以及倫理行爲之善惡，也就是自由意志乃是專指對信仰及倫理事件之抉擇，人有自由可以選擇信不信上帝，也可以自由選擇做善事或作惡事，但是一切的後果必須自己負責，不可怨天尤人。

自由主義的自由，乃是基於對中世紀思想的反省，希望由固定的形式中，走出個人發展的方向，希望由內在的思想中，走出外在的行爲模式，表現得最特出的就是一二一五年英王約翰被迫簽下「大憲意」之事，從自由的角度來看，貴族們將內在的思想，一變而爲外在自由行爲的表現，爲了爭取外在的自由，甘冒大不敬，如此，爲自由而革命的事件就層出不窮，自由主義者的信念就成了「自由主義」走向「自由」的唯一道路，爲了達到「自由」可以不計一切的犧牲，使用「鬥爭」、「武力」都在所不惜。結果由一崇高的「自由主義」理想，反而成了打家劫舍「放任」的自由了，如此，自由主義在整個歷史的演變中，由一內在的自由，轉變成只在乎外在的自由了。

事實上，自由之所以被人誤解，除了政治上的或個人的原因之外，自由本身也容易給人一種錯誤的印象，以爲自由乃是完全放任的，更有甚者，有些法律主義者甚至將自由定義在「以不妨礙他人自由爲自由」，這都是錯誤的想法，因爲，從自由的意義來看，自由並不是如此簡單，自由可以從下列幾種方法來了解。

自由的意義可分爲個人的及群體的自由，個人的自由又可分成個人的內在自由及外在自由。

從個人的內在自由來說，自由是一種個人力量得以發揮、人性尊嚴得以保持的方式，人的能力能夠完全發揮，就等於沒有受到壓力，能夠完全不受約束地發揮自己的能力；同樣地，人性尊嚴得以維持，也是一種在沒有壓力的情況下所做的對人性的尊重。

從個人的外在自由來說，除了指出行爲上的自由外，那種「免於恐懼的自由」、「免於匱乏的自由」，也是屬於外在的自由。而所謂行爲上的自由，包含了言論、行爲及人身上的自由。

從群體的自由來說，是由個人的自由推展到團體的自由，他由個人的意義擴展到群體的自由，由個人力量的發揮、人性尊嚴的保持到群體力量的發揮、群體尊嚴的維持，這一切都導致了群體自由的發揚，也促使了自由主義的發展。

一般來說，自由主義可有下列數種：第一種是順從自然的自由主義，如前面所說斯多亞學派。第二種是以功利為主的自由主義，這是以功利主義為代表的思想，他們以爲的自由，就是以幸福的追求爲人生的目的。能追求到幸福的人，就是自由的人，一個自由的人，就是有幸福的人。他們的口號是：「爲最大多數人謀最大幸福」，但是幸福如果只是權利，而沒有義務，這種幸福就減少了價值。第三種是理性的自由主義，他們以爲「沒有理性」就沒有自由，理性的自由必須由人的自知、自願開始，這種精神顯然和蘇格拉底的精神相近。第四種是極端的自由主義，就是完全以個人的心態及意願來決定，「愛怎麼做就怎麼做」是這一類自由主義者的心態，這一類的自由主義者，也可說是目前最流行的思想，他們以爲人是絕對自由的，不受理智的指導也不受他人的決定，因爲一切的理性和理性論證，都是建立在基本的自由行爲上，藉著這些行爲意識決定自己，並建立起一切理性和價值秩序，只有這樣的人，才是眞正自由的人，因爲人生的目的就是自由，而不是外在的成敗得失，只有在自由實踐上，人才是眞正的人，眞正的存在。

從外表來看，似乎極端的自由主義所定義的自由，才是眞正的自由，但我們仔細研究一下，就可知道這種自由，並不是眞正的自由，因爲自由雖可以是人生的目的，卻不是人生的唯一目的，更何況，自由必須有其他的理由支持，自由才有價值，例如爲了人性的尊嚴，人才會去追求自由，如此，人性尊嚴豈不是自由的目的？所以，這一種的自由，並不是眞正的自由，更何況，這種自由很容易引起誤解，以爲我們可以爲了自由不計一切，結果卻是爲自由而自由，而產生人生的空虛感，這也是最近所謂的「失落感」、「疏離感」大行其道的原因了。

□面對人生問題

從上所言，自由主義，是以自由爲追尋的目標，我們不可否認，自由是人生非常重要的目標，怪不得羅曼・羅蘭要說：「生命誠可貴，愛情價更高，若爲自由故，兩者皆可拋。」

可是，我們應當明白，這種自由必須在一些前提之下，自由才有意義、才有價值，如果只是爲自由而自由，則自由沒有方向、沒有目標，也就沒有意義、沒有價值。

眞正的自由，乃是在人性尊嚴得以保持，個人力量得以發揮的情況下，才有眞正的自由，人生的目的才算完成。

寓言

刺蝟與狐狸

這個故事講的是狐狸知道很多事情，但是刺蝟知道一件大事。狐狸是一種狡猾的動物，能夠設計無數複雜的策略偷偷向刺蝟發動進攻。狐狸從早到晚在刺蝟的巢穴四周徘徊，等待最佳襲擊時間。狐狸行動迅速，皮毛光滑，腳步飛快，陰險狡猾，看上去一定是贏家。而刺蝟毫不起眼，走起路來一搖一擺，整天到處走動，尋覓食物和照料牠的家。

狐狸在小路的岔口不動聲色地等待著。刺蝟只做著自己的事情，一不留神轉到狐狸所在的小道上。「啊，我抓住你啦！」狐狸暗自想著，便向前撲去，跳過路面，如閃電般迅速。刺蝟意識到了危險，抬起頭，想著：「我們真是冤家路窄，又碰上了，牠就不能吸取教訓嗎？」牠立刻蜷縮成一個圓球，渾身尖刺，指向四面八方。狐狸正向牠的獵物撲過去，看見了刺蝟的防禦工事，只好停止了進攻。撤回森林後，狐狸策劃新一輪的進攻。刺蝟和狐狸之間的戰鬥每天都發生，儘管狐狸比刺蝟聰明，刺蝟卻總是屢戰屢勝。

許多人也像狐狸一樣，思維在很多層次上發展，把世界看得很複雜。而像刺蝟的人，則把複雜的世界化成一條基本原則或一個基本理念，發揮統帥和指導作用，不管世界多麼複雜，都會用這個原則專心面對所有的挑戰和進退維谷的局面。

有趣的是，有重要影響力的人都是刺蝟。

資料來源：http://foreverchan.blogspot.tw/2007/06/blog-post_27.html

注釋

註1　一七八九年八月二十六日，法國國民議會通過《人權和公民權利宣言》(《人權宣言》)，該宣言後來被用來作為一七九一年憲法的前言。《人權宣言》是十八世紀末法國資產階級為反對封建專治統治，而闡明資產階級社會的基本原則所提出的綱領性文獻，全文共十七條。《人權宣言》明確宣布自由、平等、財產和安全是天賦神聖不可侵犯的人權；宣布「主權在民」的原則；宣布資產階級基本的民主權利；宣布私有財產神聖不可侵犯。《人權宣言》的發表，打碎了君權神授的神話，否定了封建等級制，激發了革命人民的巨大熱情，起了動員、組織人民群衆參加反封建鬥爭的作用。人們高舉「人權」的旗幟，給封建特權階級與封建專制制度以沉重的打擊，促進了大革命的深入發展。《人權宣言》成為法國大革命徹底性和典型性的重要標誌。

資料來源：http://www.people.com.cn/BIG5/historic/0826/2796.html

43

良知說

我不是非要贏不可，但我一定不能錯，我不是非要成功不可，但我一定要遵從良知。

亞伯拉罕・林肯[1]

思考人生問題

問題一、何謂良知？
問題二、良知是人生哲學價值判斷的基礎嗎？
問題三、良知和人性有關嗎？
問題四、良知一定是合於人的基本要求嗎？
問題五、中國人講良知和西方人講良知有沒有不同？
問題六、良知有沒有後天的經驗作準則？
問題七、良知可以超越法律及社會秩序嗎？
問題八、如果法律及社會秩序不合於良知標準，良知應如何指導行爲？
問題九、良知的適用性有多大？
問題十、使用良知的方法是什麼？

案例

成衣廠多血汗　社會良知難發揮

美聯社報導，孟加拉一棟大樓二十四日坍塌，造成數百名製衣廠勞工死亡，這起意外使得貧國勞工冒生命危險，在不安全環境中為西方消費者製造平價T恤與內衣的嚴肅事實，攤在陽光下。

孟加拉去年十一月另一起導致一百一十二人死亡的工廠大火事件，突顯了一個讓消費者擔心的問題：要確定你買的衣服來自工作環境安全的工廠，幾乎是天方夜譚。

很少有公司會賣所謂的「道德製造」衣服，行銷時也不常著重衣服是否在安全的工廠製造，事實上，在年產值一兆美元的全球時尚業，「道德製造」的衣服僅占百分之一。大型連鎖品牌供應網複雜，衣服若在海外製造，源頭在哪裡，零售商往往也不是全都瞭如指掌。即便貼上「美國製造」標籤，對社會良知型購物者而言，也只是稍稍提供保證而已。比方說，這件裙子的裁縫師可能在良好的環境工作，不過布料可能是在海外非安全環境織成。而監督全球廠房，成本高昂又花時間，很難管理，因為民眾並未要求他們這麼做。

不過部分專家與零售業者說，這種情況因為最近的悲劇漸漸有了改變。

服裝設計師阿佳德（Swati Argade）在紐約開設Bhoomki精品店，她說，大家愈來愈重視衣服製造地。Bhoomki（印度文意思是「地球的」）販售的商品，從十八美元的有機棉內衣到一千美元的大衣，主要都在印度或祕魯自有工廠製造，或由紐約市本地設計師設計。阿佳德說：「許多消費者都說，十一月孟加拉大火事件讓他們更重視他們購買的商品，和商品是由誰製作。」

資料來源：中央社。2013/5/1。

http://udn.com/NEWS/BREAKINGNEWS/BREAKINGNEWS5/7868038.shtml

□討論人生問題

良知，在今日社會中，由於功利主義及實用主義的盛行，早已被人所遺忘，即使在古代，如孟子之時，也是一個大問題，孟子見梁惠王時，梁惠王說：「叟不遠千里而來，亦將有以利吾國乎？」孟子說：「王何必曰利，亦有仁義而已矣。」由此可知，孟子當時已感覺到良知被疏忽的可悲了。同樣地，在西方世界中，良知也遭逢到同樣的問題，蘇格拉底因忠於眞理而受到審判時，多少人勸他背棄眞理，這何嘗不是一件令人痛心的事？

因此，在研究人生哲學時，良知究竟是什麼？吾人如何找到、分析、體會之呢？

良知在中國思想中，最早出現於孟子，他說：「人之所不學而能者，良能也；所不慮而知者，其良知也。」（《孟子‧盡心上》）但事實上，孟子除了指出良知本身的先天性之外，並未說明良知究為何物，這在後來，到了陽明之時，良知說才有了發展，但可惜的是，陽明雖然發展了良知，卻也使得良知的特徵受到了限制，尤其在形上學與知識論之間的隔閡，王學是很難加以消除的。

總括來說，良知說在中國思想中的內容，約有下列數項意義：

1. 先驗義：如孟子所說「不慮而知」之良知，就是說明良知不是由後天而來，而是先於經驗的一種判斷能力以及知能活動。

2. 主宰義：良知具有主宰力，是一個人一切思言行為的主宰，陽明說：「我的靈明便是天地鬼神的主宰……天地鬼神萬物離卻我的靈明，便沒有天地鬼神萬物了。」（《傳習錄》下）

3. 主宰義中之另一涵義，就是具有判斷力，陽明說：「知善知惡是良知。」（《傳習錄》下）

從這些思想中可知，良知的特徵具有先驗性，是一個人的主宰，是決定行動的能力，能判斷善惡。

在西方思想中，良知自蘇格拉底以來即一直為人所研究，綜合西方思想，中西思想在良知看法上有許多不同的意見。

首先從名詞上來看，中國人喜用良知，易被人以為只是一種「意識」（conscience），西方人則使用「理智」（reason）以區分心理作用與判斷作用。

再者，以來源來說，中國人視良知為內在於人之一種能力，就是天理，陽明說：「吾心之良心，即所謂天理也。」（《答顧東橋書》）所謂良知即天理。但對西方人來說，理智則是受「天理」或受自然律規範的準則。這二者有著不同的意義，如果我們說良知即天理，則良知可以免受自然律的規範，但做為人，除了受到天理的限制之外，也受到自然律的限制，因此，良知不是只有天理而已。

三者，良知和道德意識是不同的，良知（理智）是確定客觀道德價值的標準，道德意識則是主觀道德價值的標準，也就是說把倫理原則應用到個人的具體狀況中的方法。因此，我們如果強調中國人的良知是道德價值的主體性，則無異是承認中國人的良知只具有道德意識性，而根本就不是良知本身了。

四者，從良知和人性之間的關係來說，二者是不同的，不是人性中有良知，也不是良知就是人性，而是人性中可有良知。但良知不全都是在人性中，也就是說，良知是道德行為的標準，人性則是道德行爲的基礎，良知的判斷必須有一個可以施行的場所，這個場所就是人性。因此，如果我們以爲良知內在於人，只有人才有良知，這是不對的。

從另一方面來說，道德價值判斷的主體是人，道德的主體則在良知，所以，良知是超越於人而爲人的標準，也只有如此，良知的客觀性才能存在，道德價值的判斷才有可信度。

第五，道德價值的尊嚴，不是來自於社會，也不是來自於人，不是因爲有人尊重道德而才有價值，同樣地，道德價值的尊嚴也不是來自於人性。因爲如果道德價值的尊嚴來自於人性，則人性中屬惡的層面，會破壞了道德價值的尊嚴，所以，道德價值不是來自於外在，而是來自於道德本身。

所謂道德本身，不是道德自己可以製造道德，而是道德藉由良知而有價值，從另一面來說，良知是道德價值的標準，良知的表現是道德性的內涵，所以，我們說道德本身乃是由良知的層面而來。

第六，良知雖在人性的表現上屬於人的層面，但是事實上良知在道德判斷上是超越了人的本性，因爲人本性的滿足，只能是本性的價值，而不是道德價值，所謂超越了本性，乃是不只是求本性的滿足，而在求絕對的滿足。因爲在本性上，人只要滿足其動物性即可，但在人的良知上，食色之性並不能完全使人滿足，必須有更高、更深的意義，才能使良知獲得滿足，良知的滿足就是完全合乎絕對的善，只有達到這種要求的人，才能被稱爲聖人。

一個聖人，並不一定是有錢的、有學問的、聰明的、漂亮的人，而是一個有德行的人，所有的金錢、學問、聰明等等都是幫助我們建立人格，做一個有德行的人，不然的話，這一個人就是一個沒有價值的人，所以，眞正的價值不是來自於學問、金錢、地位、智慧、漂亮，而是來自於人格。人格價值的衡量則是良知的判斷，所以良知才是人格價值判斷的依據。

那麼，良知是從何而來？中國思想中並未直接肯定此一問題，但在話中的涵義似是早已存在的，陽明直接就稱之爲天理，既然是天理，應當是主宰天的表現方式之一，也可以說是上帝（《書經》用語）理智的表現，因此，當「天命有德、五服五章哉」（《書經・虞書・皋陶謨》）、「惟上帝不常，作善降之百祥，作不善降之百殃」（《書經・商書・伊訓》）時，天理昭然，這一個天理，乃是內在於人的一種規律，只有接受這種命令的人，才能成爲君子、聖人。

在西洋思想方面，這種天理的思想，自希臘哲學以來就屢見不鮮，這也就是所謂對眞理的追求，蘇格拉底爲追求眞理而死，亞里斯多德說：「吾愛吾師，吾更愛眞理。」更是證明了眞理不是由人來制定，而是由上帝所訂定的，並賦予人爲一種內在的規律。這一種思想在後來的中世紀則有更多的發揮。

既然良知是來自於天理，那麼，理論上來說，良知應該是不會有錯誤才對，也應該在人心中永遠是判斷的標準才對，那麼，爲什麼有時候我們會說某人「喪失理智」？「泯滅天良」？這就如同我們前面所說：良知和道德意識是不同的，良知是決定客觀道德價值的標準，道德意識是主觀道德價值的標準，也就是說道德意識是良知的應用，這種原則有時會有錯誤，但不能說因爲這個原則錯了，以致連主體也錯了，這是不正確的。所以，在行爲中的判斷，常有二種情況，一是以良知的原則所作的判斷，如人當孝敬自己的父母就是，二是道德意識的具體判斷，就是把原則應用到具體而個別的事實中去。如我應當孝敬我們的父母，即使他們待我不好，這就是一種道德意識的判斷，是一種正確的判斷，又如我應當忠誠與人交往，但張三對我不好，所以我也對他不好，這就是道德意識判斷錯誤！這種判斷錯誤和良知無關，不是良知泯滅，而是道德意識模糊，以致於有了錯誤的判斷，因爲在他們行爲時，他們確實知道他們應該做什麼，而他們偏不做，這不是良知的問題，而是意識及道德意識的問題，一個行爲的好壞，不是看他的表現及效果如何，而是要看是否合乎良知（理智或理性），也就是說道德價值的標準是良知，只有良知才能決定道德的價值。

□面對人生問題

由上所說，我們知道，良知不是一個模糊的概念，也不是一個不存在的東西，更不是一個形而上的事物，而是具體個別內在於我們每一個人內心中的判斷的標準。只有使我們的行爲合於這一個標準，我們的行爲才有道德可言，我們人才能得到平安。因此，中國的先哲先賢們常要我們努力修身，修身的目的，就是要實踐天理，成爲一個有道德的人。實踐的方法就是要體現天理在人身上所顯示的事實，就是如何使自己能正心誠意、格物致知，由自己出發，達到齊家治國平天下、天人合一的目的，因此，我們可以說，中國人的理想，就是藉著道德的實踐達到天人合一的境界，中國人的道德境界是植根於性善論的道德實踐學說，其目的則是走向天人合一的圓滿結果。

寓言

農夫與蛇

一個寒冷的冬天，天上下著皚皚白雪，工作完後的農夫正在回家的路上，走著走著，他發現有一條黑色的、被凍僵的蛇，橫臥在一片雪白的地上，蛇看起來奄奄一息，好像已經僵死了。看到這個垂危的生命，農夫毫不遲疑地將蛇放進自己懷中，快步回家！

回家後，農夫把牠放到爐火前，讓爐火溫暖僵硬的蛇，蛇因為溫暖而漸漸復甦，農夫的兩個孩子忍不住雀躍的心，想去撫摸緩緩蠕動的蛇，沒想到活過來的蛇恢復了蛇的本性，張口便咬，農夫見狀，掄起身邊的斧頭就把蛇砍成了兩半。

曾救了蛇一命的農夫忍不住心中的憤慨說：「任何邪惡的東西是不會心存感恩的！」也許有人會說：「蛇就是蛇，為什麼要去救一條蛇呢？」

蛇被農夫救了，免受被凍死之危機，理應感恩於農夫，感恩農夫的這份仁心，怎麼還恩將仇報呢？也許又會有人說：「蛇本就是冷血動物，根本沒有感情，更不懂得『感恩』兩字的意思！」

對蛇可以這麼說，但如果被救的是人呢？人和蛇的差別在哪裡？

人是有血有肉有感情的萬物之靈，感恩本應時時存於心中，這也是人與生俱有的良知，因為這份良知，讓我們知道感恩上天、感恩父母、感恩傳道授業解惑的恩師、感恩曾無私地幫助過自己的人，此為人之所以異於禽獸者！

資料來源：http://zijiuschool.com/cn/index.php?option=com_content&view=article&id=408:farmer-and-snak-fable&catid=67:fable-story&Itemid=349

注釋

註1 亞伯拉罕・林肯（Abraham Lincoln），出生於一八〇九年二月十二日，卒於一八六五年四月十五日，美國政治人物，第十六任美國總統。其總統任內，美國爆發內戰，史稱南北戰爭。林肯廢除了南方各州的奴隸制度，但南北戰爭之後北方有幾個支持聯邦政府的州，卻仍被林肯允許可繼續保有奴隸制度。林肯擊敗了南方分離勢力，維護了美利堅聯邦，也維護了在其領土上不分人種人人生而平等的權利。內戰結束後不久，林肯遇刺身亡，是第一個遭到刺殺的美國總統，也是首位共和黨籍總統，曾列為最偉大總統排名第一位。美國曾於二〇〇五年舉辦票選活動「最偉大的美國人」，林肯被選為美國最偉大的人物中的第二位。一八六七年，內布拉斯加州的蘭開斯特郡的郡改名為林肯市，並成為該州首府，以紀念這位美國歷史上最偉大的總統之一；美國首都華盛頓的林肯紀念堂座落於國家廣場，是全國最著名的紀念性建築之一；拉什莫爾國家公園中的四位總統巨型雕像，林肯在最右側。

資料來源：http://zh.wikipedia.org/wiki/%E4%BA%9A%E4%BC%AF%E6%8B%89%E7%BD%95%C2%B7%E6%9E%97%E8%82%AF

國家圖書館出版品預行編目資料

人生哲學／黎建球編著.
--二版.--臺北市：五南, 2013.09
面；　公分
ISBN 978-957-11-7257-6（平裝）
1. 人生哲學
191.9　　　　102015059

1BX3

人生哲學

作　　者 — 黎建球(387.2)
發 行 人 — 楊榮川
總 經 理 — 楊士清
主　　編 — 陳姿穎
責任編輯 — 許馨尹
封面設計 — 吳雅惠
出 版 者 — 五南圖書出版股份有限公司
地　　址：106台北市大安區和平東路二段339
電　　話：(02)2705-5066　傳　　真：(02)2706-
網　　址：http://www.wunan.com.tw
電子郵件：wunan@wunan.com.tw
劃撥帳號：01068953
戶　　名：五南圖書出版股份有限公司
法律顧問　林勝安律師事務所　林勝安律師
出版日期　2004年9月初版一刷
　　　　　2013年9月二版一刷
　　　　　2017年9月二版三刷
定　　價　新臺幣480元